JN039273

MOBILITY
Re-DESIGN
2040

モビリティ リ・デザイン 2040

「移動」が変える職住遊学の未来

KPMGモビリティ研究所 編

日本経済新聞出版

はじめに

私たちKPMGジャパンが「Mobility 2030」と称してモビリティの将来像を描いたのは、2018年のことでした。そこでは、高層建築物の間で自動運転車が地上や空中を動き回り、車内の人は今日の予定や自身の健康状態について人工知能ロボットと会話をしながら一日の活動を始める。お年寄りや障がいを持つ方も自由に移動でき、上空にはドローンが飛び交いモノを配送――といった妄想の世界。そんな世界が築かれる時代がすぐそこに来ているのでは、と感じていました。そして今、そうした世界観は日本各地で少しずつ実現しつつあります。

今後も我々を取り巻くヒト・モノ・カネ・サービスの移動＝モビリティは、大きく変わり続けるでしょう。本書では、近未来（約20年後）の都市と地方の暮らし（食べる、住む、遊ぶ、働く、学ぶ）とそれをつなぐモビリティがどう変わるかについて、未来予想を交えながら執筆しました。

是非、スタートアップや大企業に所属する新規事業担当の方、アカデミアや研究機関、関係省庁や自治体で働く方、そしてこれからの未来を創る学生の皆様など、多くの方々に読んで頂きたいと思っています。

目次

1 2040年の私たちの生活を変える変革ドライバー 015

2 データがもたらすモビリティの変容 051

3 リ・デザインが進む世界の街づくり 107

4 カーボンニュートラルとお金とライフスタイル 167

5 新しい価値観とヒトの移動 201

4 テクノロジーを活用した新たな都市 249

5 社会の成熟に対応した持続可能な街づくりと経営（都市経営）　263

1

2040年の私たちの生活を変える変革ドライバー

MOBILITY
Re-DESIGN
2040

1 未来への変革ドライバー

2040年、今から約20年後の私たちの生活に変化を与えるものにはどういうものがあるでしょうか。本書においては、重要な変革のドライバーとして、「人々の欲求」、「社会からの要求」、「技術革新」の3つを挙げました。

❶ 変革のドライバー①――人々の欲求

■行き過ぎた資本主義の反動と多様な価値観

企業は利益だけを追求するのではなく、環境や社会への配慮を重視すべきだという考え方が急激に浸透しています。いわゆる〝行き過ぎた資本主義〟が富める者と貧しい者との格差を生み、世界の至るところで起こる紛争や内乱の温床にもなっているといわれています。

そんななか、2019年8月に開催されたアメリカのビジネスラウンドテーブルにおいて採択された行動基準で、数十年にわたって提唱

図表1-1：3つの変革ドライバー

【人々の欲求】	【社会からの要求】	【技術革新】
経済成長偏重からの脱却、価値観の多様化	脱炭素の達成、少子高齢化とインフラ更新コストの負担、感染症対策など	データ分析、自動運転等新たな技術の深化

されてきた「株主第一主義」に代わり、いわゆる「マルチステークホルダー資本主義」が新たに示されました。

新たに発表された「企業の存在意義」

- 顧客への価値提供
- 従業員への投資
- サプライヤーを公平に、倫理的に扱う
- 事業を行う地域社会を支援
- 資本を提供してくれる株主の長期的価値

このビジネスラウンドテーブルは北米を代表する経済団体であり、日本に置き換えるのであれば経団連（日本経済団体連合会）、あるいは経済同友会に近いものといえるでしょう。この時採択された新たな「企業の存在意義」には、アマゾンやアップル、JPモルガン、ジョンソン・エンド・ジョンソン、バンク・オブ・アメリカ等181社のCEO（最高経営責任者）が署名し、世界に大きな衝撃を与えました。

■ミレニアル世代／Z世代が志向する世界

いわゆるミレニアル世代[1]、Z世代[2]と呼ばれる若者の価値観の変化も顕著です。2003年生まれのスウェーデンの環境活動家、グレタ・トゥンベリさんが国連に出席し、怒りの表情とともに激しい口調で世界各国のリーダーを「許さない」と叱責した映像は世界中で報道され、大きな話題となりました。彼女の行動は日本の若者にも影響を与え、日本各地で「気候変動デモ」が開催されました。

1969年生まれの筆者にとって驚きだったのは、就職活動をする学生の方々の意識の変化です。「就職先企業に決めた理由」の第1は、数年前から、〝給与・待遇〟や〝将来性〟、〝仕事内容の魅力〟を上回り、〝社会貢献〟なのです。

図表1-2：就職先企業に決めた理由トップ5

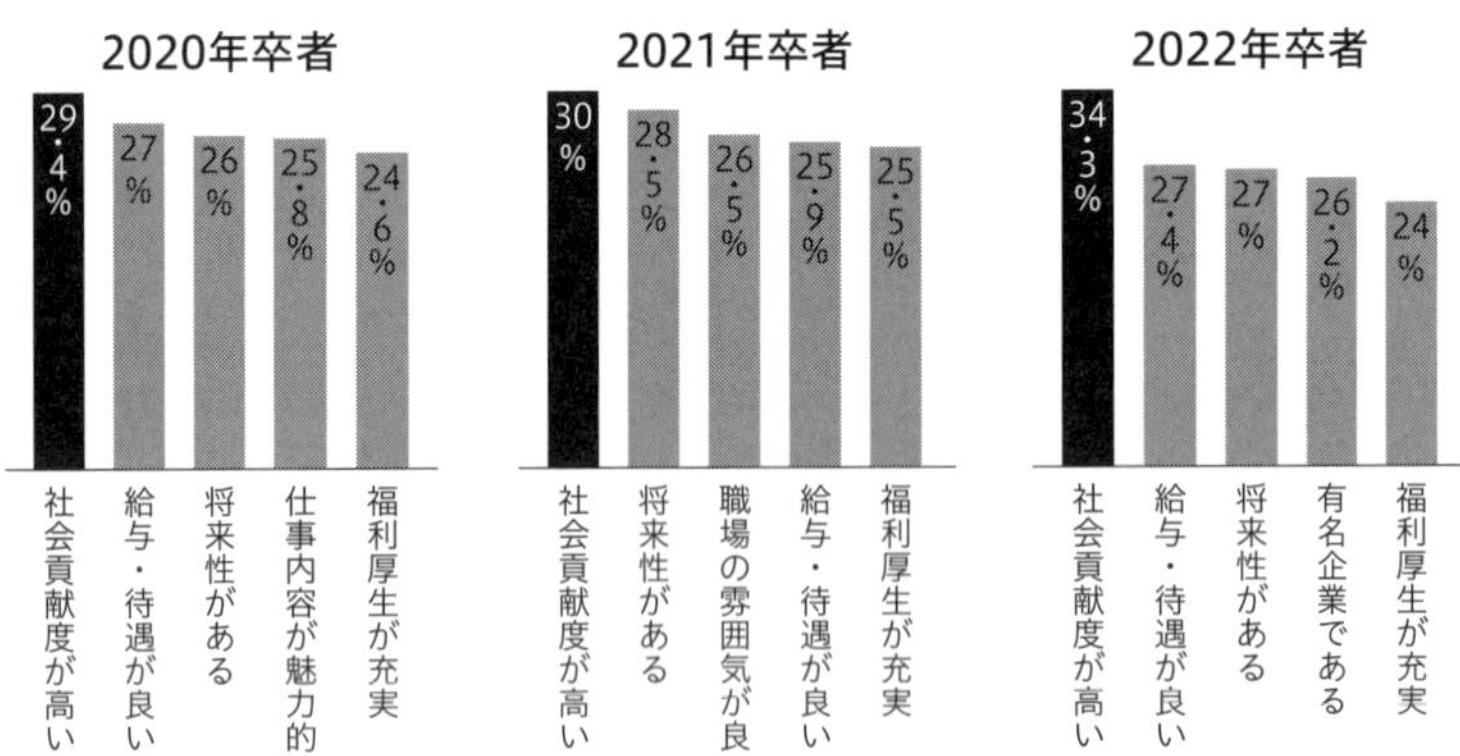

出典：キャリタス就活学生モニター調査をもとにKPMG作成

図表1-3：起業の動機

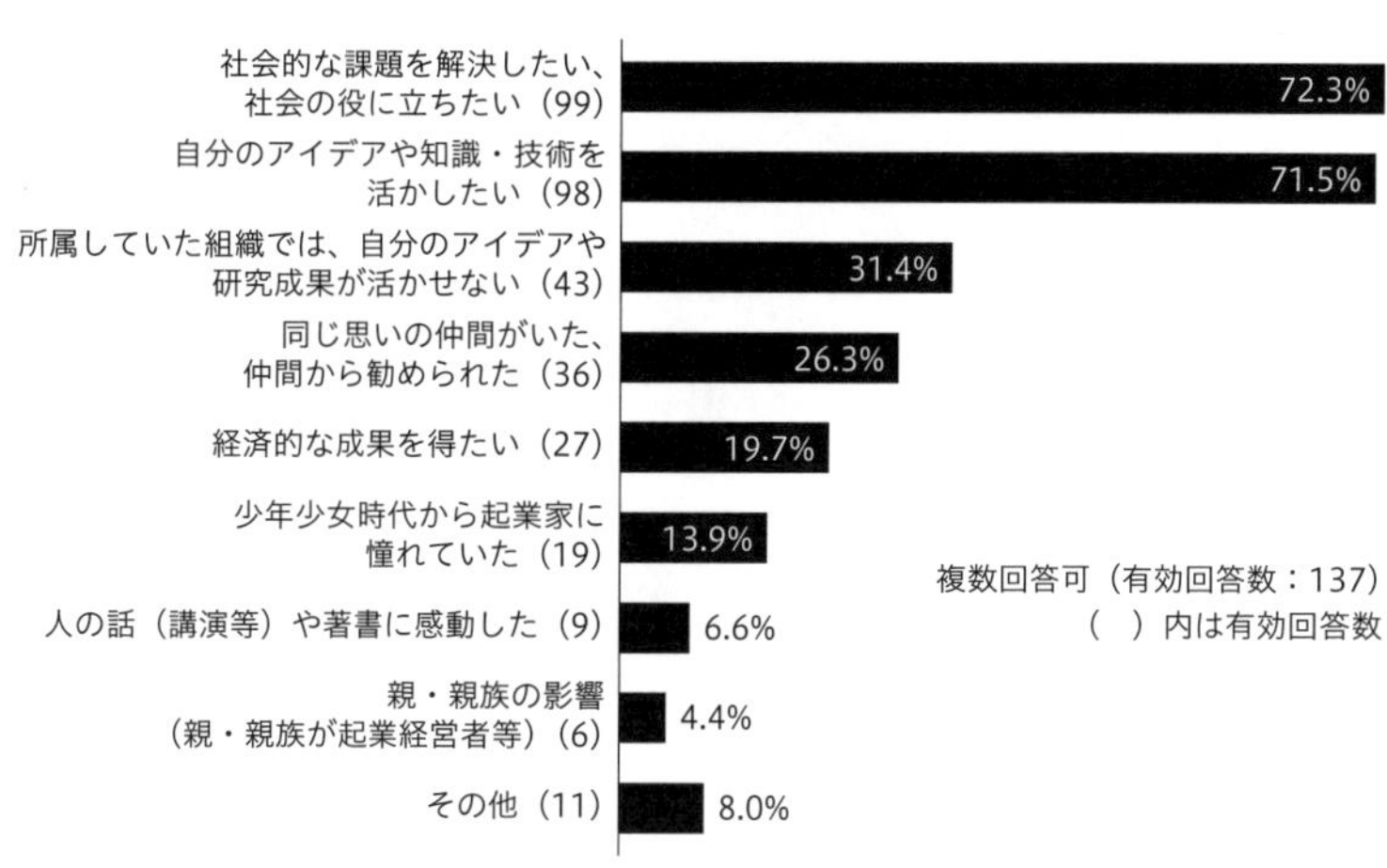

出典：一般社団法人ベンチャーエンタープライズセンター
「ベンチャー白書 2020／ベンチャービジネスに関する年次報告」をもとにKPMG 作成

■ソーシャルビジネスの台頭

2006年にグラミン銀行の創設者であるムハマド・ユヌス氏がノーベル平和賞を受賞したことも契機となり、ビジネスのアプローチで社会課題を解決する「ソーシャルビジネス」が利益追求を目指す民間企業のあり方に失望していた若者の心を捉え、ハーバードやスタンフォードといったアメリカのトップビジネススクールに「Social Entrepreneurship」を冠した修士プログラムが相次いで設立されるなど世界的なムーブメントになりました。日本の起業家に対する調査においても、「起業の動機」の第1位は数年前から〝社会課題の解決〟（図表1-3）です。

筆者が学生だった約30年前は、起業を志す学生などごく一部でしたし、その多くは経済的な成功を目指していたように記憶しています。今日では社会課題解決を目指して起業する学生の数は増えていますし、優秀な学生ほど安定した官庁や大企業への就職ではなく、いわゆるベンチャー企業への就職や起業を目指すといわれています。２０２０年には東京都墨田区に、卒業までに全員起業にチャレンジさせる、というユニークなコンセプトを掲げた大学も設立され、話題を集めています[3]。

■ＳＤＧｓの浸透

ＳＤＧｓは当たり前のように学校教育に取り入れられ、社会課題を解決することは学生たちにとって空気を吸うごとく日常のこととしてとらえられています。筆者が中学生（当時）社会起業家・山口由人君の主催する一般社団法人Sustainable Gameが開催するＳＤＧｓワークショップに参加した時のことです。ランニングが趣味の私は、会場まで走っていき、〝エコだ〟などと悦に入っていたのですが、手にしていたペットボトルを参加者から一斉に

図表1-4：SDGsワークショップの風景

出典：山口由人氏提供

指摘されました。見れば、会場にいる中高生は皆マイボトルを持参し、身近な社会課題を解決するための議論やプレゼンテーションに興じていました。

❷ 変革のドライバー②
―― 社会からの要求

■市場からの期待の変化

テスラの時価総額がトヨタ自動車のそれを超えたことがニュースになったのは2020年7月のことです。2022年2月末現在では、その差はさらに広がり、テスラの時価総額は一時トヨタの約3倍にもなりました。

なぜ、純資産で7倍、売上で5倍、販売台数でも9倍を誇るトヨタの時価総額がテスラを下回っているのでしょうか。ファイナンスの世界では、株価は人々の〝期待〟です。将来予想されるキャッシュ・フローの総額を資本コストで割り引いたものが株価です。資本コストは

図表1-5：テスラとトヨタ自動車の比較

テスラ		トヨタ
約102兆5,500億円	時価総額	約34兆8,000億円
約3兆5,400億円	純資産※	約25兆8,500億円
約6兆1,400億円	売上高	約29兆5,000億円（通期見通し）
約94万台	販売台数	約850万台（通期見通し）

※純資産：貸借対照表の資産（会社の財産：現金、土地建物、有価証券など）のうち負債（会社の債務：買掛金、借入金、引当金など）に該当しないもの

出典：Yahoo! Japanファイナンスによる公表資料（2022年3月1日時点）をもとに筆者作成

さまざまな調達方法からなる期待値の加重平均〈WACC〈Weighted Average Cost of Capital〉：加重平均資本コスト〉ですから、ファイナンス理論的にいえば市場の〝期待〟はテスラの方が高い、ともいえるでしょう。

■ESG意識の高まり

こうした人々の期待の変化は、企業や行政に対する要求にも大きな影響を与えています。ESG、いわゆるE（Environment＝環境）、S（Social＝社会）、G（Governance＝ガバナンス）意識の高まりです。日本においては、世界最大規模の運用資産を誇るGPIF（年金積立金管理運用独立行政法人）がESGを投資プロセスに組み入れるPRI（責任投資原則）を、その行動指針に取り入れたことが大きな契機となり、金融市場における対話を通じ、企業の行動にも影響を与えたといわれています。

KPMGが2021年に実施した調査においても、ステークホルダーからのESG課題に関する報告の充実に対する要求の程度として、「非常に大きい」「大きい」との回答が多数を占めています。

■カーボンニュートラルの実現に向けて

近年、ESGの流れを最も加速しているのは、本書の第4章で詳しく述べる脱炭素＝カー

図表1-6：ESG投資とSDGsの関係

社会的な課題解決が事業機会と投資機会を生む

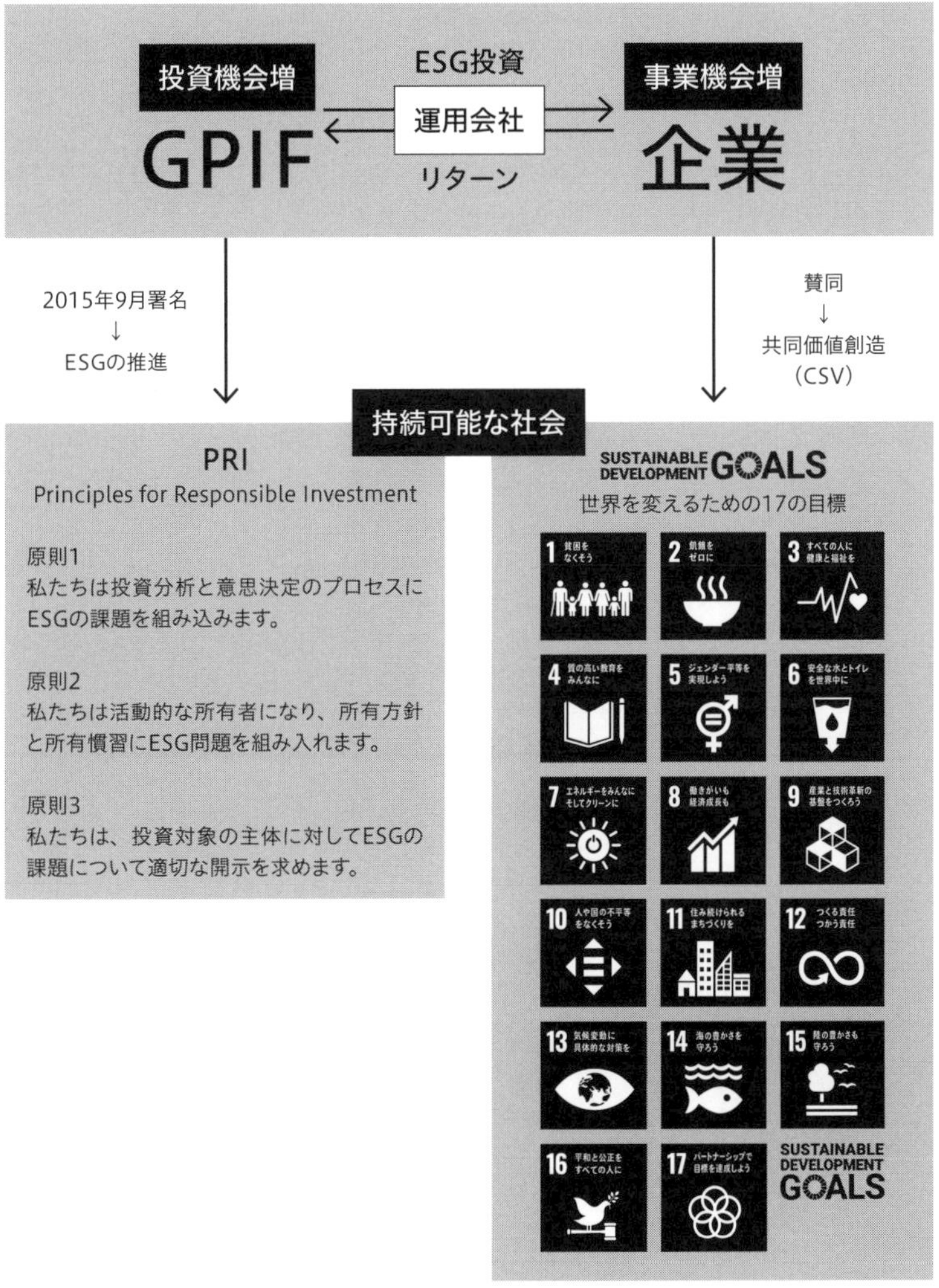

出典：GPIFウェブサイト（https://www.gpif.go.jp/esg-stw/esginvestments/）

ボンニュートラルへの対応でしょう。2020年11月にイギリス・スコットランドのグラスゴーで行われたCOP26（第26回気候変動枠組条約締約国会議）において、気候変動対策の基準1・5℃、石炭火力の段階的削減などが合意され、CO_2削減に向けた世界的な意識が高まりました。日本においても、菅義偉首相（当時）の「2050年脱炭素社会実現宣言」に続いて経済産業省から公表された「グリーン成長戦略」によって、脱炭素社会に向けたマイルストーンが示されました。

洋上風力など巨大な再生可能エネルギーのプロジェクトには大型な資金が投入される一方で、石炭火力などCO_2を排出するプロジェクトへの融資が打ち切られるなど、今や、脱炭素への取り組みは、単なる意識の問題だけではなく、企業の存続を左右する戦略上の重要な課題となっ

図表1-7：ESG課題に関する報告の充実に対する要求の程度

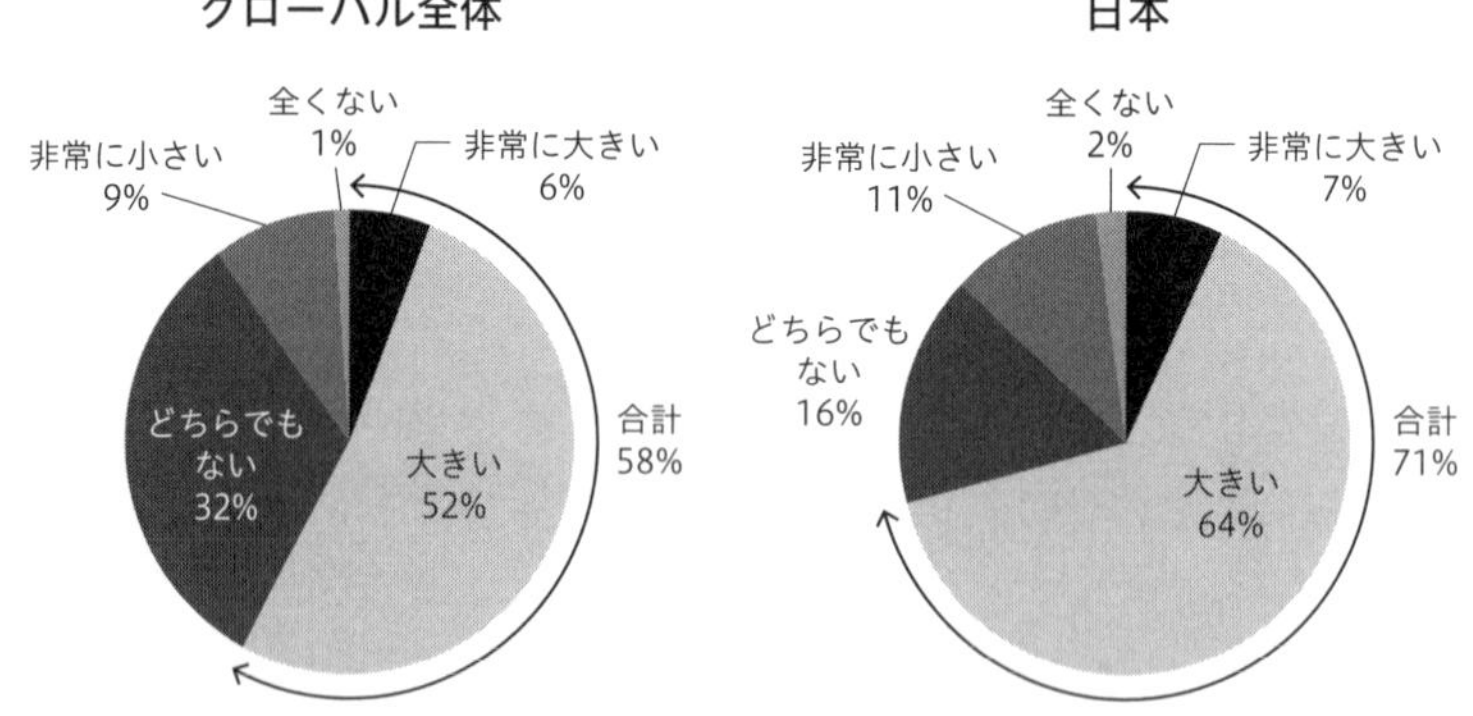

出典：KPMGインターナショナル「KPMGグローバルCEO調査2021」をもとに筆者作成

図表1-8：2050年「カーボンニュートラル」に向けたマイルストーン

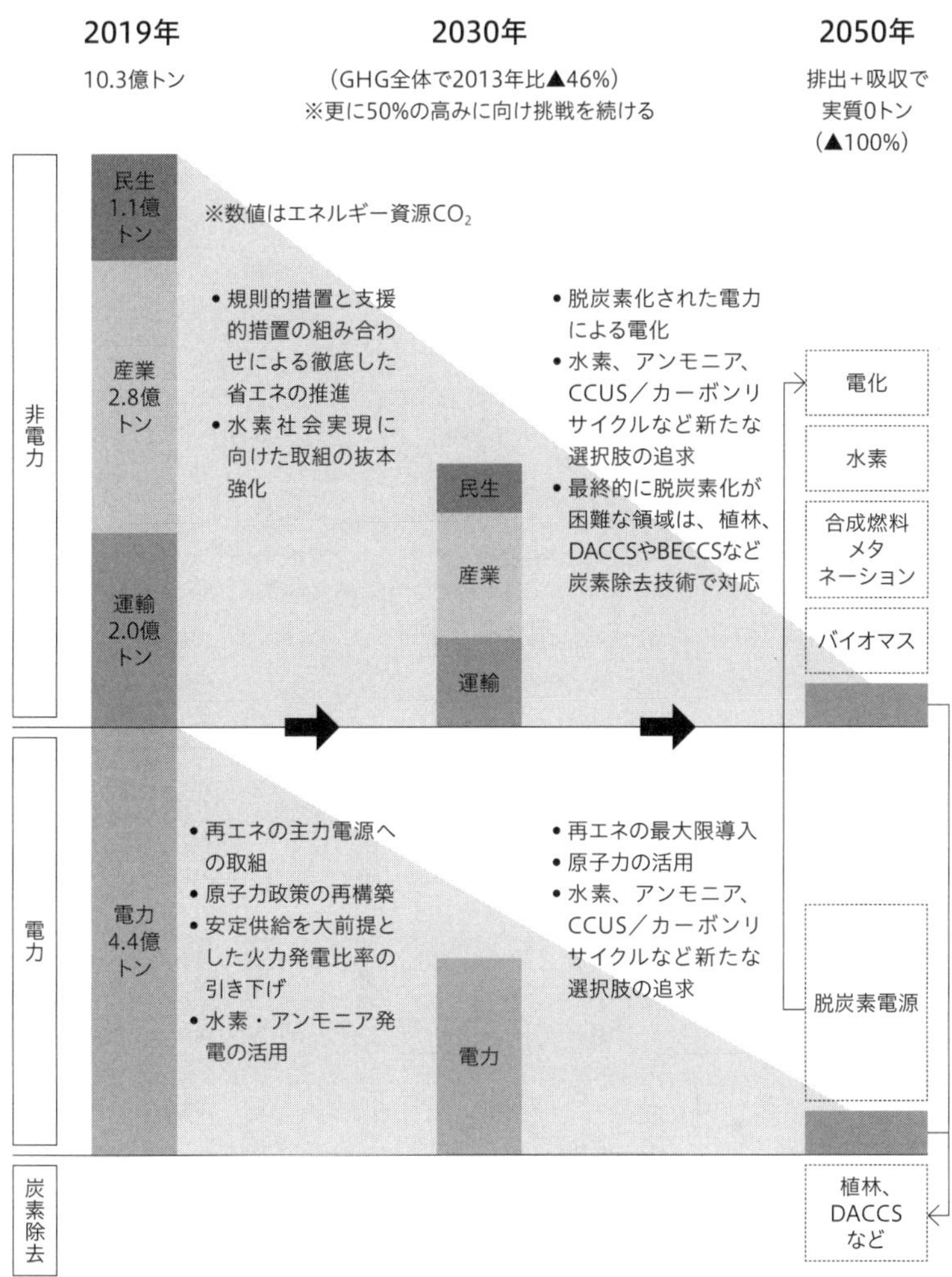

出典：経済産業省「2050年カーボンニュートラルに伴うグリーン成長戦略」（2021年6月18日）

図表1-9：2048年度までに必要な社会インフラの更新

	2018年度 ※1	最大値は7.1兆円（26年後［2044年度］時点）倍率1.4倍				
		5年後 （2023年度）	10年後 （2028年度）	20年後 （2038年度）	30年後 （2048年度）	30年間合計 （2019～2048年度）
12分野合計	5.2	〔1.2〕 5.5～6.0	〔1.2〕 5.8～6.4	〔1.3〕 6.0～6.6	〔1.3〕 5.9～6.5	176.5～194.6
道路	1.9	〔1.2〕 2.1～2.2	〔1.4〕 2.5～2.6	〔1.5〕 2.8～2.7	〔1.2〕 2.1～2.2	71.6～76.1
河川等 ※2	0.6	〔1.2〕 0.6～0.7	〔1.4〕 0.6～0.8	〔1.6〕 0.7～0.9	〔1.6〕 0.7～0.9	18.7～25.4
下水道	0.8	〔1.1〕 1.0～1.0	〔1.5〕 1.2～1.3	〔1.5〕 1.3～1.3	〔1.6〕 1.3～1.3	37.9～38.4
港湾	0.3	〔1.1〕 0.3～0.3	〔1.0〕 0.2～0.3	〔1.0〕 0.2～0.3	〔0.9〕 0.2～0.3	6.0～8.3
その他 6分野※3	1.6	〔1.1〕 1.6～1.8	〔0.9〕 1.3～1.4	〔0.9〕 1.2～1.4	〔1.1〕 1.6～1.7	42.3～46.4

単位：兆円　凡例：〔　〕の値は2018年度に対する倍率

※1　2018年度の値は、実績値ではなく、今回実施した推計と同様の条件のもとに算出した推計値

※2　河川等は、河川・ダム、砂防、海岸の合計

※3　6分野は、空港、航路標識、公園、公営住宅、官庁施設、観測施設

出典：「国土交通省所轄分野における社会資本の将来の維持管理・更新費の推計」（2018年11月30日）

ています。

■社会インフラコストの更新と人口減少、地方の問題

インフラ更新コストの負担も、未来の暮らしを考えるうえでは大きな課題です。日本の都市インフラが疲弊し、大規模な修繕、再投資と近代化を必要としていることは、行政、学識経験者、企業、そして市民の多くにとって共通の課題です。都市インフラの老朽化は、市民と企業の生活が危険にさらされるだけでなく、私たちのQOL（Quality of Life）と国際的な経済競争力にも影響を及ぼします。

一方、多くの場合、都市インフラの更新・近代化に必要となる資金は、それを提供する自治体のキャパシティを越えて

おり、国土交通省の試算によると、道路、河川・ダム、下水道、空港、公園など国土交通省管轄の社会インフラの更新には、今後30年間で約２００兆円の財源が必要とされています（図表1-9）。

今後、急激に進む少子高齢化はこの問題をさらに深刻にするでしょう。労働人口の減少は税収の減少につながり、特に地方部における都市機能の持続性を考えるうえでは、避けることのできない大きな課題となります。

ＫＰＭＧが２０２１年2月に公表した「スマートシティ　地方都市における意識調査～住みやすい街づくりのためにできること」においても、地方都市においては大都市と比べて「交通機関／モビリティ」や「医療サービス」といった基礎インフラへの改善要望が多く、「公共サービスの改善」と併せ、「経済成長」「雇用機会の増加」などが求められていることが明らかになっています。

東京一極集中からの脱却、地方創生が提唱されて久しいなか、財政面でより深刻な問題を抱える地方における都市機能の持続性をいかに担保していくかという命題は、コロナ禍による生活の大きな変化がみられる今日においても、依然として極めてクリティカルな問題といえるでしょう。

図表1-10：日本の労働人口予測

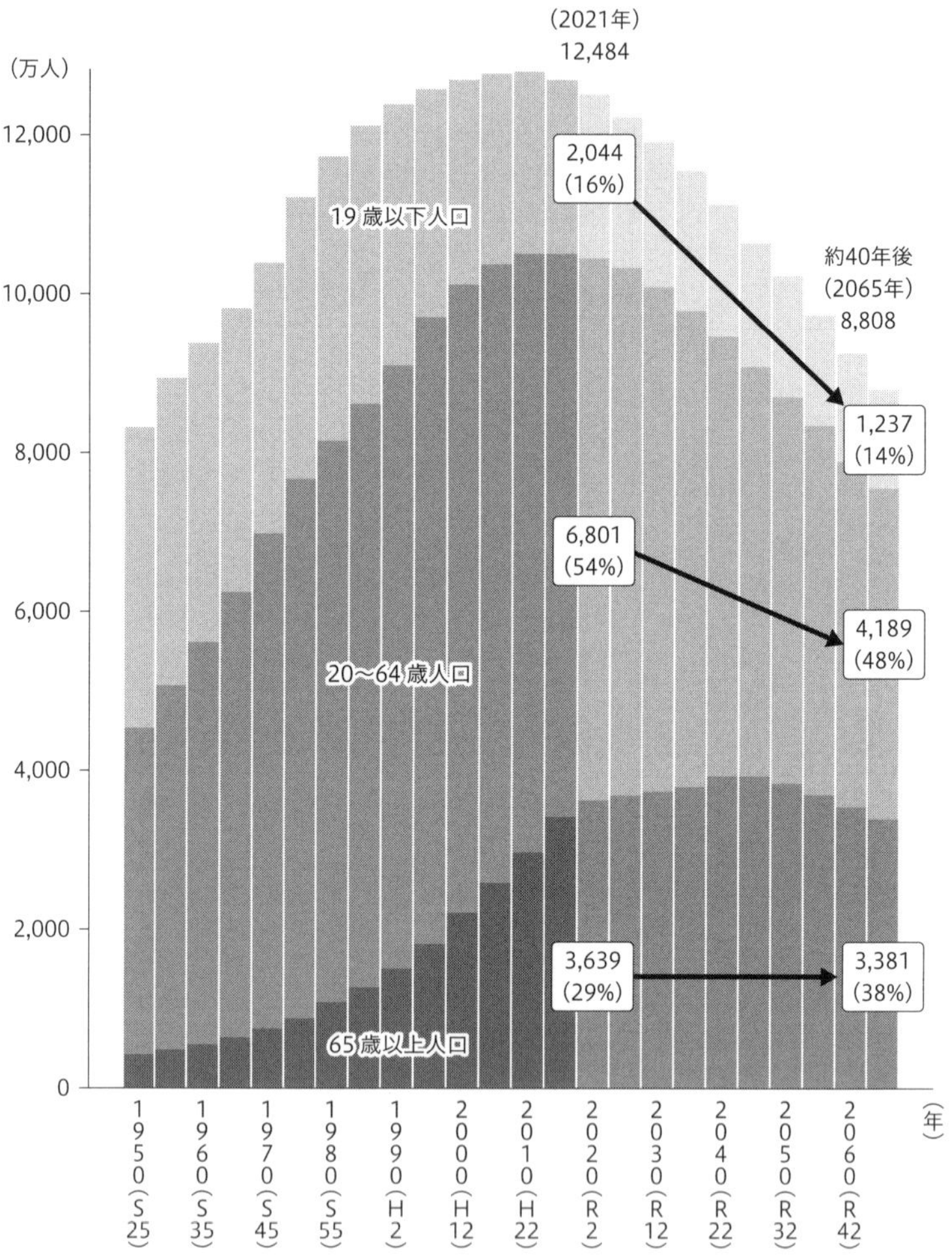

出典：財務省ウェブサイト（https://www.mof.go.jp/zaisei/reference/index.html）

図表1-11：基礎インフラへの改善要望

●各分野における品質に対する満足度

分野	地方都市（平均）	5大都市（平均）	差
交通機関／モビリティ	2.87	3.67	-0.80
教育	3.08	3.11	-0.03
住環境	3.29	3.48	-0.19
医療サービス	3.16	3.39	-0.23

●「スマート化」した都市で期待できる恩恵

	地方平均（平均）	5大都市（平均）	政令市	中規模		小規模	
				昼夜人口比率<1（ベッドタウンなど）	昼夜人口比率≧1（地域中核都市など）	昼夜人口比率<1（ベッドタウンなど）	昼夜人口比率≧1（地域中核都市など）
公共サービスの改善	41%	37%	41%	39%	42%	44%	40%
資源の無駄遣いの削減	36%	39%	38%	36%	35%	36%	36%
経済成長	36%	35%	36%	34%	38%	36%	36%
治安の改善	36%	37%	38%	40%	35%	35%	30%
雇用機会の増加	33%	30%	33%	30%	33%	32%	36%
空気と水の清浄化	33%	35%	39%	32%	30%	33%	29%
CO_2排出量の削減	29%	34%	31%	28%	29%	29%	27%
交通渋滞の軽減	28%	27%	31%	29%	30%	27%	25%
騒音公害の軽減	23%	25%	26%	26%	22%	23%	19%

■地方平均（平均）　■5大都市（平均）※

出典：KPMG「スマートシティ　地方都市における意識調査～住みやすい街づくりのためにできること」

❸ 変革のドライバー③ ―― 技術革新

技術革新も年々加速しています。2040年にはどのような技術が現れ、私たちの生活にどのような変化をもたらしているでしょうか。

■新型コロナが加速させた？「ソサエティ5・0（Society5.0）」

日本政府が第5期科学技術基本計画において、「サイバー空間とフィジカル空間を高度に融合させたシステムにより、経済発展と社会的課題の解決を両立する、人間中心の社会」としてソサエティ5・0を示したのが2016年です。

ソサエティ5・0は、IoT、AI、ビッグデータなどの最新技術を用いて、健康・医療、農業・食料、環境・気候変動、エネルギー、安全・防災といったさまざまな社会問題の解決と経済発展を両立させようという、目指すべき未来の姿です。

新型コロナウイルスの蔓延は私たちの生活を大きく変え、この流れを後押ししました。職場や学校では〝リモート〟が定着し、インバウンド需要の蒸発により、旅客・観光業界は大きなダメージを受ける一方で、〝巣ごもり〟需要でEC（電子商取引）や物流業界は業績を伸ばしています。ゲーム業界も業績を伸ばした分野のひとつです。緊急事態宣言が出された時、

図表1-12：ソサエティ5.0

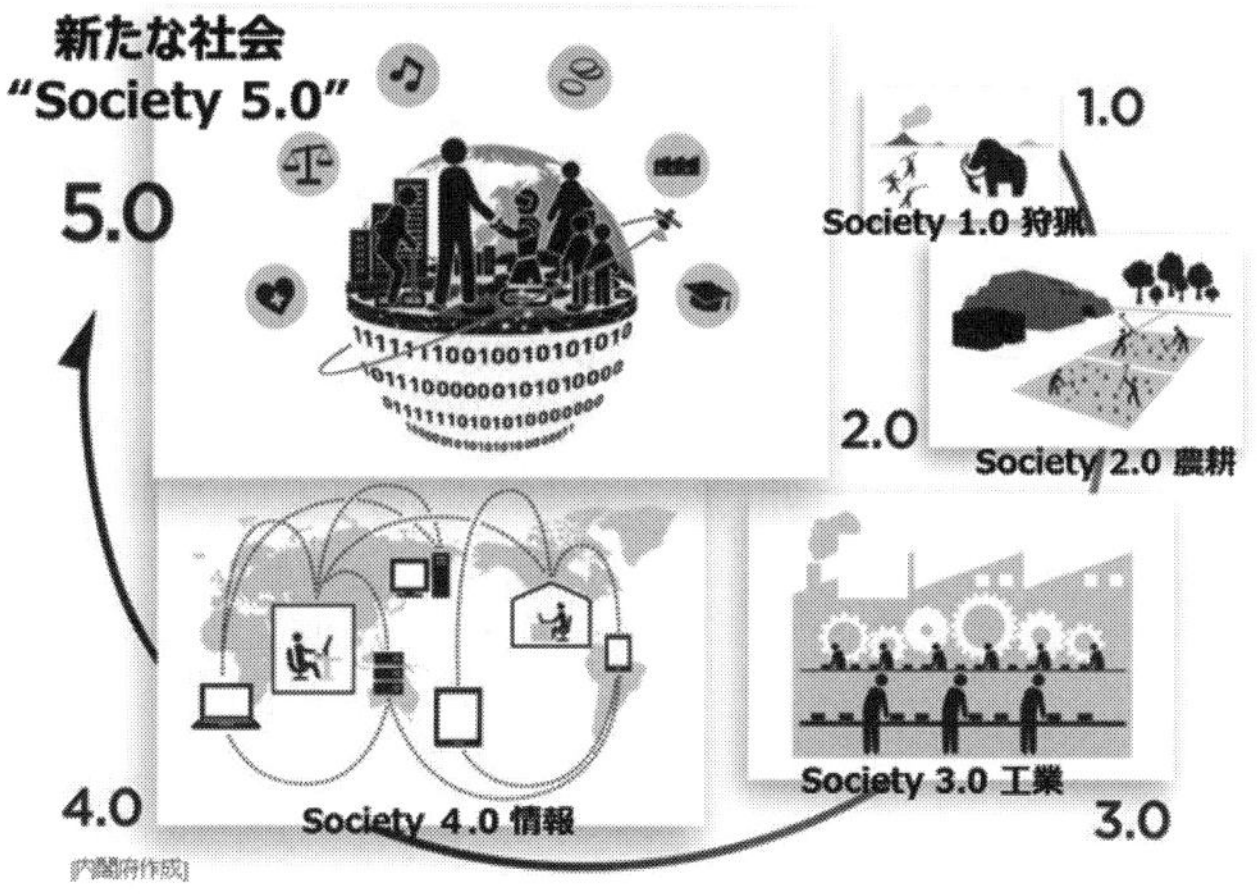

出典：内閣府ウェブサイト（https://www8.cao.go.jp/cstp/society5_0/）

若者を中心にバーチャル空間での交流を楽しむゲームが爆発的にヒットしました。

ＧＡＦＡの一角、フェイスブック(FaceBook)が２０２１年10月に、社名を「メタ（Meta）」に変更したニュースは、世界を驚かせました。これは、同社がメタバース（オンライン上に構築された３Ｄの仮想空間）に事業の中核をシフトし、この領域をリードしていくことへの決意表明ともいえます。

■地方の課題を解決する技術革新
――自動運転車

日本は世界に類を見ないスピードで人口減少・少子高齢化が進んでおり、特に地方部では行政機能や社会インフラの維持が難しくなってきています。

顕著な例として、公共交通を挙げてみましょう。全国の一般乗合バスの7割以上が赤字経営であり、新型コロナウイルスの蔓延がさらにその危機を増幅させています。

今後、高齢者の自動車運転免許返納、運転手不足などにより、さらなる危機を迎えると考えられていますが、これらを克服する特効薬として注目されているのが、自動運転の技術です。アメリカではグーグル（Google）の関連会社ウェイモ（Waymo）や、ゼネラルモーターズ（General Motors）傘下のクルーズ（Cruise）が自動運転技術を競っていますが、日本でも実用化に向けた動きが進んでいます。

KPMGが自動運転の展開とイノベーションを進めるうえでの対応状況に関して行った調査によれば、「テクノロジーとイノベーション」「インフラストラクチャー」「消費者の受容性」という4つの領域を柱とした28の指標の評価において、日本は30の国と地域のなかで11位ですが、自動運転関連特許数では世界一であり、「政策と法律」への対応等が進めば、日本でも近い将来において自動運転車が普通に街中を走る姿が見られるようになると予想されています。

■技術革新とデジタルデバイド

IT（Information Technology：情報技術）を使った新しいタイプの社会実装などを行う際、シニア層のITリテラシーが導入の際の課題になることがあります。

図表1-13：一般乗合バス収支状況

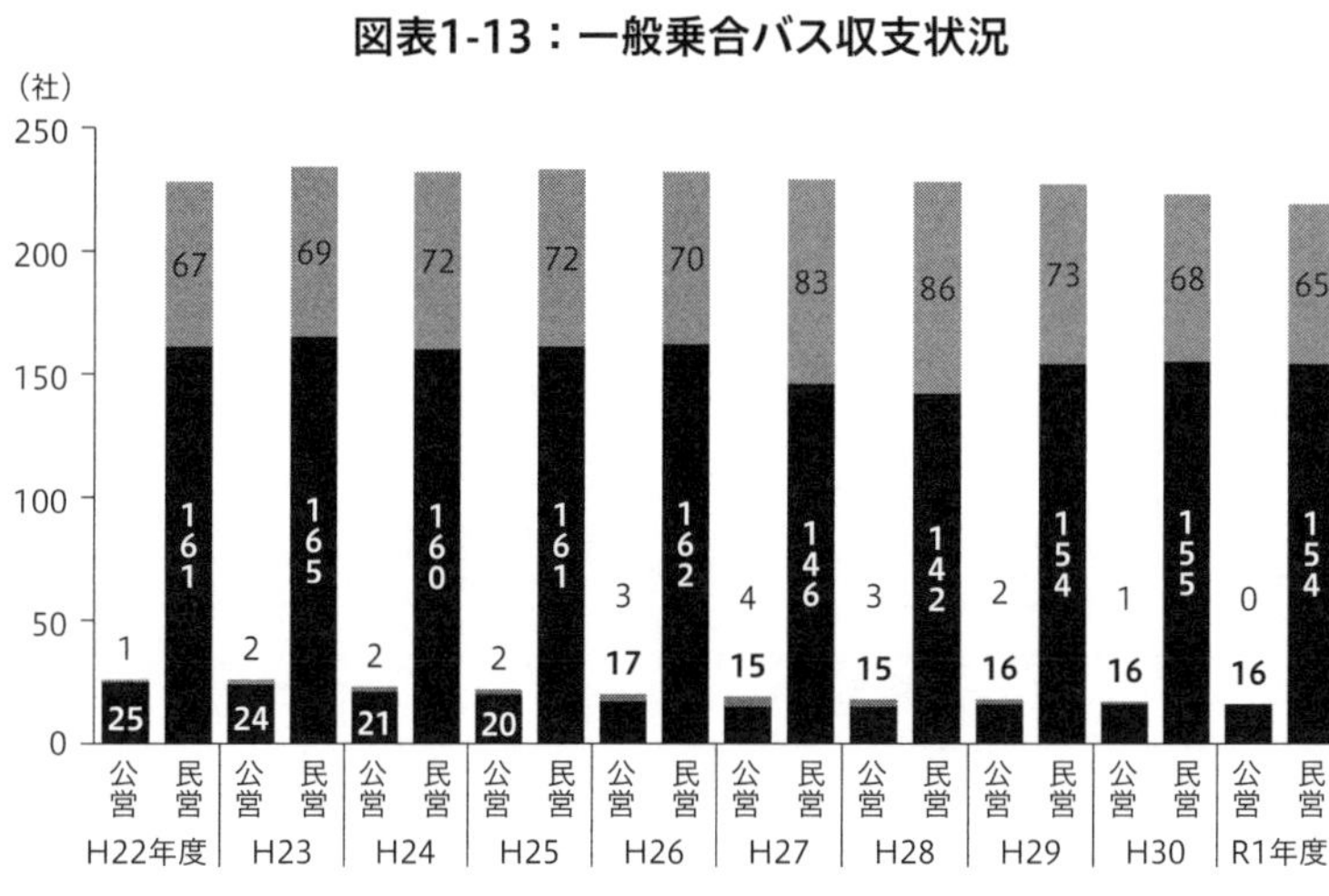

出典：「2020年度版（令和2年度）日本のバス事業」公益社団法人日本バス協会をもとにKPMG作成

図表1-14：自動運転のレベルの主なポイントと生産台数予測

レベル	機能	運転主体
5	完全な自動運転	システム
4	走行ルートなど 特定条件下で 完全な自動運転	システム
3	特定条件下で 自動運転、 継続困難な場合は ドライバーが対応	システム・ドライバー

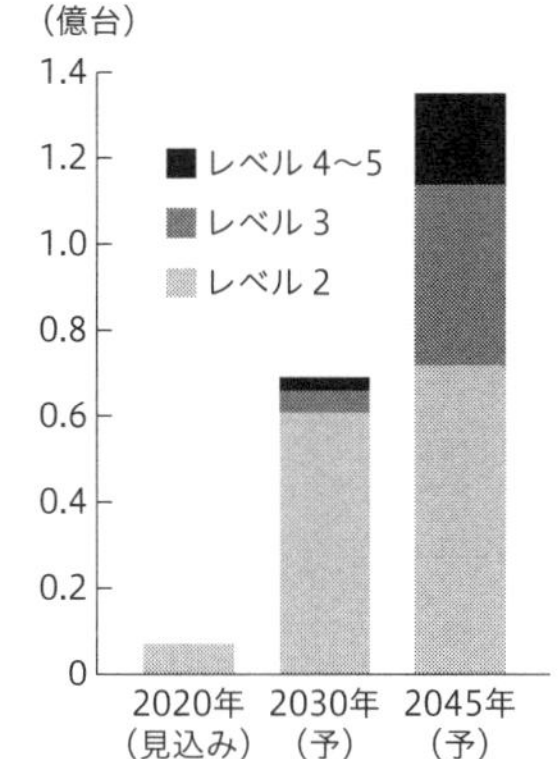

出所：富士キメラ総研
出典：「日本経済新聞」朝刊（2022年3月5日）

図表1-15：世界の自動運転車対応指数

	順位 2020年	順位 2019年	変動
シンガポール	1	2	↑
オランダ	2	1	↓
ノルウェー	3	3	→
アメリカ	4	4	→
フィンランド	5	6	↑
スウェーデン	6	5	↓
韓国	7	13	↑
アラブ首長国連邦	8	9	↑
イギリス	9	7	↓
デンマーク	10	n/a	new
日本	11	10	↓
カナダ	12	12	→
台湾	13	n/a	new
ドイツ	14	8	↓
オーストラリア	15	15	→
イスラエル	16	14	↓
ニュージーランド	17	11	↓
オーストリア	18	16	↓
フランス	19	17	↓
中国	20	20	→
ベルギー	21	n/a	new
スペイン	22	18	↓
チェコ共和国	23	19	↓
イタリア	24	n/a	new
ハンガリー	25	21	↓
ロシア	26	22	↓
チリ	27	n/a	new
メキシコ	28	23	↓
インド	29	24	↓
ブラジル	30	25	↓

出典：KPMGインターナショナル「自動運転車対応指数2020」

例えば、行政サービスをスマートフォン（スマホ）で受けられるようにしたとしても、スマホを自由に使いこなす若い世代と、うまく使うことのできない人との間では、享受できるサービスに差ができてしまいます。いわゆる、デジタルデバイドの問題です。２０４０年には国民の多くがデジタル・ネイティブ、つまり産まれた時からＩＴ機器などに囲まれており、これらを使うことに抵抗感を持たない人になっていると思われますが、移行期にはある程度の痛みを伴うでしょう。

■データは誰のもの？ ――プライバシーの問題

データプライバシーの問題、つまり「データは誰のものか」という大きな命題も立ちはだかります。

データは容易に複製が可能であり、プライバシー保護には十分な留意が必要となります。例えば、私たちがインターネットを通じて買い物をすると、その購買履歴からさまざまな類似商品の広告が頻繁に画面に表示されます。ＧＡＦＡなどのデータプラットフォームは多くの場合、無料で提供されますが、その利用者はデータプラットフォーマーに個人情報という収益源を対価として提供している、ともいえます。健康診断や病歴などの機微性の高いデータは、保険加入に際しての有用なデータとなりますが、インターネットでの購買履歴などと比べると、はるかに収集のハードルは高くなるでしょう。データプラットフォームの利用者は、利便性と引き換えに、一定の心理的安全性を前提としてデータの提出に許諾を与えることになります。

2 生活シーンの変化

各種ＩｏＴデバイスの小型化、マシーンの性能向上により、かなり細かいデータがリアルタイムで把握できるようになっており、各種の将来推計の精度も高くなっています。今後、ＥＢＰＭ（Evidence-Based Policy Making）と呼ばれる、統計データや各種指標など、客観的エビデンス（根拠や証拠）に基づき政策の決定や実行を行うことが進展し、私たちの生活も快適で暮らしやすいものになっていくでしょう。

今から約20年後の２０４０年、世の中を動かし、生産・消費行動の中心になっているのはミレニアル世代やZ世代、あるいはさらに若い世代の人たちです。個々が多様な価値観を尊重し合い、インターネットやスマホ（あるいはさらに便利に進化したガジェット）を自由に使いこなしています。家や車といった高価なものを所有することに執着せず、それを共有しながら、“体験”にお金を使うといわれています。典型的な例として、若年層の乗用車所有率は、近年目に見えて減少しています。

このような価値観の変化、多様化による「人々の欲求」、脱炭素化などの「社会からの要求」、そしてデータ活用や自動運転などの「技術

図表1-16：乗用車普及率

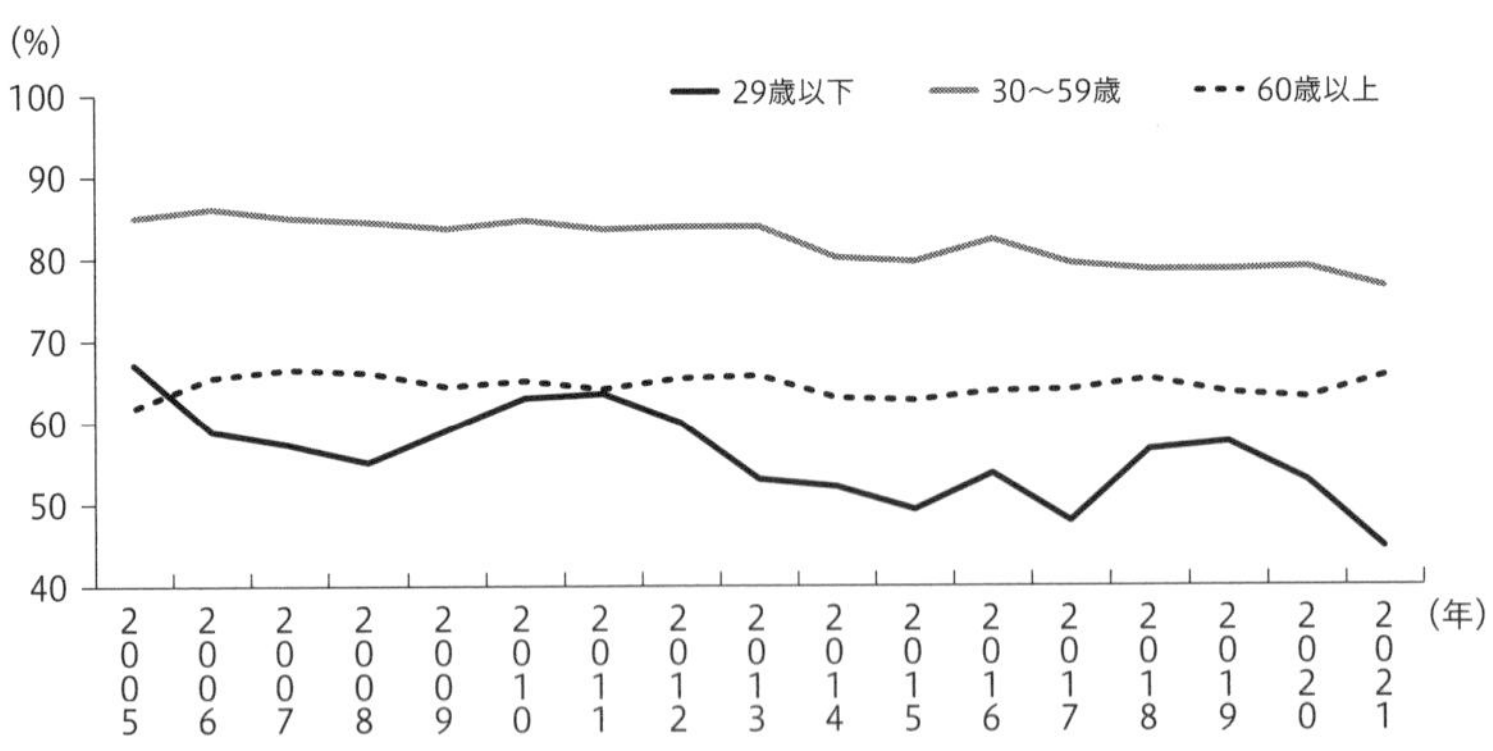

出典：内閣府ウェブサイト（https://www.esri.cao.go.jp/jp/stat/shouhi/shouhi.html）

革新」によって、〝働く〟、〝暮らす〟、〝遊ぶ〟、〝学ぶ〟といった私たちの生活シーンも変容を遂げるでしょう。

3 変わる「モビリティ」

一般に「モビリティ」というと、自動車産業をイメージされる方が多いかもしれません。日本を代表する自動車メーカーであるトヨタ自動車の豊田章男社長が「モビリティカンパニーへのフルモデルチェンジに向けて」という声明を出したのが記憶に新しいところです。しかし、私たちモビリティ研究所では、もう少し広く、〝モビリティ＝ヒト、モノ、カネ、サービスの移動〟と考えています。いい換えれば、経済活動そのものといってもよいかもしれません。

先に述べた通り、新型コロナウイルスの蔓延により、旅客や観光などの〝ヒト〟を運ぶビジネスは大きなダメージを受けましたが、ＥＣ業界やゲーム業界など、〝モノ〟や〝サービス〟の移動を扱う業界は活況でした。

複合現実（Mixed Reality）や自動運転車、空飛ぶ車やドローンなどが実用化されることにより、リアルな〝ヒト〟の移動はますます減る一方で、〝モノ〟や〝サービス〟の移動は今後も増えることが予想されます。〝カネ〟の移動に関しても、銀行や証券会社などにおける店舗窓口での業務が減り、インターネットでの取引量が増えており、今後もこの傾向は続くでしょう。

4 都市と地方の在り方の変容

■都市の歴史と都市の機能

東京一極集中からの脱却、地方創生が叫ばれて久しくなります。コロナにより都市部から郊外、さらに地方部への人の移動が起きたといわれていますが、これにより地方の活性化が実現に向かうのでしょうか？

人類は古代から都市を形成し、そこに集積して住んできました。古くは紀元前３５００年から紀元前３０００年ごろにメソポタミア文明が、その後、エジプト、インダス、黄河において都市文明が現れました。

都市には集積の利益、規模の経済という効果があり、世界中の都市で数多くの文化や芸術、産業が生まれてきました。産業革命以降、近代になってもこの流れは加速し、国連の調査によれば１９５０年には30％に過ぎなかった都市部人口は、２０１８年時点で55％、２０５０

年には68%が都市部に集中すると予測されています(5)。

都市が人類に多くの恩恵をもたらしていた一方、計画に基づかない無秩序な都市開発は環境破壊や交通渋滞などの社会問題を生み、スプロール(虫食い)といわれる住宅、商業開発、道路などが、都市周縁の広範な地帯に無秩序に散在する状態を各地に作り出しました。今日では、慎重な都市計画に基づいた開発の必要性が浸透していますが、一度形成されてしまった街の姿を元に戻すには多くの年月を要します。近年では少子高齢化の流れも相まって、全国各地で空き家・空地問題も深刻化しています。

■消滅可能性都市の問題

多様性を尊重する人々の価値観の変化や、デジタル技術の浸透により、リモートワーク、リ

図表1-17：全国各地で深刻化する空き家問題

老朽化した空き家が全国に増えている
提供：アフロ

図表1-18：2040年―全国の「消滅可能性都市」の分布

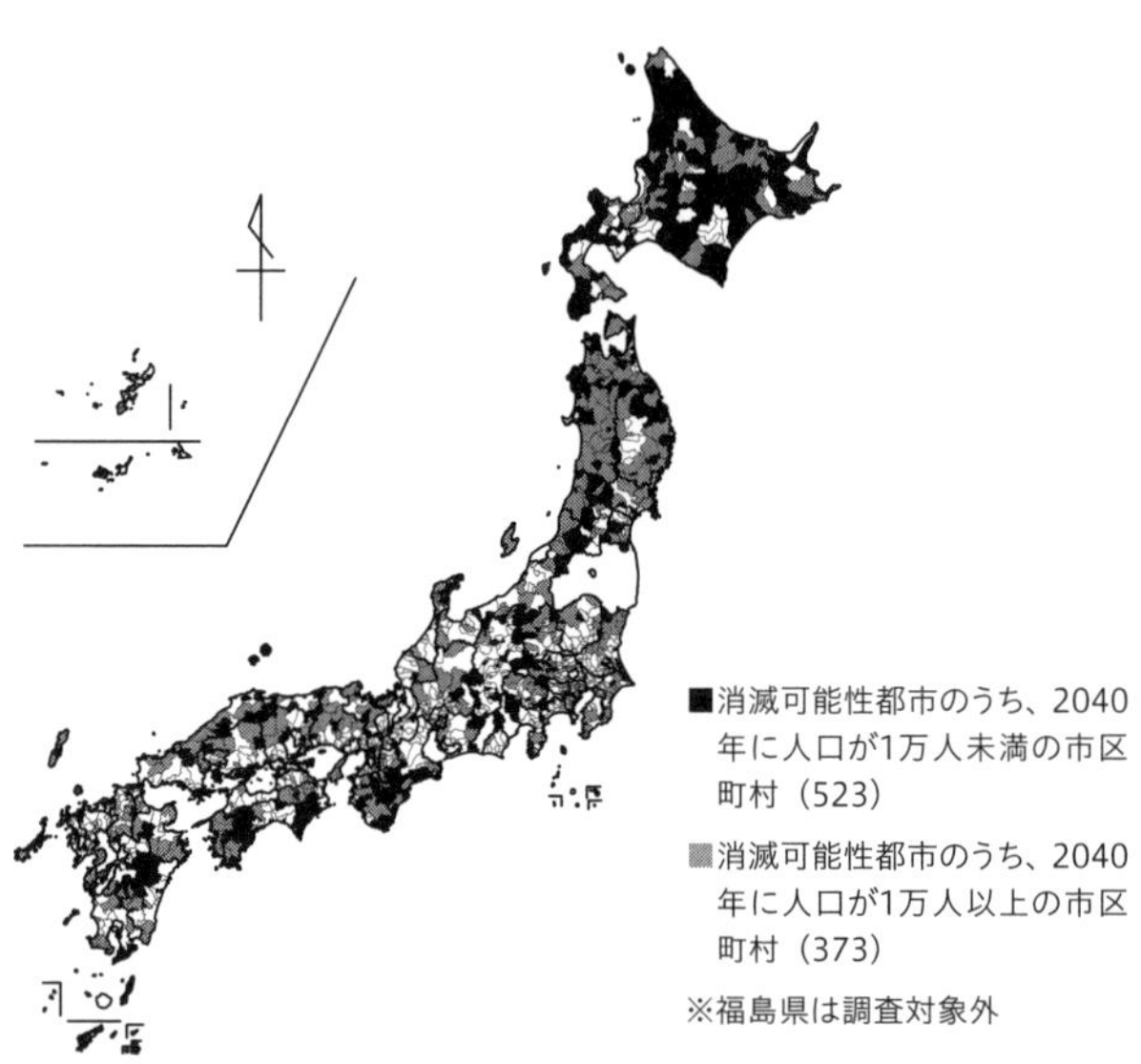

出典：全国の「消滅可能性都市」の分布（日本創成会議）

モート学習が普及し、多拠点生活を志向する人は増えるでしょう。しかしながら、都市の利便性や刺激を求める個人や、規模の経済性を求める企業は、依然として都市圏にとどまり続けると思われます。

また、少子高齢化・人口減少はさらに進み、一定規模レベル以下の地方においては、都市機能の維持が困難となり、ある程度の取捨選択が必要になるのではないでしょうか。2040年には全国896の市区町村が「消滅可能性都市」に該当し、うち523市区町村は人口が1万人未満となり、消滅の可能性がさらに高い、という調査報告もあります。

■デジタル田園都市国家構想

2021年11月、岸田文雄内閣は「デ

図表1-19：デジタル田園都市国家構想の成功の鍵

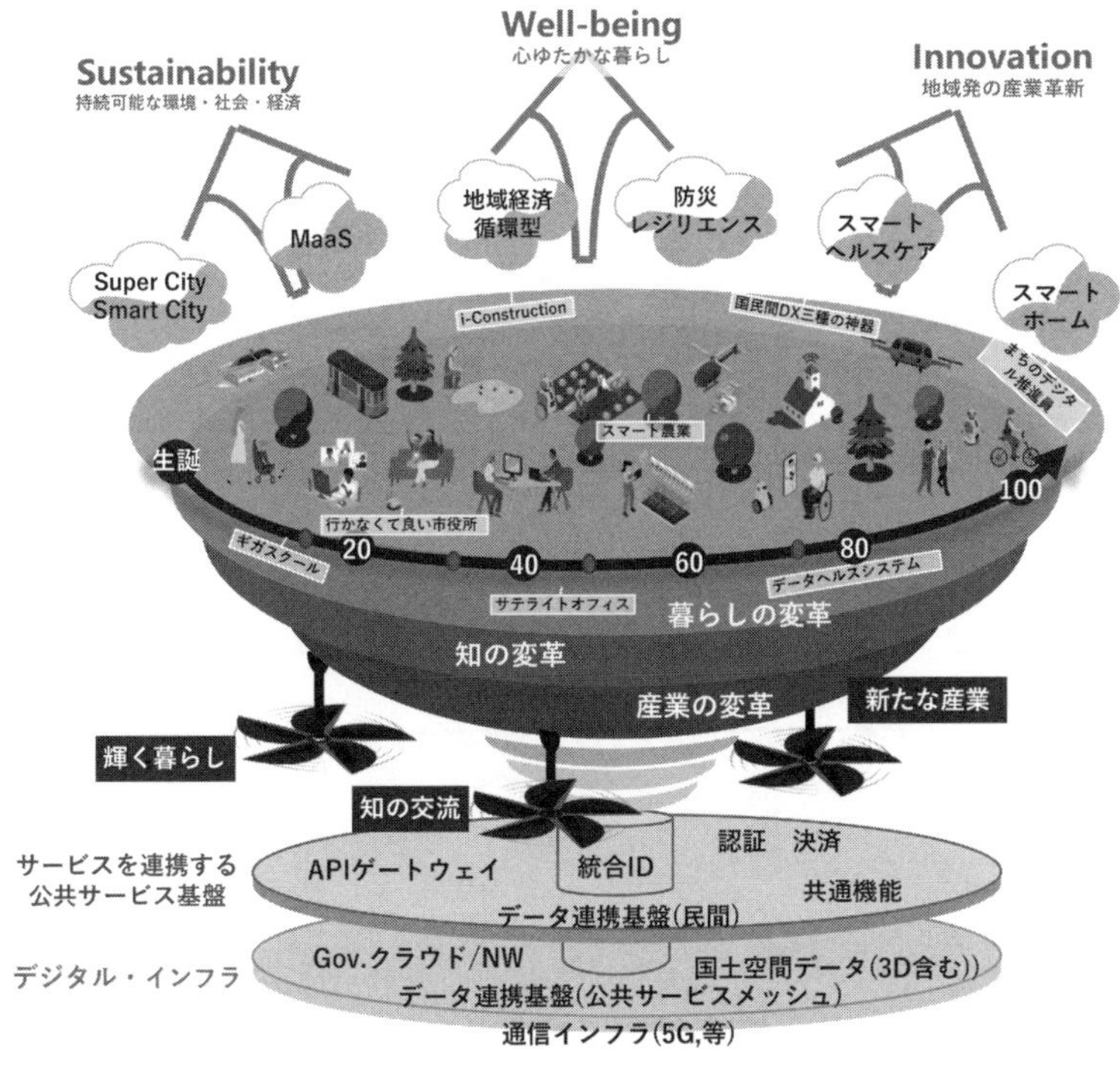

出典：デジタル庁（https://www.cas.go.jp/jp/seisaku/digital_denen/dai2/siryou2-1.pdf）

ジタル田園都市国家構想」を立ち上げました。これは、高齢化や過疎化などの社会課題に直面する地方から5Gや半導体、データセンターなど、デジタルインフラの実装を進めることにより地方と都市の差を縮め、都市の活力と地方のゆとりの両方を享受できるようにしようとするものです。今後検討すべき論点として、①地方の課題を解決するためのデジタル実装、②デジタル人材の育成・確保、③地方を支えるデジタル基盤の整備、④誰一人取り残さない社会の実現——があげられています。

5 イノベーションの行方と近未来

都市が抱える各種の課題は、産官学民の連携によって慎重に策定された都市計画や、将来予想される難題に対応するために必要な革新的な解決策を考え、実行するためのイノベーション文化の醸成が不可欠と考えられていますが、KPMGが2020年に発表した「スマートシティ　わが国の主要5都市における意識調査」によると、都市の持続的成長のための都市計画、その前提となるイノベーション文化の醸成については、アジアの主要都市と比較すると重要と考えられていない、という結果が明らかになっています。

都市の問題を解決しながら街をスマート化するためには、行政や大企業だけでなく、最新の技術を研究する大学等の研究機関や、新しいテクノロジーを使って果敢に社会課題に挑むイノベーター・起業家の活躍が必要です。先にあげた「カーボンニュートラル」も、画期的なイノベーションの創出なくしては達成しえないでしょう。日本においても大学発のスタートアップをはじめとした若手の起業家の増加は見られるものの、世界と比較すると少ないといわれています。

そのようななか、岸田総理大臣が2022年を起業家育成の「スタートアップ創出元年」と位置づけたほか、経団連においても「スタートアップ躍進ビジョン」を発表するなど、日本発の世界的スタートアップ誕生に向けた機運が高まっています。今後、新しいアイディアを生み出すためのイノベーション文化の醸成、産官学民のエコシステムの構築が進むものと期待されています。

以上、本章では約20年後の2040年ころに予測される近

図表1-20：都市の継続的な成功のための主要な開発分野

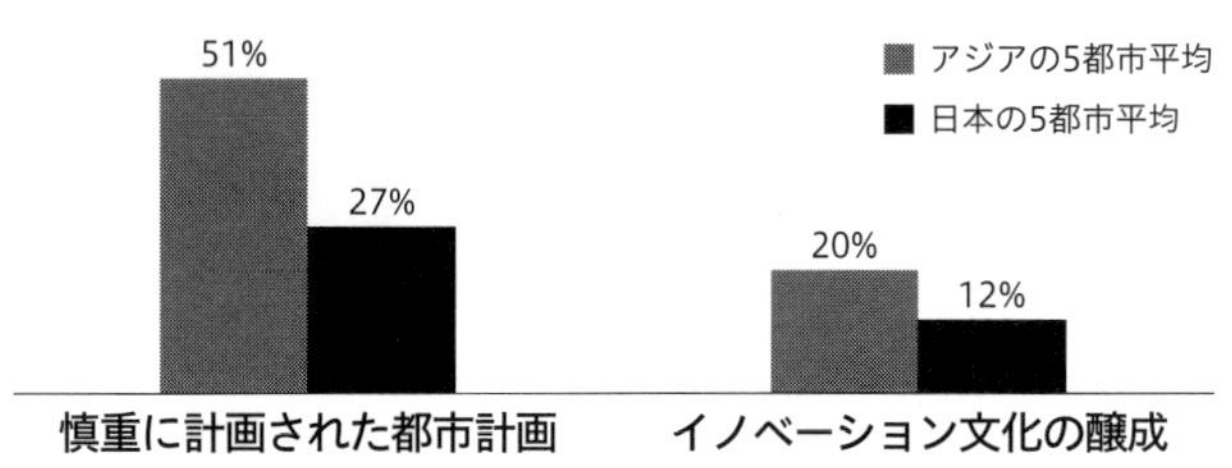

出典：KPMG「スマートシティ　わが国の主要5都市における意識調査」をもとに筆者作成

図表1-21：近未来のモビリティ・マトリクス

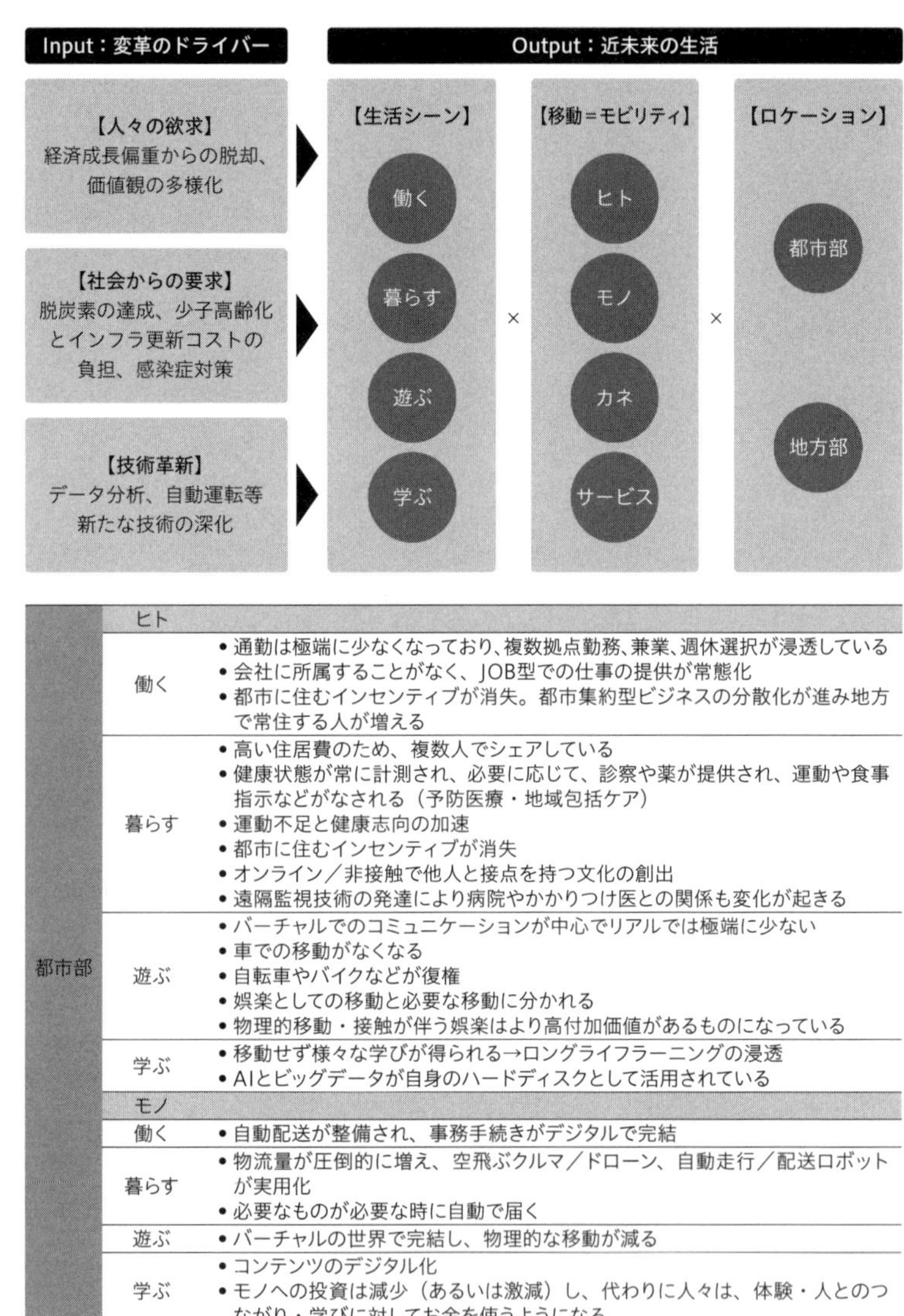

都市部	ヒト		
		働く	• 通勤は極端に少なくなっており、複数拠点勤務、兼業、週休選択が浸透している • 会社に所属することがなく、JOB型での仕事の提供が常態化 • 都市に住むインセンティブが消失。都市集約型ビジネスの分散化が進み地方で常住する人が増える
		暮らす	• 高い住居費のため、複数人でシェアしている • 健康状態が常に計測され、必要に応じて、診察や薬が提供され、運動や食事指示などがなされる（予防医療・地域包括ケア） • 運動不足と健康志向の加速 • 都市に住むインセンティブが消失 • オンライン／非接触で他人と接点を持つ文化の創出 • 遠隔監視技術の発達により病院やかかりつけ医との関係も変化が起きる
		遊ぶ	• バーチャルでのコミュニケーションが中心でリアルでは極端に少ない • 車での移動がなくなる • 自転車やバイクなどが復権 • 娯楽としての移動と必要な移動に分かれる • 物理的移動・接触が伴う娯楽はより高付加価値があるものになっている
		学ぶ	• 移動せず様々な学びが得られる→ロングライフラーニングの浸透 • AIとビッグデータが自身のハードディスクとして活用されている
	モノ		
		働く	• 自動配送が整備され、事務手続きがデジタルで完結
		暮らす	• 物流量が圧倒的に増え、空飛ぶクルマ／ドローン、自動走行／配送ロボットが実用化 • 必要なものが必要な時に自動で届く
		遊ぶ	• バーチャルの世界で完結し、物理的な移動が減る
		学ぶ	• コンテンツのデジタル化 • モノへの投資は減少（あるいは激減）し、代わりに人々は、体験・人とのつながり・学びに対してお金を使うようになる

地域	分類	項目	内容
都市部	カネ	働く 暮らす 遊ぶ 学ぶ	• すべての決済はデジタル通貨に移行 • 顔認証などの生体IDにより、財布を持つ必要がなく、各種利用した料金が自動で口座から引き落とされる
都市部	サービス	働く	• 対面サービスが減少 • 都市部と地方部を定期的に行き来して働いている • 生産を伴う業種では、規模の経済性を追求した買回品と、ローカルに根差して少量多品種に対応する高付加価値値品の2極化が進む
都市部	サービス	暮らす	• 医療や介護がセットとなった住居に住む • 診察がデジタル化 • 自宅でできる健康増進サービス・商材が隆盛
都市部	サービス	遊ぶ	• バーチャル旅行などが浸透し、リアルな移動や運動が貴重なサービスになる
都市部	サービス	学ぶ	• リモート学習の推進によりどこにいても､パーソナライズされた教育が受けられる
地方部	ヒト	働く	• 地区でエネルギー供給が完結 • Uターンに加えIターンも発生 • モビリティは個人所有に再フォーカスし、さらに小型化が進む • 生活・行動様式の変化と相まって郊外・地方移住が進む（人によっては複数拠点生活も） • 物理的に会う人と、会わない人の線引きが明確化。会う人（会える人）との関係が強化され､その線引きによって内と外を分ける､という行動様式が発生
地方部	ヒト	暮らす	• 生活コストの低減により、働かないという選択が増える • どこに住んでいても都市拠点の企業で働ける
地方部	ヒト	遊ぶ	• 地域のコミュニティでの完結 • 都市部でのエンターテインメントへは、バーチャルで参加、自動運転等で移動して参加など、選択肢が増える
地方部	ヒト	学ぶ	• 遠隔学習により、都市部との教育格差がなくなる
地方部	モノ	働く	• 物流網の発達､ドローンや自動宅配の実装により必要なものが必要な時に届く • (都市と同様)
地方部	モノ	暮らす	• 都市と変わらない環境がある • 調達リスクの面からサプライチェーンの再構築が起こる。地産地消の流れは加速し、グローバルでの分散が同時に図られる
地方部	モノ	遊ぶ	• 必要なものが適時に運ばれてくる
地方部	モノ	学ぶ	• 遠隔学習により、都市部との教育格差がなくなる
地方部	カネ	働く 暮らす 遊ぶ 学ぶ	• 物々交換／地域通貨／デジタル通貨の併用
地方部	サービス	働く	• 多拠点間を自由に移り住む • 地方の経済圏の再チャレンジ
地方部	サービス	暮らす	• 一次産業の就業が増える • 外出、人出に係るビジネスを中心に継続が困難に。伝統文化の一部も消失
地方部	サービス	遊ぶ	• リアル旅行が贅沢になり、エクストリームスポーツなど自然をリアルに感じるレジャーがブームとなる
地方部	サービス	学ぶ	• 遠隔学習により、都市部との教育格差がなくなる

出典：KPMGモビリティ研究所

未来と、変革を起こす主要ドライバーについて述べてきましたが、ＫＰＭＧモビリティ研究所では、想定される都市部・地方部における生活――働く、暮らす、遊ぶ、学ぶ、についての、人、モノ、カネ、サービスの移動＝モビリティーは、図表1-22のようになると考えています。

それでは、次章以降でその具体的な姿を、テーマごとに見ていきましょう。

column 十勝帯広リゾベーションプロジェクト

ＫＰＭＧモビリティ研究所は、モビリティ（＝ヒト・モノ・カネ・サービスの移動）に関する社会課題の解決に貢献するとともに、それを通じてＫＰＭＧやパートナーとなる企業・団体の事業機会を創出することを目的として設立されました。課題解決のフィールドのひとつとして選んだのが北海道の十勝帯広です。

コロナ禍におけるリモートワークの浸透を背景に全国でワーケーションがブームになっていますが、私たちは単に働く場所を変えるだけのワーケーションは長続きしないと考えています。そこで設定したのが「リゾベーション[6]」というコンセプトです。リゾベーション

図表1-22：リゾベーション

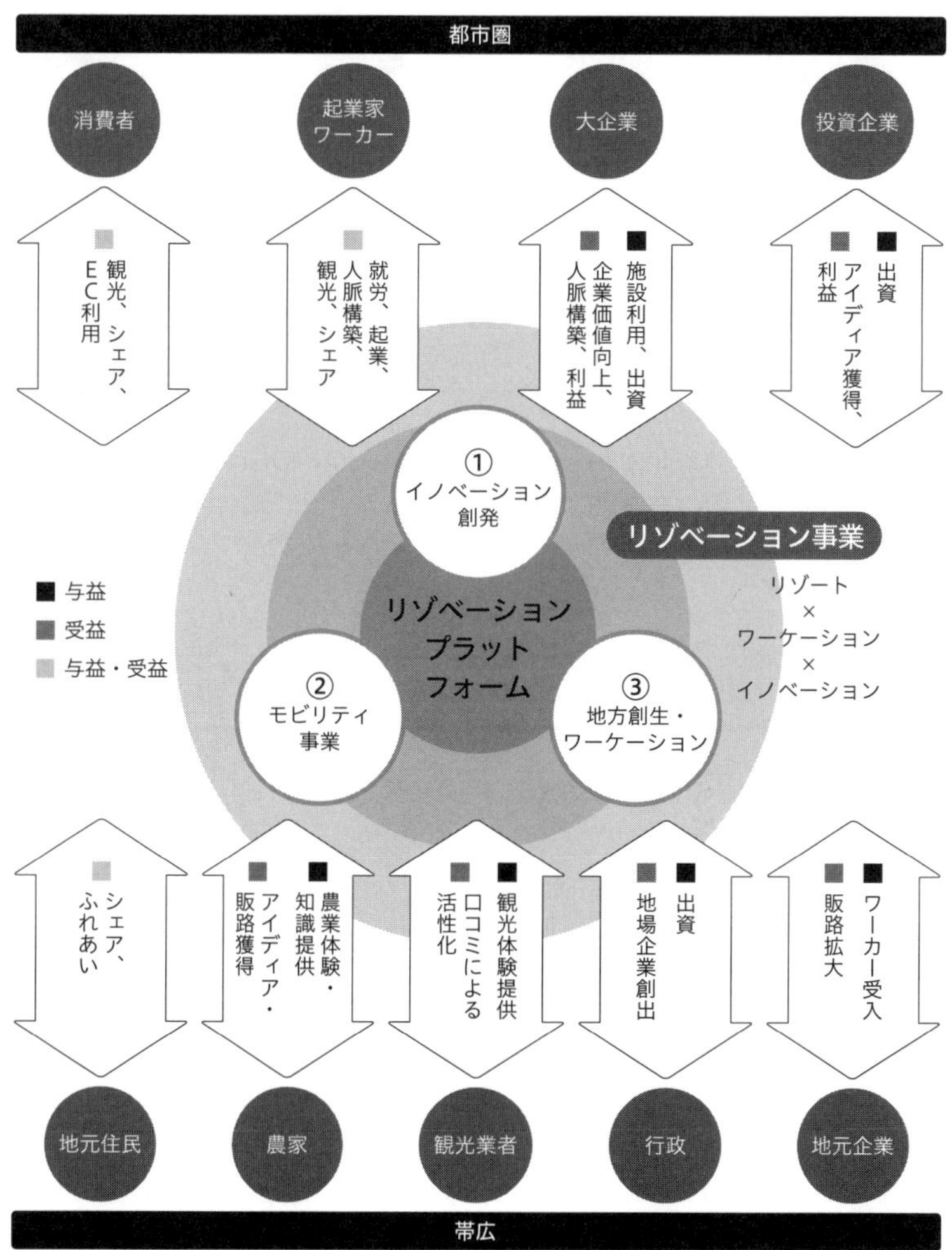

出典：KPMGモビリティ研究所

図表1-23：マルシェバス

出典：KPMGモビリティ研究所、十勝バス

（RESWORVATION）は「リゾート（RESORT）」と「ワーケーション（WORKATION）」と「イノベーション（INNOVATION）」を掛け合わせた造語で、都市圏の企業や個人が持つリソースやノウハウ、ネットワークが、地方の企業や個人、豊かな自然資源などと遭遇することにより新たな事業やアイディアを創発すること（＝イノベーション）を目的としています。

筆者たちが発起人となって立ち上げた「十勝・帯広リゾベーション協議会」には、現地のホテル、交通事業者、行政のほか、首都圏のディベロッパー、航空、広告、ＭaaＳアプリ・カレンダーアプリベンダー、空間設計、旅行などの大手企業が参加し、新たな事業創発に取り組んでいます。

その一例として、ＫＰＭＧモビリティ研究所と十勝バスのディスカッションの中から生まれた「マルシェバス」は、少子高齢化や人口減とコロナ禍による需要減に苦しむ地方のバス会社と百貨店、移動手段がなく街中に出掛けられない地域住民の課題に、モビリティに関する研究機関である筆者たちのアイディアを掛け合わせることによって生み出されたイノベーション事業の一例といえるのではないでしょうか。図表1-23のように、減便になったバスの後ろ半分を改装し、帯広市中心地にある地元資本の老舗百貨店の商品を載せ、市街地にある住宅地まで運んで販売しました。

「マルシェバス」は、当初の目標を上回る売上を計上し、典型的な地方都市の交通事業者が抱える課題解決のヒントとして、全国から多くの視察や取材が訪れ、全国放送でも何度か取り上げられています。

世界に類を見ないスピードで進む少子高齢化・人口減少と向き合う日本は、課題先進国といわれていますが、そんななかでも北海道は課題先進地域といえます。一方、その広大な土地と豊かな資源は、モビリティのみならず、食・エネルギーをはじめとした課題解決の大きなポテンシャルを持っており、十勝・帯広における私たちの一連の取り組みが、北海道、ひいては日本の社会課題解決の礎になるものと考えています。

注

1　2014年にワシントンのシンクタンクであるピュー・リサーチ・センターが行った発表によれば、1981年から1996年に生まれた人をミレニアル世代と呼ぶ。

2　Z世代とは、1990年後半から2000年代に生まれた人を指す言葉。
3　情報経営イノベーション専門職大学（https://www.i-u.ac.jp/）
4　日本経済新聞「テスラ時価総額22兆円、トヨタ超え自動車首位に」（2020年7月1日）
5　World Urbanization Population Prospects 2018〟（https://population.un.org/wup）
6　登録商標第6524256号

2

データがもたらす モビリティの変容

MOBILITY
Re-DESIGN
2040

1 モビリティが生成・取得するデータ

❶ 住宅数より多い自動車保有台数 ── 車両データのインパクト

戦後の復興とモータリゼーションの発展により、自動車は生活や産業に不可欠な存在となりました。自動車はもはや生活の一部であり、地方部においては1人1台で乗用車や貨物車を所有することも珍しくなく、〝生活の足〟あるいは〝商売の相棒〟として大きな役割を果たしています。

2021年3月末時点の日本における乗用車の保有台数は6190万台を超え、これに貨物車、乗合車、特種用途車、二輪車を加えると（以下、「自動車」と呼ぶ）、その合計保有台数は8200万台に上ります。1990年代後半から伸び率は緩やかになり頭打ちとなっているものの、依然として微増ながらも増加傾向にあります。

ここで、8200万台という数値の感覚を持ってもらうために、他の数値との比較をしてみます。2021年末時点で日本の人口は1億2600万人超です。また2018年の住宅ストック数（5年に1度の調査のため2022年時点での最新データ）は6241万戸となっています（余談ですが、日本の総世帯数は約5400世帯であり、住宅ストック数は

図表2-1：車種別の自動車保有台数推移

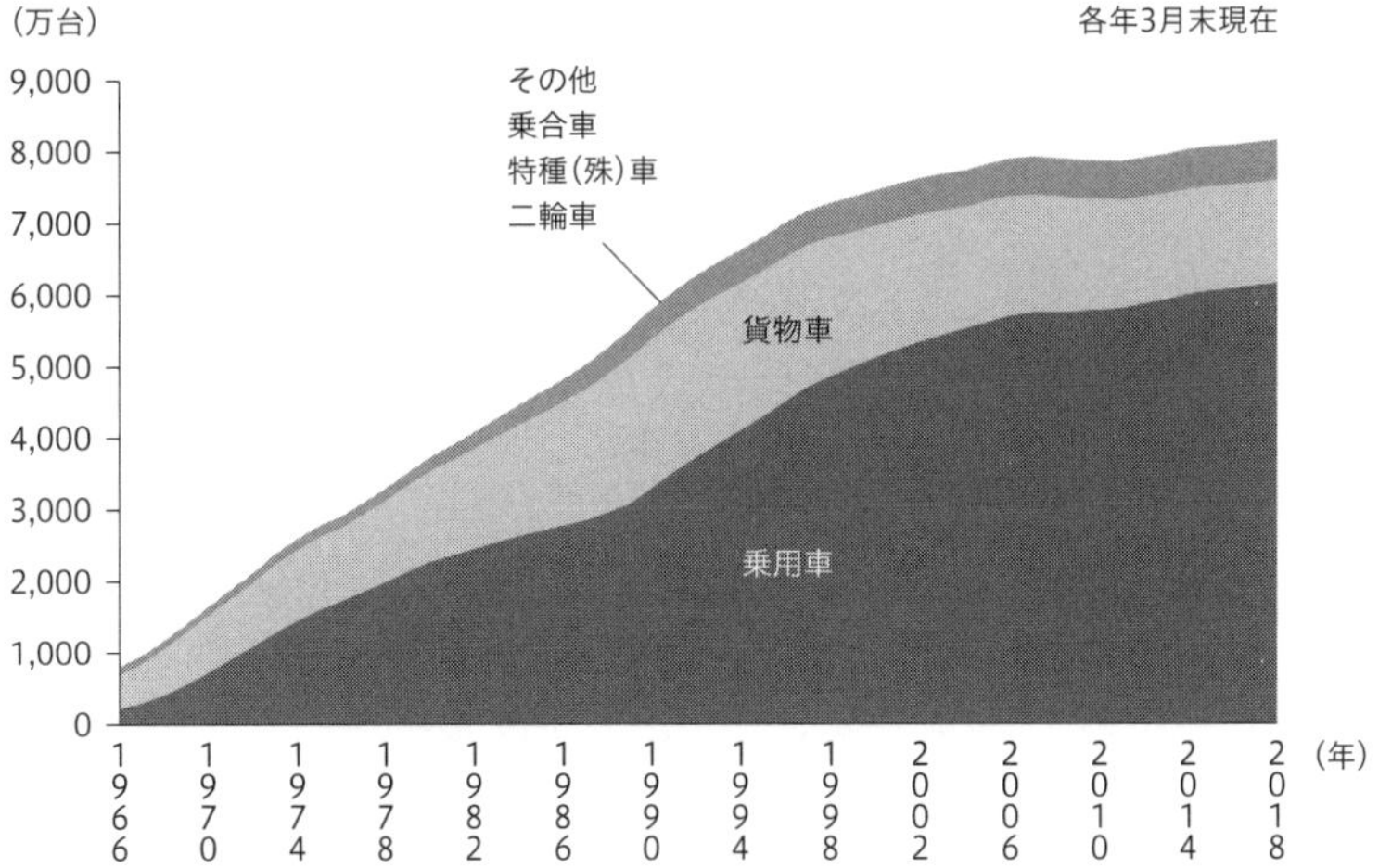

出典：自動車車検登録情報協会

16％超過の状態にあります）。こう見ると、人口数には及ばないものの、住宅よりも多い数の自動車が日本には存在しており、その絶対数の多さに改めて気づかされます。アメリカと中国ではそれぞれ2億台を超える保有台数があり文字通り桁が違いますが、それでも日本は世界3位の登録台数となっています。

さて、この「8200万台を超える自動車」がすべて「コネクテッド（Connected：CASEでいうところのC）」され、さまざまなデータを取得する動き回る筐体として機能した場合、どのようなことが起こるのでしょうか。これが本章のテーマです。

ちなみに日本における移動体通信（携帯電話、PHS、BWA〈広帯域無線アクセス〉）の合計契約数は2億3700万件超あり、このうち携帯電話の契約数だけでも1億7000万台以上で、人口に対する普及率は優に130％を超える状況にあります。現在こうした携帯電話の位置情報をもとにしたいろいろなサービスが展開されつつありますが、ここに新たに「8200万台の自動車というインフラ」が加わってくる世界を想像することが重要です。

自動車はすでに十分な数と密度をもって日本中に存在しており、自動車が持つ機能によって収集可能となるデータの量と幅、またそのデータを他のデータと掛け合わせて解析することによって分かること、その洞察をもとにして展開されるサービスの幅などを考えると、その社会的、経済的インパクトは非常に大きなものとなります。

❷ 自動車が持つ機能

そもそも自動車が持っている基本的な機能は「人を乗せて移動できる」という点です。現在においては安全性や快適性を追求した結果として付加的な機能が数多く搭載され、自動車はいわば総合ロボットともいえるさまざまなテクノロジーの集合体となっています。こうした移動する技術の塊という属性と、これからさらに進化し付加されていく新しい機能によって、ビジネス機会を創出する「基盤」が構築されていきます。

自動車が持つ付加的な機能・価値、そして意味合いについてまとめてみましょう。

図表2-2：自動車が持つ機能

自動車が持つ「動く電源」「動く基地局」「動くセンサー」「動く ECU」という特性、
およびその「密度（Density）」を活用し、その他のデータ（各セクターで扱うデータ）と
掛け合わせることで、さまざまなビジネス機会を創出可能。

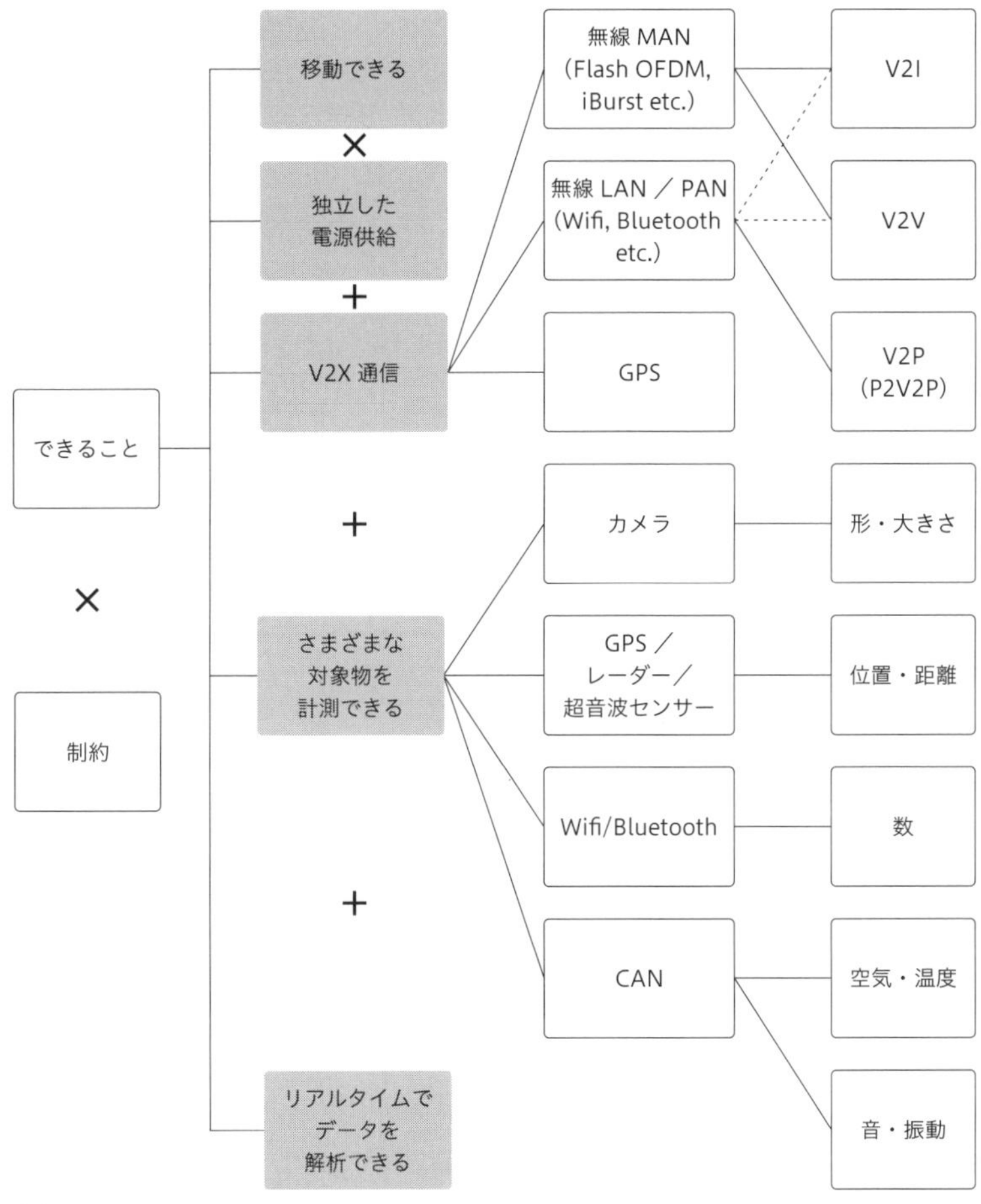

出典：KPMG

■動く電源

自動車にはエンジンの始動や計器の駆動などのためにバッテリーが搭載されていますが、今後のＥＶ（Electric Vehicle）化の進展によって、その容量や性能は向上していきます。すでにＥＶの災害時での活用などが議論・実践されていますが、自動車は独立した電源（供給源）としての機能をさらに進化させていくでしょう。

現在3ナンバーの中型ＥＶ車には、およそ60キロワット時の電池パックが搭載されていますが、これを家庭用の蓄電池と組み合わせて家と繋げると、一般家庭における4日間程度の使用電力量（1日約12キロワット時）を賄える計算となります。災害時にテレビ、パソコン、スマートフォン（スマホ）充電、ＬＥＤ照明、その他家電の使用ができれば、緊急時のインフラとして心強い存在となります。また、移動中での罹災であっても電源確保が命綱となるケースもあり、現在もその有効性・実効性について議論や開発が熱く展開されている状況です。

注目すべきは、罹災により消失したベースロード電源が復旧する時間において、動く電源である自動車が「連結・連動」することで、ライフラインやクリティカルな機械の稼働を確保でき、人命救助に資する可能性があるという点でしょう。

■動く基地局

自動車には現在でも、無線ＭＡＮ（メトロポリタン・エリア・ネットワーク）、無線ＬＡＮ

（ローカル・エリア・ネットワーク）／ＰＡＮ（パーソナル・エリア・ネットワーク）、ＧＰＳ（全地球測位システム）など通信機能が搭載されています。今後は、インターネットや電話といった通信網へのアクセスはもとより、Ｖ２Ｘ（Vehicle to Everything）通信によって、自動車自体が基地局のような役割を担っていくことが可能となります。

Ｖ２ＸのＸには、Ｉ（インフラ）、Ｖ（他の自動車）、Ｐ（人）などが入りますが、こうした通信により「自動車ができること」の幅は広がります。よくいわれる例としては、インフラとの通信による車両の自動制御、インフラや車々間通信による電源の融通（充電）、周辺に存在する自動車や人の把握による混雑度合の把握、などが挙げられますが、技術的な制約や経済性などを無視すれば、その可能性はさらに広がります。

また、電源同様に自動車を連結してリレーさせることで、モバイル通信の基地局がダウンしているような地域において、人々の携帯電話のハブとして機能するようなことも想定できます。

自然・人的災害時によって情報連携が不可能になった場合、その緊急度や期間によって、避難ができず孤立した人を救助する術を考える上でも、まずは正確な状況把握が必要となります。その際にも、安否確認からはじまり、周辺の状況把握、救援情報のシェア、物資の融通など、災害時の「困りごと」の解決にも有効な手段を提供するはずです。

■動くセンサー

高度運転支援システムや自動運転の実現に向けて業界や各社が開発に鎬を削っていますが、これらの技術の屋台骨のひとつを支えているのがセンシング技術です。今後の自動車には、さらに多くの情報を感知するセンサーが装着され、車内外の情報を取得します。

媒体としては、カメラ、GPS、レーダー、超音波にはじまり、Wi-FiやBluetoothなども活用されて情報は収集され、処理されます。また、これらの媒体から取得されたデータに、自動車がそもそも実装しているCAN（Controller Area Network）データも加わることで、車速、運転状況、音や振動などだけではなく、自動車の置かれた状況、車外に広がる風景（ものの大きさや形、その位置や距離、数など）も取得できるため、それらのデータを解析し推計することで、現状の把握や問題の発見、さらには将来発生しうる課題を予見・予測することすらできるようになるでしょう。

詳しくは後述しますが、こうしたデータ分析と解析の技術により、自動車の事故は未然に防がれ、物流の配送車両の稼働は平準化され、自動車そのものや、道路、橋、信号、縁石や街路樹、大気など構造物や自然物に発生する瑕疵（故障・異常、自然劣化、倒壊・落下、変化）の発見に係るコストは大幅に削減されていくことになるはずです。

同様に、他の移動体（自動車、人、動物）などの対象物の状態・状況のセンシングにより、その参集状況や密集度合をリアルタイムで収集できるため、現在地だけではなく、移動先周辺の状態や状況も予測・把握できるようになるでしょう。

■動くECU

最後はECU（エンジン・コントロール・ユニット）です。通信技術が劇的な進化を遂げるなか、どの程度のスペックを自動車本体に搭載すべきか議論が分かれるところですが、仮に処理がエッジ側に移行したとしても、完全に通信が途切れても自律的に自動車を制御させるためにECUは必要です。周囲の環境をリアルタイムでセンシングし、アクチュエーターを状況に応じて正確に素早く稼働させるためにも、そして、自動車自体の統合的な管理などにおいても、ECUのスペックは現在のそれとは比較にならないレベルに進化するはずです。

これらの1台あたりの処理能力に加えて、集合体としての処理能力も分析・解析に大いに資するため、分散処理の仕掛けが実装できれば、消費者だけでなく、他の事業者にとっても使用可能なインフラとなっていきます。

こうしたECUを連携させたアイデアに関しても盛んに議論がなされていますが、今後、想像の範囲を超えた活用方法が見出され、広く普及することで、こちらも新しいビジネスが創出される余地が大いにあると考えられます。

❸ データ連携の動き

ところで、こうした車両がセンシングし連結することで生まれる「データ」を活用する方法が各国で議論されています。欧州ではコネクティッドカーの車両情報を収集する方法論であるExVe（Extended Vehicle）というコンセプトを軸に、国際標準規格ISO20077等を規定し、データを活用した新しい価値の実現を目指しており、世界に先行しているといえる状況です。

欧州では他地域に先駆けて、官民が連携し欧州域内で車両データを利活用する取り組みが進められてきました。2018年3月と2021年4月に欧州議会（European Parliament）が欧州委員会（EC：European Commission）に対して、車両データの流通・利活用の前提となる車両データへのアクセスに関する法規を制定するように求めており、これを受けて、ECは2022年第3四半期に法規を制定すべく法案の検討を進めています。

ECは車両データ利活用のユースケースとして、修理及びメンテナンス（Repair and maintenance）、カーシェアリング（Carsharing）、モビリティ・アズ・ア・サービス（Mobility as a service）、保険（Insurance）などを例として挙げており、今後の検討を通じて、その他のユースケースが追加されていくはずです。

図表2-3：データ連携の動き

自動車のデータは第三者の運営者を通じて、さまざまな用途に活用されることになる。

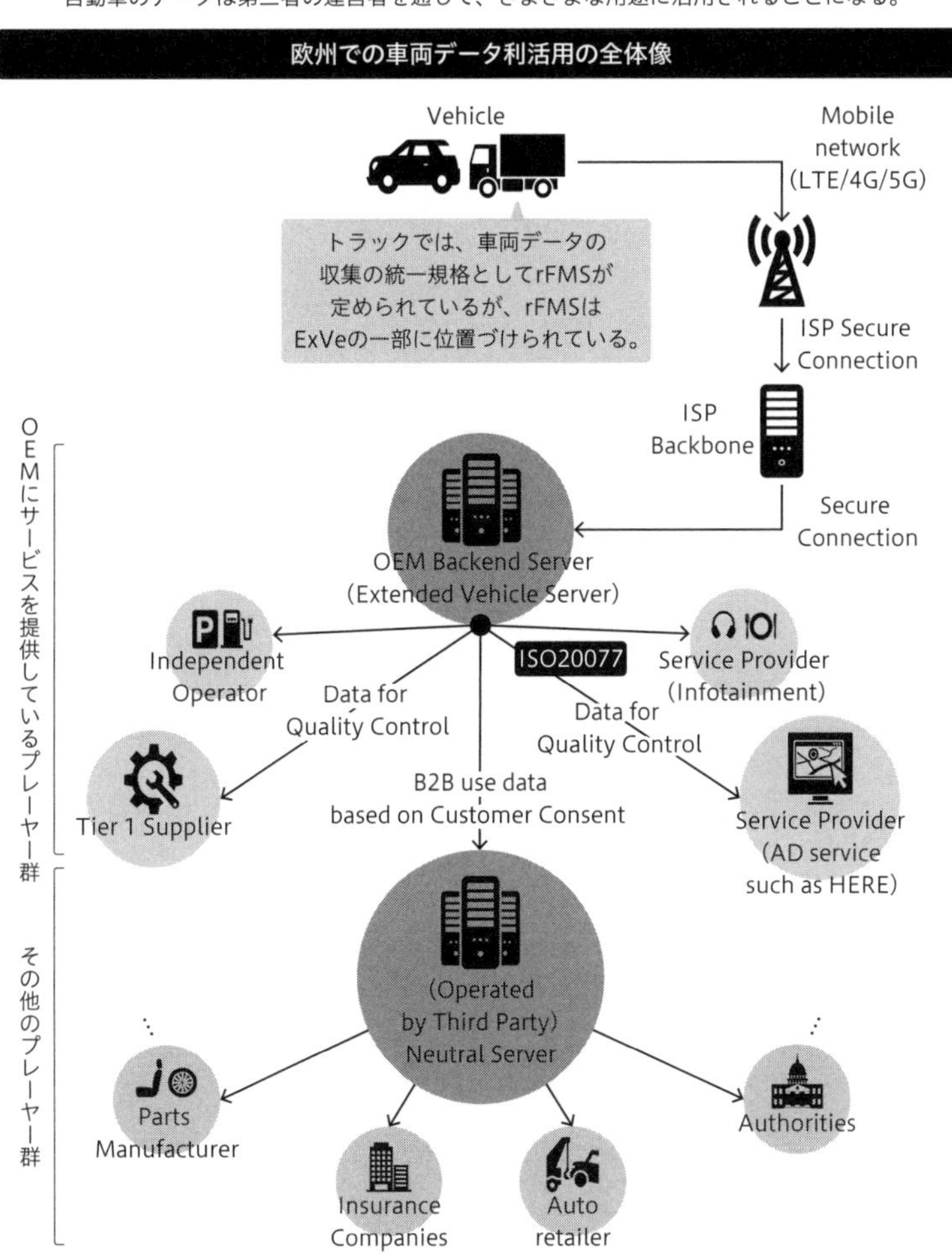

出典：KPMG

この背景には、完成車メーカー（ＯＥＭ）やユーザーのデータを広く社会に開放し、データ流通による経済の活性化とそれに伴う新しい価値創出に役立てようという明確な意思があります。同時に、各社の競争領域に対するケアも配慮されており、ルールが検討・構築されつつあります。

各ＯＥＭのバックエンドサーバーに蓄積されたデータは、ニュートラルサーバーを介して行政やアフタサービス事業者・保険会社などへのデータ提供を行います。そのニュートラルサーバーは、データ流通による経済の活性化を目的として第三者の事業者が運用を担います。これにより、データ利用者としては複数のＯＥＭのデータを一括して取得することが可能となります。

ニュートラルサーバーが車両情報を収集するにあたっては、ＯＥＭとの個別合意（契約）が必要となりますし、また、蓄積・収集される情報はＯＥＭ以外の事業者がサービス提供に必要となる情報が主となっており、ＯＥＭの知財に関連する情報（車両や部品の仕様情報など）は提供されない、という仕組みになっています。

また、この動きと並行して、ＥＣは域内でさまざまなデータを流通させるための基盤であるＧＡＩＡ-Ｘの構築を進めています。ＧＡＩＡ-Ｘでは、エネルギーや金融など広範にわたる産業のデータを流通させ、統一的なＥＵデータ市場を形成することを目的としていますが、このなかにおいても車両データを流通させることが計画されています。車両データを活用したユースケースは2022年1月時点では5つのみに留まっていますが、ユースケースは段階的に追加されていることから、法規の検討と併せて新たなユースケースが定義される可能性があります。GAIA-Xでは、標準的な情報通信の仕組み（IDS-Connector）を通じて流通させることを検討しており、これにより安全性・信頼性の確保を企図しています。

なお、欧州での車両データの流通・利活用は、ACEA（欧州自動車工業会）が提唱した前述のExVeモデルを介して実施することが想定されていましたが、CLEPA（欧州自動車部品工業会）やFIGIEFA（国際自動車流通連合）等は、OEM以外の企業が車両データの全量にアクセスできないこと、車内のデバイスを用いてドライバーへ情報伝達ができないことなどを理由に、ExVeモデルによる車両データの流通は公正性に欠けている、と主張する動きもあります。

当該議論も踏まえ、ECは2022年第3四半期に向けて車両データへのアクセスに関する法規を制定すべく法案の検討を進めています。同法案の内容及びその詳細は本書執筆時点で明らかにされていませんが、今後の議論次第では、FIGIEFAが提唱する分散型のデータ流通の仕組み（S-OTP：Secure On-board Telematics Platform）が検討される可能性もあります。

どのような着地になるにせよさまざまな論点がより具体的に議論されており、欧州が先行して法整備を行うことは間違いないでしょう。ルールメーキングが得意な欧州という図式はこの領域においても変わらず、グローバルにビジネスを展開している日本のＯＥＭも、今後の動向は無視できない状況です。

❹ フリート・マネジメント・サービスにおけるユースケース

さて、こうした取り組みをもとに、トラックやバスなど（以下、「商用車」という）におけるユースケースは大きな広がりを見せようとしています。商用車に対するいわゆるフリート・マネジメント・サービス（ＦＭＳ）と呼ばれる領域においてデータ活用することのメリットは大きく、さまざまな課題に対して直接的なソリューションを提供することが可能です。

これまで、ＦＭＳの主戦場は、ドライバーと車両のインターフェースを担う運転特性の管理や労務管理などの領域、セキュリティー管理や燃費管理などの車両データ単体に基づくサービス領域、運行ルートの管理といった「運行管理」が中心でした。この領域では主に配送事業、運送事業者、旅客事業者を顧客としたサービスが展開されており、労務管理などの法令順守のほか、ドライバーの運転特性からの事故低減、保険料の低減、盗難防止、燃費改善、それらにナビゲーションシステムなどから運行状況の把握などの価値が提供されています。

こうしたユースケースにおいては、ドライバーの情報に加えて、車両の運行に伴う各種データ、例えば、車両識別、車速、燃費、位置、走行距離などの車内データと、交通情報、天候、事故情報などの外部データの組み合わせが活用されています。

これらの顧客に対する提供価値に加えて、今後はその範囲が拡大していきます。ひとつの方向性は、車両の保全に係る領域です。コンセプトは、故障やメンテナンスに関しての「予測」を行うことで、事故を低減し、メンテナンスコストを低減させることです。車両の使用状況に応じた適切な手立てを打つことで、結果として個々の車両のライフタイムを最大化することに繋がります。

もうひとつは、輸送効率の向上です。輸配送における積載効率と配送ルートの最適化の実現が向上できれば、輸送効率は向上します。人材不足、労務管理の強化、さらに小口配送、返品物流の増加などの物流クライシスを脱却するにあたり、配送管理へのデータ活用が期待されます。

さらに、このようにして蓄積されたデータが集まることにより、行政によって交通流の管理や道路交通の安全性向上などに活用され、車両情報と環境データ（天気、事故、あるいは人流データなど）との掛け合わせにより、政策や行政にも活用されていくことになります。

このようなＦＭＳにおけるデータの利活用に関しても欧州が先行しており、ＦＭＳスタンダードと呼ばれるデータセット、デバイスなどの標準化が進み、上記のユースケースを実現するための施策が着実に前進している状況にあります。

運行管理		配送管理		
車両データ単体に基づくサービス		車両・位置データに基づくサービス		＋ 蓄積したデータに基づくサービス
セキュリティ管理	燃費管理	運行ルート管理	輸送効率化	データの2次利用
●盗難防止 ●盗難からの復旧	●燃費把握 ●燃費改善	●運行状況把握 ●運行効率化	●貨物／車両最適化（マッチング含む） ●配車最適化	●交通流の管理 ●道路交通の安全性向上 ●EV車両とスマートグリッドとの統合 など
●保険会社	●配送事業者 ●運送事業者 ●旅客運送事業者	●配送事業者 ●運送事業者	●配送事業者 ●運送事業者	●主に行政 など
●車両識別番号 ●ドライバー情報 ●累積走行距離 ●車速 ●位置情報 ●燃料残量 など	●車両識別番号 ●累積走行距離 ●次回メンテナンス情報 ●車速 ●位置情報 ●燃費情報 など	●車両識別番号 ●位置情報 ●燃費情報 ●交通状況 ●天候 ●災害／事故情報 など	●車両識別番号 ●位置情報 ●ドライバー情報 ●貨物情報 など	●左記＋環境データ

図表2-4：rFMSのユースケース

rFMSでは従来の運行管理に加え、車両保全や配送管理へサービス領域を拡大していく見通し。

	車両保全 ⇦ 車両データ単体に基づくサービス		運行管理 ドライバーと車両のインターフェースに基づくサービス	
サービス項目	予防保全	故障・メンテ管理	運転特性管理	労務管理
顧客価値	●車両ライフタイム最大化	●メンテナンスコスト削減	●ドライバー状態の把握 ●保険料低減 ●運転技術向上	●労務管理 ●法令順守 ●事故防止
主な顧客	●配送事業者 ●運送事業者 ●旅客運送事業者 ●リース会社		●配送事業者 ●運送事業者 ●旅客運送事業者 ●保険会社	●配送事業者 ●運送事業者 ●旅客運送事業者
主な使用データ	●車両識別番号（VIN） ●累積走行距離 ●次回メンテナンス時期 ●車速 ●位置情報 ●燃費情報 ●タイヤ空気圧 など		●車両識別番号 ●ドライバー情報 ●累積走行距離 ●次回メンテナンス情報 ●車速 ●燃費情報 ●位置情報 など	●車両識別番号 ●ドライバー情報 ●累積走行距離 ●車速 ●位置情報 ●燃費情報 ●タイヤ空気圧 など

出典：KPMG
注：配送事業者は主に都市部でラストマイル輸送を担う企業、運送事業者は主に長距離輸送を担う企業、旅客運送事業者はバス・タクシー等の企業として定義。

一方、日本においても、産学官連携によるイニシアティブが組成・運営されており、欧州を先行事例としつつ、日本ならではのデータ連携についての議論が進んでいます。各社の「競争領域」と業界としての「協調領域」の線引きが重要な論点となりますが、日本におけるユースケース及び共有すべきデータセットに関する同意形成と標準化の推進が急がれます。

2 データ利活用によるサービスの広がり

❶ 車両データ分析の事例

ここで、実際に車両から取得するデータによって、どのような分析とサービスが展開されているのか、実例を見てみます。サービスの詳細はデフォルメして表記していますが、この事例では先に述べた車両保全に関するサービスを提供しています。

具体的には、IoTセンサーを車両に搭載してNVH（ノイズ・振動・音振）を収集し、車両保有者に対してデータを解析した車両の異常検知の通知サービスを提供しています。さらに、解析された部材の消耗度合に関するデータをOEMに提供し、これを、OEMはさらなる開発の重要なインプットとして活かしています。

データ収集は、この会社が提供する「後付け」のセンサーデバイスによって行われています。例えばトラック事業者は通常、車両のリコールによる稼働ロスを避けるため、複数のOEM車両を使用しています。FMSサービスを展開する第三者の企業などの仕組みを利用するメリットは、こうした標準化が出来ていない複数メーカーを跨った形でツールを実装でき、自社にとって統一されたデータを取得、分析できる点にあります。

ですが、OEMにとって、この手のセンサーを標準で装備させることは難しくありません。もちろんデータをもとにした学習とアルゴリズムの優劣によって本質的なサービスの質は決まるのですが、欧州のようにデータ連携の仕組みが整えば、サービスを享受するユーザーはOEMを跨った標準サービスの恩恵を受けることができるメリットがあります。

業界における標準化がOEMを横断する形で進むのか、その制約や進捗の遅れの間隙をぬって外付けデバイスでサービス展開する企業がその領域を制するのか、あるいは棲み分けがなされるのか、この攻防は要注目です。

その他にも、先に述べたニュートラルサーバーに関して、欧州では先行事例といえるビジネスモデルが複数登場していますが、各社の事業計画とその進捗を見る限り、単に「データを集めて売る」というモデルでは採算が合わないという結論に至りそうです。データの利活用における中長期的な付加価値づけについては、今後も〝走りながら考える〟という試行錯

CARFIT

（予防保全サービス）

振動ライブラリ
／DB

●車の振動を、振動ライブラリに格納された当該モデルの基準と比較して、診断と交換の必要性を推論。
●スマホアプリを通じてBluetoothによりセンサーと通信可能
●チャットボット“AskMiles”によりタイヤとホイールのステータスに関する関連情報をドライバーに提供

NVH データを用いた
予防保全サービスを提供

利用料

OEM・Tier1

●OEMは、予防保全エンジンを利用して、部品の比較、部品の影響評価に活用することが期待される。また、CARFITの履歴データに基づき新車開発または部品改良への活用も期待される。
●Tier1では、自社で取得できていないタイヤ、ホイール、衝撃、ブレーキの摩耗に関する情報を収集することができるため、自社の車両保全等の技術に活用することで、サービス高度化が期待される。

図表2-5：車両データ分析サービスの事例

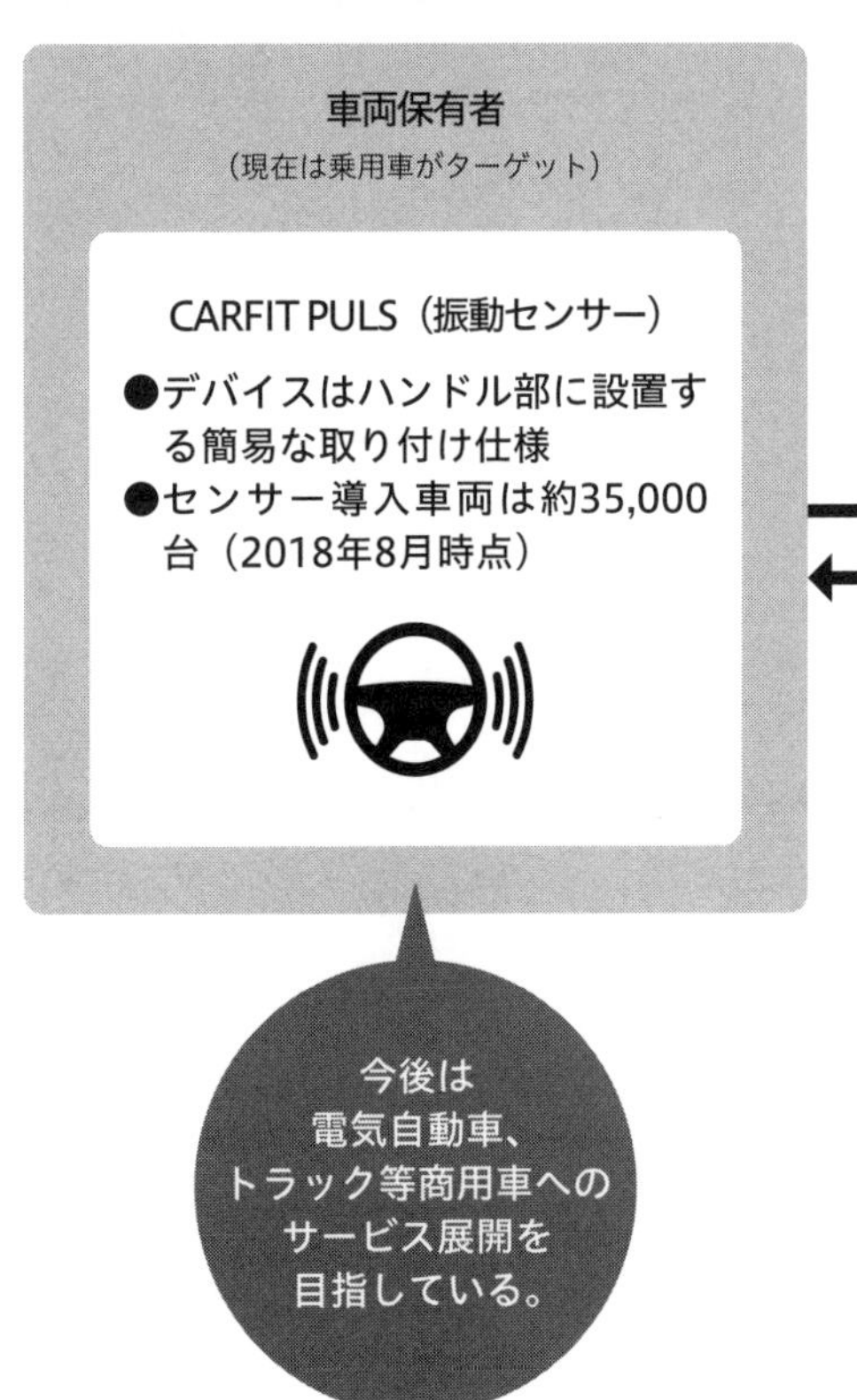

出典：KPMG

誤のステージが続きそうな状況ではありますが、データ利活用の流れ自体は変わらないでしょう。

❷ 物流のデジタル化

こうした車両データをもとに直接的な効果が期待されるのが、物流領域といえます。工場を出荷してから最終消費者にモノが届くまで、各領域に応じて多くのプレーヤーがサービスを展開してきました。最近では倉庫のバース予約（事前にトラックの受け入れを予約すること）をすることでトラックの待ち時間を分散させるような取り組みなど、さらにサービス領域が細分化され、社会的意義や荷主の要望に応える新規参入が進んでいます。

一方で、そもそもの業界のつくりが、幹線輸送、ラストマイルともに中小企業に支えられて成立してきたという経緯もあり、古くからのプレーヤーの情報の連携に関してまだまだローテクが主流となっています。荷主のニーズと運び手を紐づけるトラックマッチングと呼ばれる領域では、ファクシミリや電話が主な連絡手段であり、ウェブ上での需給のマッチングも登場してはいるものの、人の手が介在することで高度な効率化が成し遂げられています。

しかし、日欧いずれの物流業界においても「ドライバー不足」「低い積載率」が課題となりマッチングニーズは拡大するなか、欧州ではマッチング機能に加え、ＧＰＳを活用した荷物のリアルタイムトラッキング等のＴＭＳ（輸配送管理システム）サービス領域まで進出する企業が出現しています。

上記の領域連携はひとつの例ですが、本来は、荷主の工場の倉庫から出荷された荷物は、荷主の基幹系システムであるＥＲＰ（統合基幹業務システム）、倉庫システムであるＷＭＳ（倉庫への貨物、資材、商品の入出庫管理や在庫管理などの機能を搭載したシステム）、配送計画を行うＴＭＳ、そしてトラックマッチング、さらに配送を管理するＦＭＳ、そしてＢtoＣであれば顧客接点であるＰＯＳシステムに至るまで、すべてにおいてデータが連携されていくことが期待されます。

これにより、荷物のリアルタイムでのトラッキングと輸配送、積載効率の向上が実現でき、ＥＣ（電子商取引）隆盛による返品物流への対応、ひいては1つの荷物の配送に係る二酸化炭素排出の最少化までを実現する物流業界のプラットフォームとも呼べる付加価値提供基盤が実現します。

現時点でこのような連携を実現するため、大手物流業界による一気通貫のデータ連携や、荷主による個別のプロセス改革の指導、さらには領域別に事業展開していた個別プレーヤーたちによる連携が進んでいますが、いまだ業界のプラットフォーマーと呼べるようなプレーヤーの出現や連携は見られません。国によるイニシアティブにも期待がかかるなか、個社における競争領域と協調領域の区分け、データ連携におけるプロトコルの整備、さらには先に

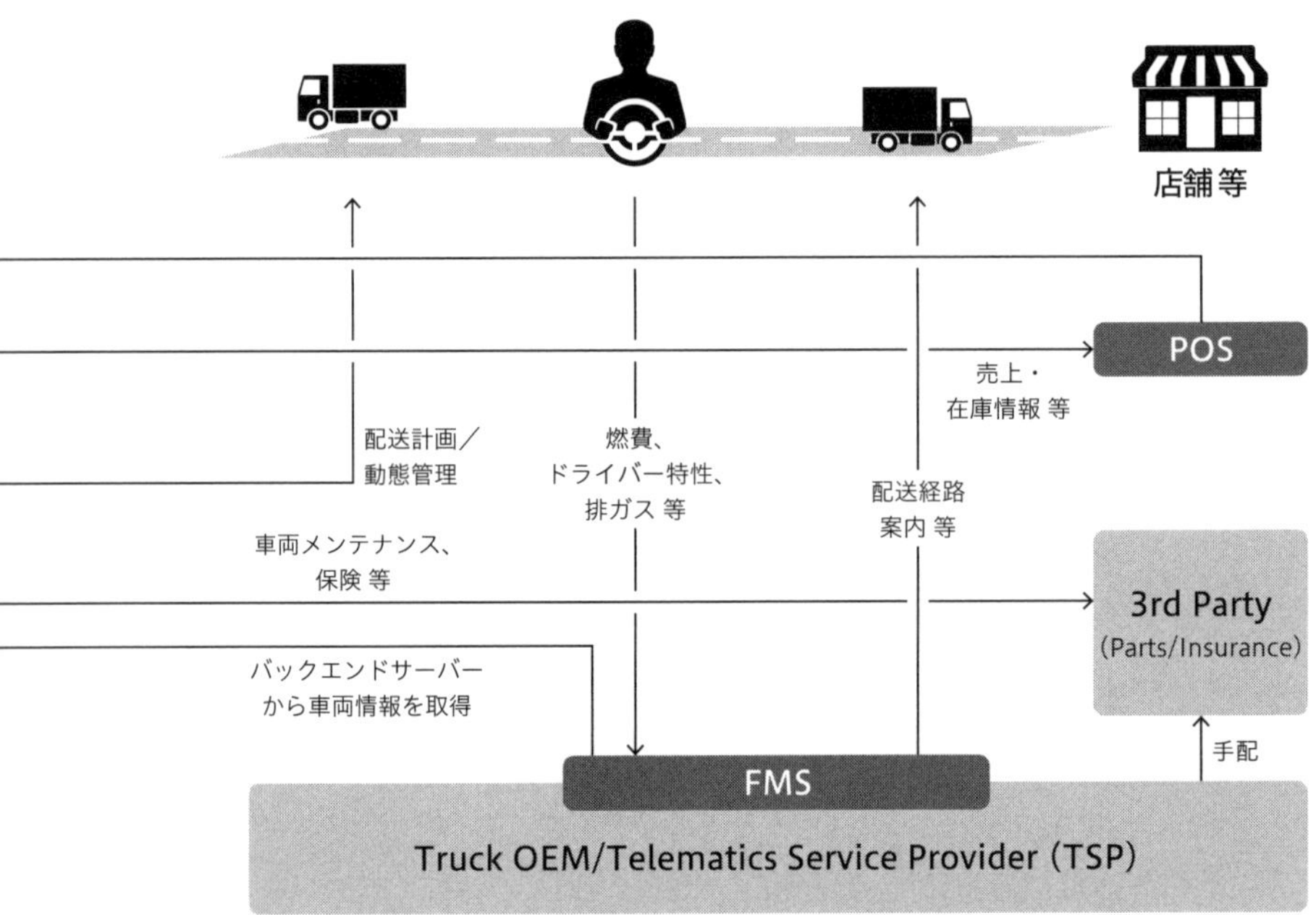

●欧州では、各地域で異なる商習慣を深く理解する地域TSPが「決済」「会計」業務に車両運行管理データを組み込む動きがプレイヤー側で起きている。
●今後ERP関連データがFMSデータとリアルタイム連携されるニーズが高まるものと考えられる。

図表2-6：物流のデジタル化（デジタルサプライチェーンの構築）

●日欧いずれの物流業界において、「ドライバー不足」「低い積載率」が課題となり、マッチングニーズは拡大。
●提供プレイヤーはマッチング機能に加え、GPSを活用した荷物のリアルタイムトラッキング等のTMSのサービス領域まで進出してきている。

注：上記の市場規模は、ハードウェアではなくアプリケーションの売上による市場規模であるため、従来型の車載ナビは含まれない。
出典：KPMG

述べた多くの中小企業を連携させていくための方法論や資金の確保など、課題は山積している状況です。

そんな現状ではありますが、このような川上から川下までのサプライチェーン上の各領域における顧客への提供価値の推移を予測すると、おそらく製造における提供価値が相対的に低下し、計画、輸配送、そしてデータ利活用の領域の付加価値が上がっていくはずです。具体的には、R&D（研究開発）、販売計画や生産計画、そして調達に関して、調達網の再構築や調達リスクへのヘッジ、そして輻輳する配送事業者のトレーサビリティ、さらに物流網全体でのコスト削減、物流業界横断でのSCM（サプライチェーン・マネジメント）の最適化といった領域での価値が上がり、これまでの工場内、倉庫内での効率化の価値が相対的に下がっていくのではないかと思います。

そして、これらの高付加価値領域における「不足」は、圧倒的に輸配送領域において存在しており、ここにデータ連携のプラットフォーマーの出現が望まれているのです。この状況は世界共通の課題です。

なお、図表2-7で示している領域では、本来のモノの流通におけるLCA（Life Time Assessment）という観点では不十分であり、鉱物の調達から、リサイクルまでを含めたトレーサビリティという視点でのデータ連携が実現できたとき、デジタル化がもたらす社会的なインパクトはさらに大きなものとなります。

これらの仕組み、特に上流へのトレーサビリティについては、古くはドット・フランク法に端を発した紛争鉱物に係るサプライチェーン・デューデリジェンスなどで、企業によっては継続的に取り組みを行ってきた領域だと思います。しかし、その後の各種法制の整備に伴って調査対象が広がってきているものの、いまだ部材の対象を広げた標準的な仕組みというものは存在しないという状況が続いています。

さらに、下流におけるリユース・リサイクル・廃棄等に係るトレーサビリティに関しては、各領域や各社がさまざまな取り組みを行っているものの、実態を体系的に把握することさえできていないという状況にあります。

❸ ロケーション・ベースト・サービス

さて、以上見てきたようなデータ連携によるサービスは、いずれもモノや人がどこにどのような状態で存在するのか、というリアルタイム情報をもとに展開するものであるわけですが、このような「ロケーション・ベースト・サービス（Location Based Service）」市場の見立てを見ると、これまで述べてきた動態管理や配車・配送、広く交通関連のナビゲーションといったサービスは、全体のごく一部でしかないことが分かります。多くの比率を占めるのは、商圏分析や位置情報広告、チェックイン・クーポンなどのサービスであり、これらに位

付加価値　現在　将来　サービス

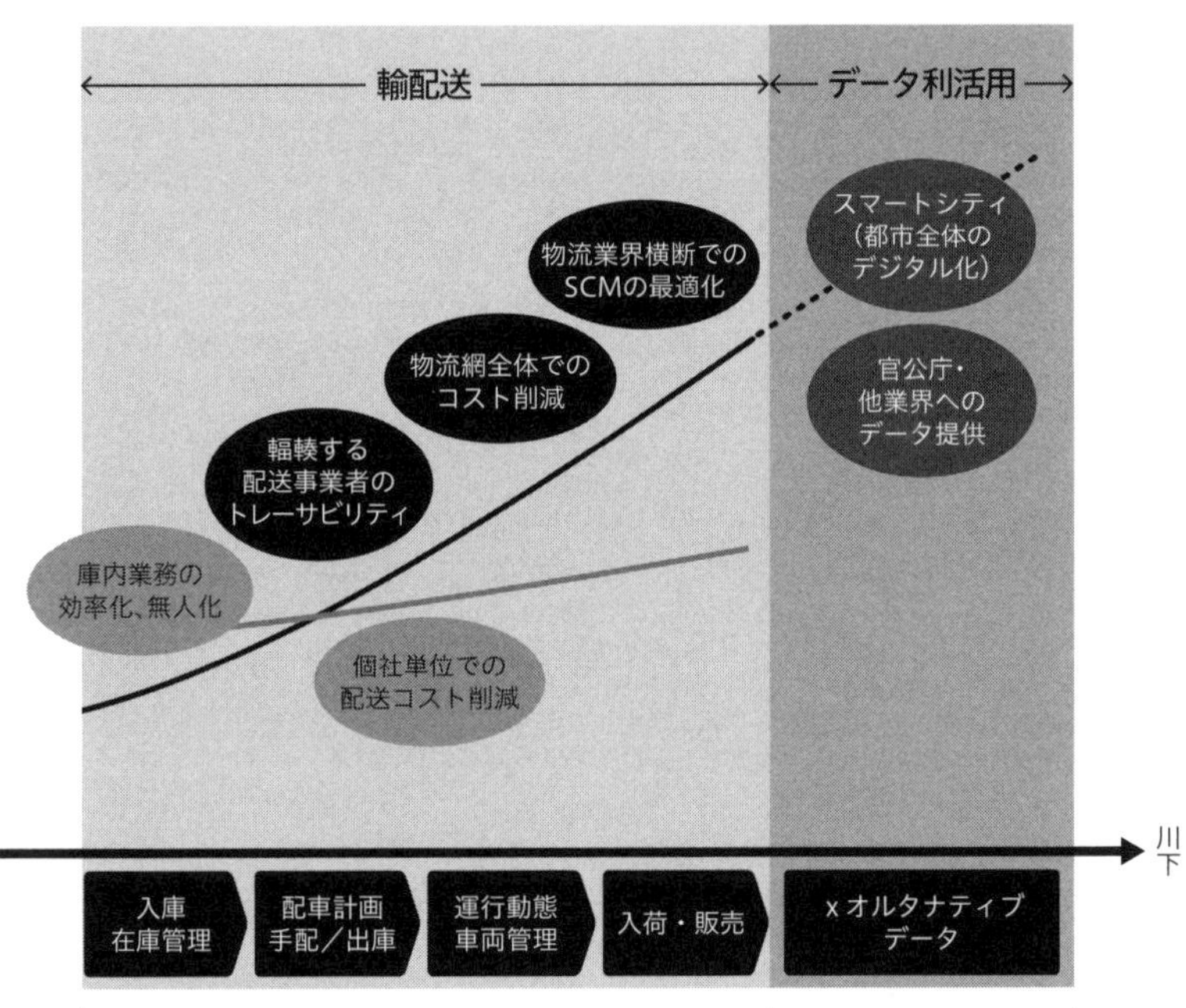

個社単位での輸送の最適化・効率化が進むと、
今後は物流エッジデータを元に
複数の配送事業者間を一気通貫した
トレーサビリティ、さらに業界間を超えた
物流網全体の最適化が求められる。

将来的に様々なエッジデータを
スマートシティ等で活用できる技術を
用いて、都市全体のデジタル化を
推進する。

データ連携（プラットフォーマーの出現）が望まれる領域

図表2-7：付加価値の変化と必要となる機能（概念図）

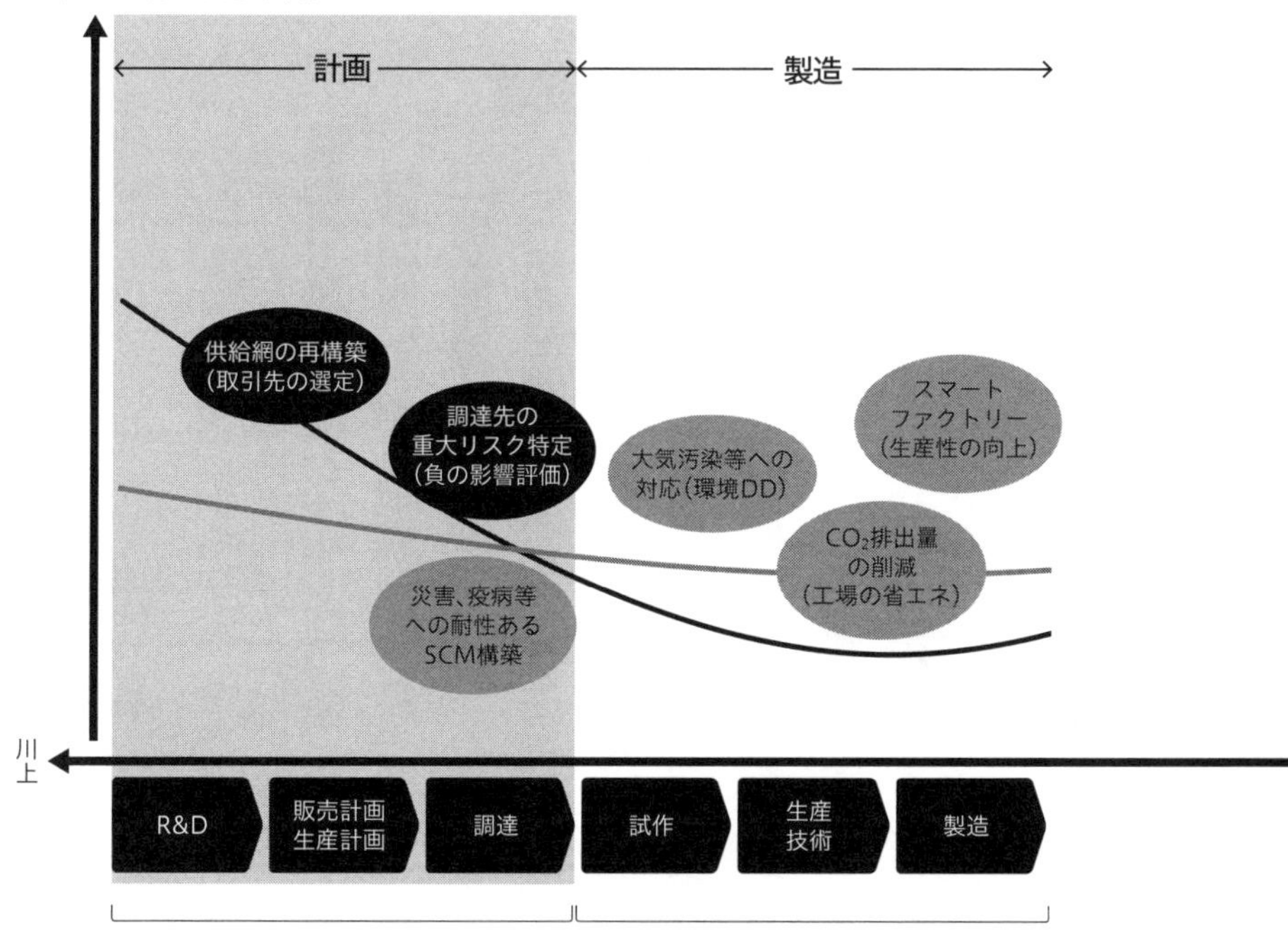

ドイツではサプライチェーン
デューデリジェンス法が2023年に
施行され、企業に大気汚染などへの
予防軽減策などが求められる。
今後ドイツ以外のEU加盟国へ
波及することが予想される。

Industry4.0を契機として、各社ではIoTや
AIなどの先進技術を用いてデータ活用・
分析を行い、製造プロセスの改善や
稼働の効率化が進められている。
今後は、サプライチェーンの川上、川下での
サービス提供のためにデータ収集元として
重要視される。

出典：KPMG

図表2-8：ロケーション・ベースト・サービス市場

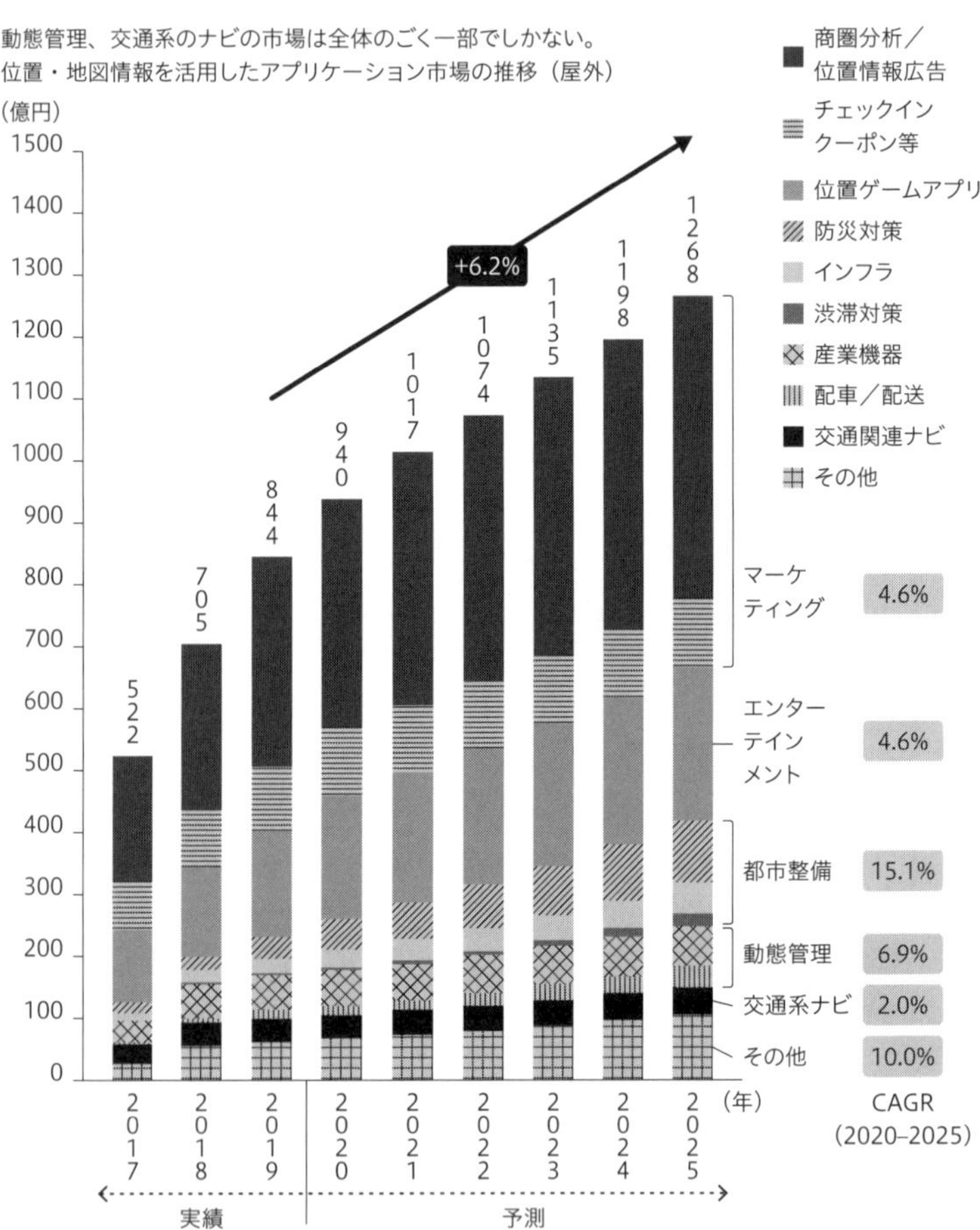

Notes：上記の市場規模は、ハードウェアではなくアプリケーションの売上による市場規模であるため、従来型の車載ナビは含まれない。

Source：矢野経済 2020 年度版　屋内位置情報ソリューションの可能性展望、有識者インタビュー

出典：KPMG

置情報ゲームアプリなどのエンターテインメントを加えたもので過半を占めます。しかし、今後の伸びという観点では、都市整備や動態管理といった新しいサービス群の数値が高く、社会課題の解決といった文脈でのサービスとなると、これら領域が主役となっていきます。

いずれにせよ、位置や地図情報を活用して進展してくるサービスは多岐にわたります。特に、企業経営に活用することでその効果をこれまで以上に科学的に発揮できる領域も多々あります。少なくともこれまでの分析と比してその労力は半減することは間違いなく、データ分析とその手法の開発及び企業への適用は、その巧拙により企業の業績を左右するものになってくるはずです。

3　分析の実際

❶ 人流データの把握

前述したとおり、日本における移動体通信（携帯電話、ＰＨＳ、ＢＷＡ）の合計契約数は2億3700万件超、このうち携帯電話の契約数だけでも1億7000万台以上で、人口に対する普及率は優に130%を超える状況にあります。

一般的に「モバイルデータ」と呼ばれる携帯電話（いわゆるスマホ）の位置情報の捕捉によって、人流の把握ができます。図表2-9は、ロケーションアナライザによって渋谷駅の人流を捕捉したものです。コロナ禍におけるイベントと人流の動きを、世代別、性差別、時間帯別に分析しています。実際は動画として動きそのものをビジュアライズすることが多い分析手法ですが、これらの動きを見ると人々の動態がどのように変化しているかが感覚的にも把握できます。

こうした人流の分析に、例えば天気や交通情報、近隣でのイベント情報、SNSでのトレンドワードなどの「オルタナティブデータ」を掛け算して分析すると、人々の行動をより細かく、背景にある動機も含めて類推することが可能です。現時点でいろいろな制約がありすべての詳細データをリアルタイムで入手することは難しい状況ですが、技術的には可能です。こうした分析による先に述べたマーケティング領域での活用とその広がりは、無限大といってよいでしょう。

以前からCRM（Customer Relationship Management：顧客関係管理）などでよくいわれるように、企業の「囲い込み」に対してその表現や発想そのものに反発する動きも見られますが、「個」客としてではなく、全体としての消費者行動を掌握できる社会的なメリットはあり、特にパンデミックや災害などの緊急事態下における実態把握、その後の政策の在り方などに対する示唆は、とても貴重なものとなるでしょう。

また、人流をマクロで捉えることで企業戦略を練ることが可能な業種・業態の方々にとっては、こうした分析は経営上の必須手段となるはずです。例示したものは、単純なメッシュでのデータに過ぎませんが、例えばある駅におけるバスやタクシーの利用を含めた移動手段、気候やニュース、周辺地域でのイベント情報などのオルタナティブデータなどの重ね合わせにより、自社にとっての意味合いを抽出し、施策へと繋げていくことができます。

さらに、もっと広い範囲での人々の行動様式なども、我々の想像を超えたきっかけや集団心理によってなされることなど、面白い点が多く発見できるため、イベントやキャンペーン実施者にとって示唆に富んだ分析となります。

❷ 商圏分析（出店計画）

商圏の分析においても、データの重ね合わせによって貴重な示唆を得られます。

図表2-10はある小売店舗の出店計画のエリアを絞り込むための分析の一例です。この分析では、まず対象となるエリア（事例では広く東京としている）を決めたうえで、このエリアに情報を重ねていきます。重なる情報は、例えば、路線、駅（と指定の半径）、自社の既存店（と指定の半径）、競合店舗となりうるコンビニやスーパーの位置（と指定の半径）、浸水

2月第2週

性別	年代別	朝	昼	夕方	夜
女性	20代	461	2,217	3,472	1,753
	30代	562	1,781	2,374	1,211
	40代	528	1,311	1,752	657
	50代	315	999	1,258	474
	60歳以上	425	1,645	1,517	520
男性	20代	638	2,374	2,692	1,965
	30代	859	2,332	2,577	1,796
	40代	996	2,296	2,351	1,321
	50代	802	1,442	1,499	682
	60歳以上	873	1,843	1,639	499

4月第2週

性別	年代別	朝	昼	夕方	夜
女性	20代	110	316	417	135
	30代	212	408	422	130
	40代	183	351	398	100
	50代	156	253	279	45
	60歳以上	222	424	264	63
男性	20代	307	580	612	258
	30代	434	868	850	417
	40代	542	885	790	373
	50代	400	696	577	266
	60歳以上	505	671	640	245

図表2-9：人流データによる移動の補足：徒歩（渋谷駅）

渋谷周辺の通行人数と東京都感染者数

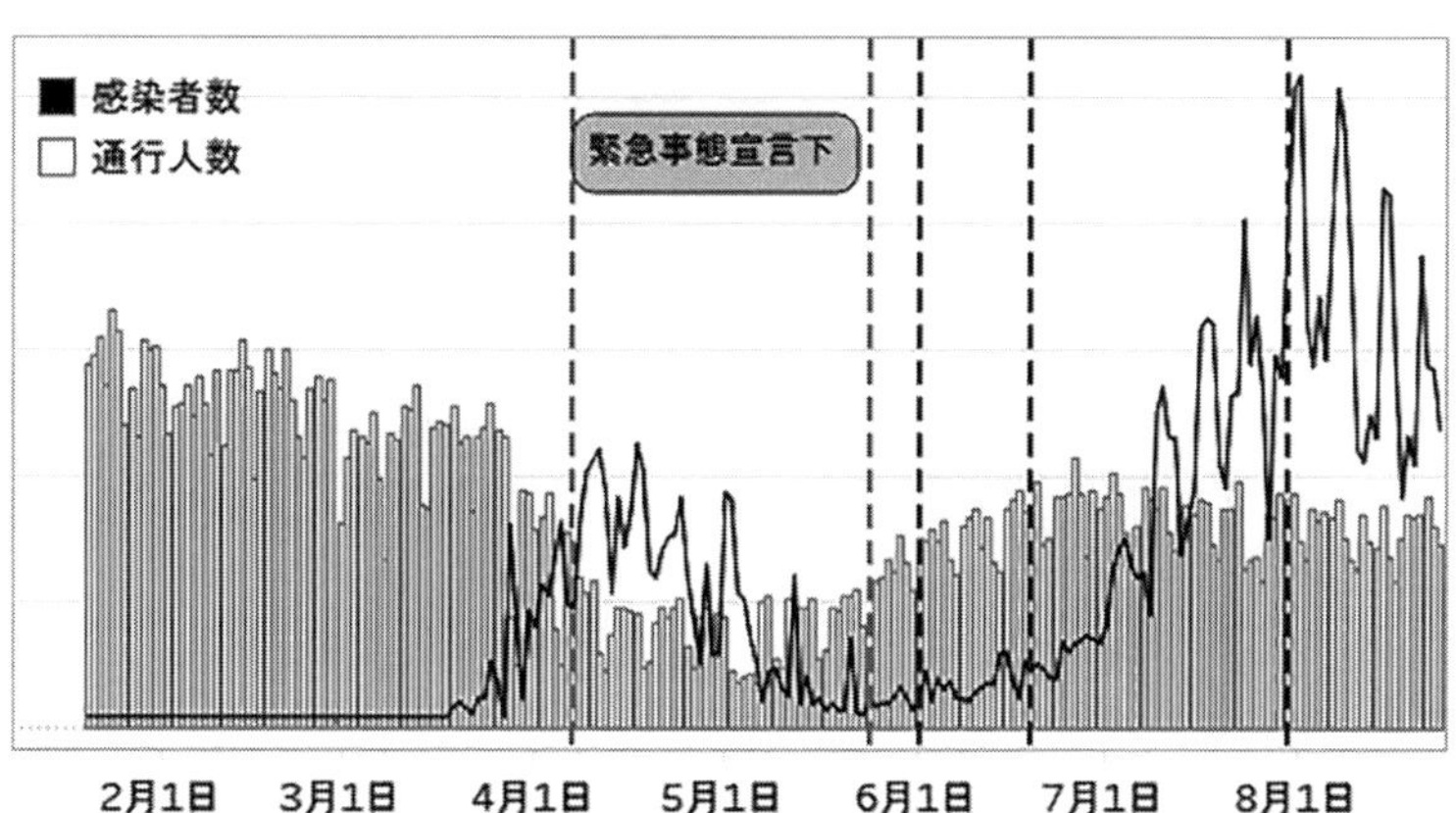

出典：KPMG

図表2-10：出店計画エリアの分析例

オープンデータを地図上に情報を重ね合わせマッピング、
候補エリアに絞込むことで、出店エリアを絞り込む。

●重ねて表示する情報レイヤー

1. 都内の線路を表示
2. 都内の全ての駅を表示
3. 駅から半径1kmを表示
4. 既存店舗を表示
5. 既存店舗の半径500mを表示
6. 競合店舗を表示（コンビニ）
7. 競合店舗を表示（スーパー）
8. 浸水地域を表示
9. 商業指定地域を表示

●出店地域の算出条件

- 商業地域の近く（都内への出店）
- 浸水地域を避ける
- 競合店舗から500m以上遠い場所
- 既存店舗からは1km以上遠い場所
- 駅からのアクセスが容易

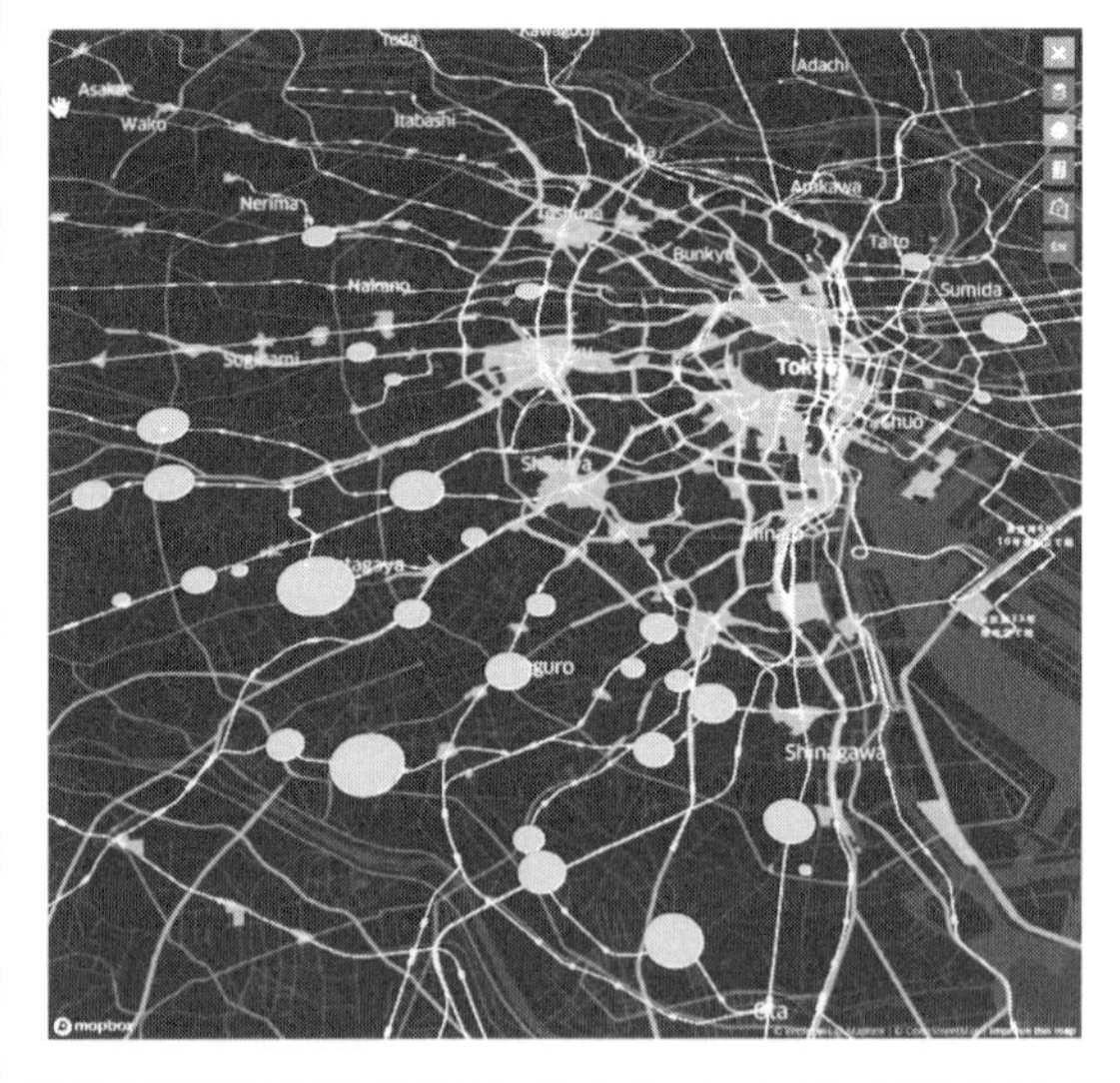

出典：KPMG

地域、商業指定地域などです。

そのうえで、出店すべき地域の条件を指定して、自社がこれから出店すべきエリア候補を洗い出します。条件は、例えば、商業地域の近くであること、浸水地域を避けること、競合店舗から指定の距離離れていること、自社の既存店舗から指定の距離離れていること、駅からのアクセスが容易（徒歩N分以内）、などです。

こうして地図上に情報を重ね合わせてマッピングを行い、候補エリアを絞り込むことで、出店すべき場所の初期的な検討は非常にスムーズになります。そして初期的な候補地をさらに絞り込むために、先の人流データなどをさらに重ね合わせて分析することで、セグメント別の商品構成や棚割りなどの施策立案を具体化していきます。

これまでこうした分析は、一部のコンサルティング会社や社内の出退店のプロの専売特許のようなスキルでしたが、現在では素人でも初期的な仮説構築が可能です。

❸ 需要予測（感情分析）

ＳＮＳから人々の感情を読み取ることで、需要を予測する方法もあります。

図表2-11は、感情分析の結果をグラフ化し、ＳＮＳで展開される関連語句のワードクラウドを生成したものです。

図表2-11：SNSを活用した需要予測の例

SNSからツイート数、感情分析結果の推移をグラフ化。
関連語句のワードクラウドを生成し、需要予測を実施。

ワードクラウド

メーカー 買占め コンビニ 布 炎上
大量買い Amazon 品薄 ない 売り切れ いい
コロナ ドラッグストア 中国 在庫
花粉症 小さい
地方 防げない 不要 普通 高い 熱中症 買えない
スーパー 転売 安い 困る 品質 ネット ぼったくり

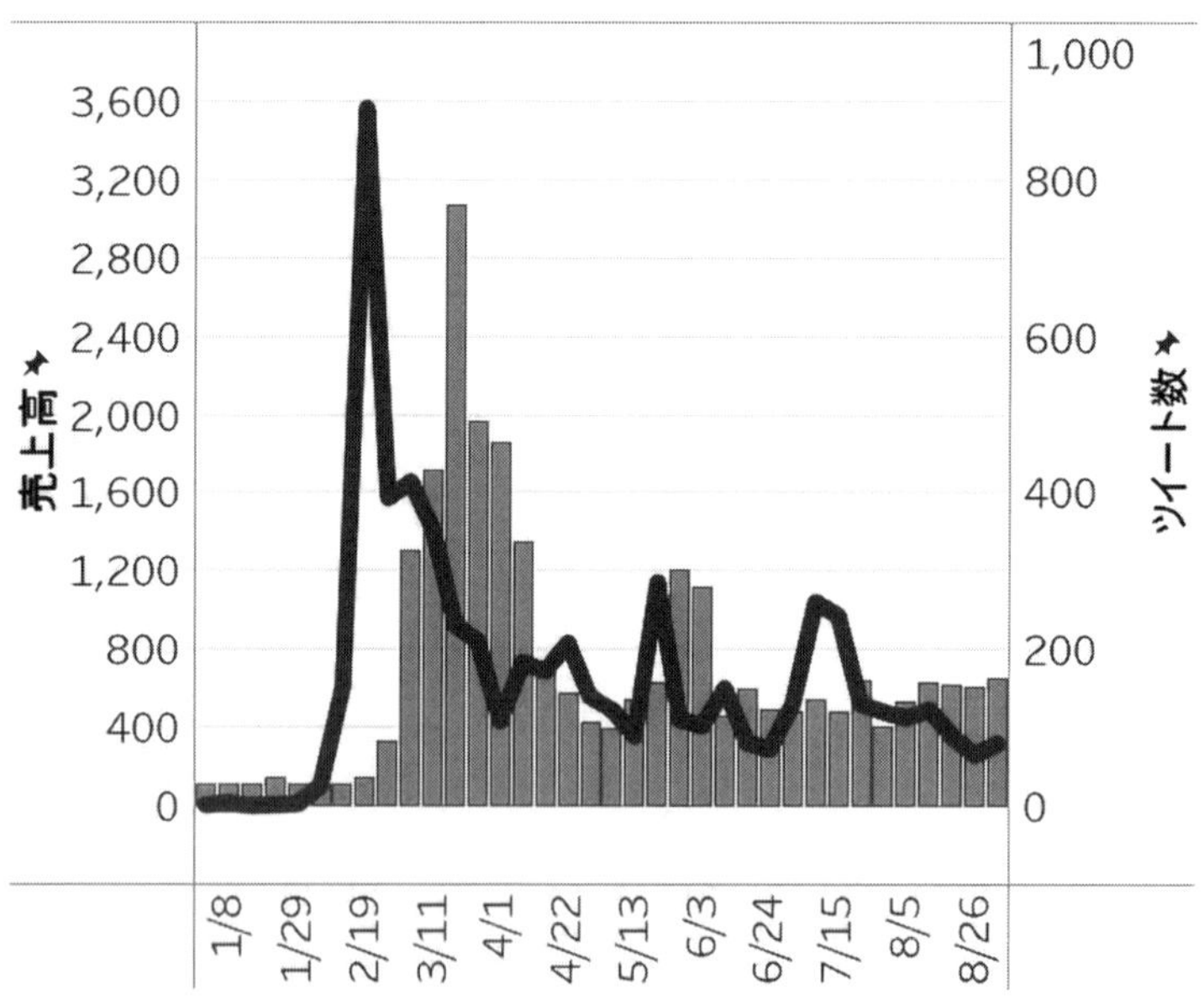

出典：KPMG

このケースではマスクについての分析を行っていますが、実際の店舗による売り上げと、SNSでのつぶやきが見事に相関していることが分かります。売れているからアップされているのか、アップされているから売れているのかの時系列的な順番はケースバイケースですが、いわゆる「バズり」の把握によって、ある程度の需要を予測することができます。

もちろんステルスマーケティングなどによる需要創造も可能であり、そのインパクトやタイミングを見図ることができるという点において画期的といえます。

また、つぶやかれたり検索されたりする単語と単語の結びつき度合も自然言語処理によって分析できるため、マーケティング施策そのものの策定にも重要な示唆を与えます。

以上、みてきた3つの分析例は、いずれも複数の（リアルタイム性の高い）データを掛け合わせた結果により示唆を抽出しており、初期的な精度の高い仮説構築のうえで非常に有益な手段となっています。こうした手法の実装によって、企業のこれまでの経営戦略立案のプロセスが大きく変わっていくことは間違いないでしょう。

今後のモノづくり

❶ データで需要がわかる時代

人やモノの動き、消費者の心の動きが把握できるようになると、モノづくりは変化してきます。データによってニーズが明らかになるためです。まずモビリティ車両に関して考えてみましょう。

図表2-12は、シカゴ、アトランタ、ロサンゼルスの人々の移動を表現したものです。データにより、どこから、どこまで、どんな属性をもった人物が時速どのくらいで移動しているのかを把握できます。細かい説明は割愛しますが、このような「現実」を正確に把握できると、例えば乗用車の作り方も変化するはずです。移動のニーズ（車両の使用状況）が把握できるためです。

これまでの（そしてこれからも）乗用車は安全・安心が極めて重要なコンセプトであり、人命の保護に関して徹底的な対策がなされてきました。そのなかで、移動中に故障で止まることは、場所によっては直接的に命に関わる問題となります。そのためよく冗談半分でいわれるように、〝砂漠も南極大陸も走れるようなスペック〟の車両で近所のコンビニに行くという

図表2-12：人々の移動―データによりニーズが明確に分かる時代

シカゴ 「日の出」	アトランタ 「スター」	ロサンゼルス・サンディエゴ 「クラスター」
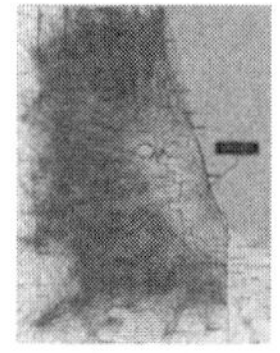	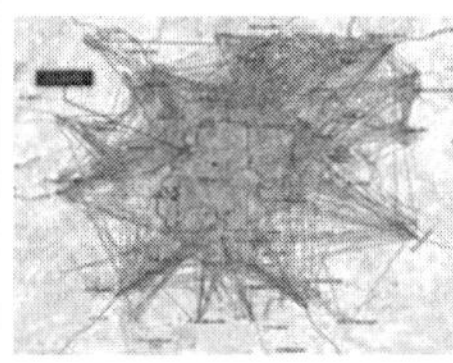	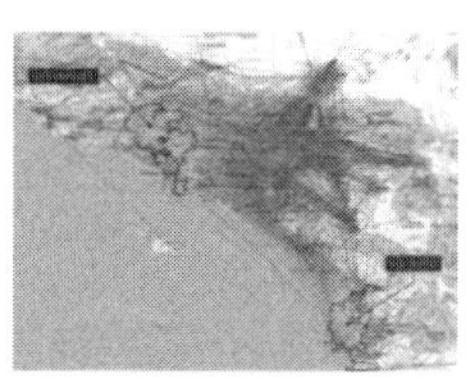
●比較的短時間の市内移動 • 3都市の中で移動距離が最小（アトランタより25%少ない） • 短時間の都市内移動の割合が3都市の中で最大 • 公共交通機関の利用率が高い	●都市部・郊外間の長距離高速移動 • 3都市の中で移動距離が最長 • 郊外から郊外への移動の割合が3都市の中で最大 • 公共交通機関をあまり利用していない	●90分以上の移動 • 3～6人による自動用車の相乗り通勤が多い • 渋滞に起因した長時間移動の割合が3都市の中で最大 • シカゴとアトランタの融合型

出典：KPMG

日常が当たり前となっています。

しかし、消費者・利用者が望んでいる車両は、例えば本当に片道１０００キロメートル走れるＢＥＶ（Battery Electric Vehicle）なのかという問いに対して、明確に返答・回答を行えているかというと、決してそうではないという状況でしょう。

ニーズに合わせた車両を上市するにしても、（例えばＦ１の技術が一般車両に適用されていることなどからも明確なように）バッファを持たせた開発が必要であることを十二分に理解し、かつＯＥＭの都合を無視したうえで敢えていえば、「片道１００キロ、時速50キロというスペックでよいので80万円で買えるＢＥＶがほしい」というユーザーが数多くいる可能性があり、そのニーズが顕在化していなくても数値化できる時代なのです。

図表2-13：求められるセグメント

シカゴ	アトランタ	ロサンゼルス・サンディエゴ

●ポッド • 比較的短時間のトリップ • 機動性が高い • 乗り降りが容易	●移動オフィス • 比較的高速で走行 • 高速道路上での安全性 • 仕事ができるスペース	●移動リビングルーム • スペースが広く、快適 • リクライニングシート • エンターテインメントシステム

出典：KPMG

そんな状況に大胆な問いかけを行ったのが、図表2-13です。

都市別に人々の移動特性は異なるため、必要となる車両セグメントも異なって当然です。これまでのプロダクトアウト型のモノづくりは、（もちろんモノによりますが）その考え方を変えなければいけなくなるでしょう。例えばシカゴのように、移動距離が短く、都市内での移動が多く、公共交通機関の利用率が高いような都市においては、比較的短時間のトリップでよく、機動性が高く、乗り降りが容易な「ポッド」のようなモビリティのニーズは一定数以上存在するはずだという提案です。

余談ですが、消費者が顕在的にあるいは潜在的に持っているニーズに応えるだけがモノづくりではありません。逆説的ですが、圧倒的な提案力を持った商品・製品・サービス開発で需要そのものを創り出す、というメーカーやサービサーが今後も継続して我々をワクワクさせてくれる、そんな世界も非常に楽しみであることに変わりはありません。いずれにせよ企業戦略は、このようなニーズがデータで分かる時代を前提に立案せざるをえず、これからますますその傾向は色濃くなっていくでしょう。

❷ 基本的な心構え

さて、自動車という耐久消費財であっても右記のようなニーズドリブンでの開発が必要とされるなか、さらに消費者の感度に対して繊細な態度を要求される消費財などの世界では何が起きているのでしょう。消費データという観点から見てみます。

図表2-14はECサイトを運営する「A社」のモノづくりの仕組みを図説したものですが、今後のモノづくりのひとつの基本が凝集されています。A社はプラットフォーマーとしてある特定の商品Xの売れ行き情報をすべて把握しています。この商品Xを提供しているB社、C社、D社、E社の4社の商品の需要を足し上げたものが（少なくともA社が把握する）商品Xの総需要ということを理解しています。

ここでA社は商品Xのリバースエンジニアリングを行い、新たに自社ブランド商品X'を製造し売り出します。その際、売価は売れ筋商品より低く、さらに製造原価は高く設定し、「よりよいもの」を作るわけです。プラットフォーマーという立場上、広告宣伝費は最小限に抑

図表2-14：プラットフォーマーができるものづくり

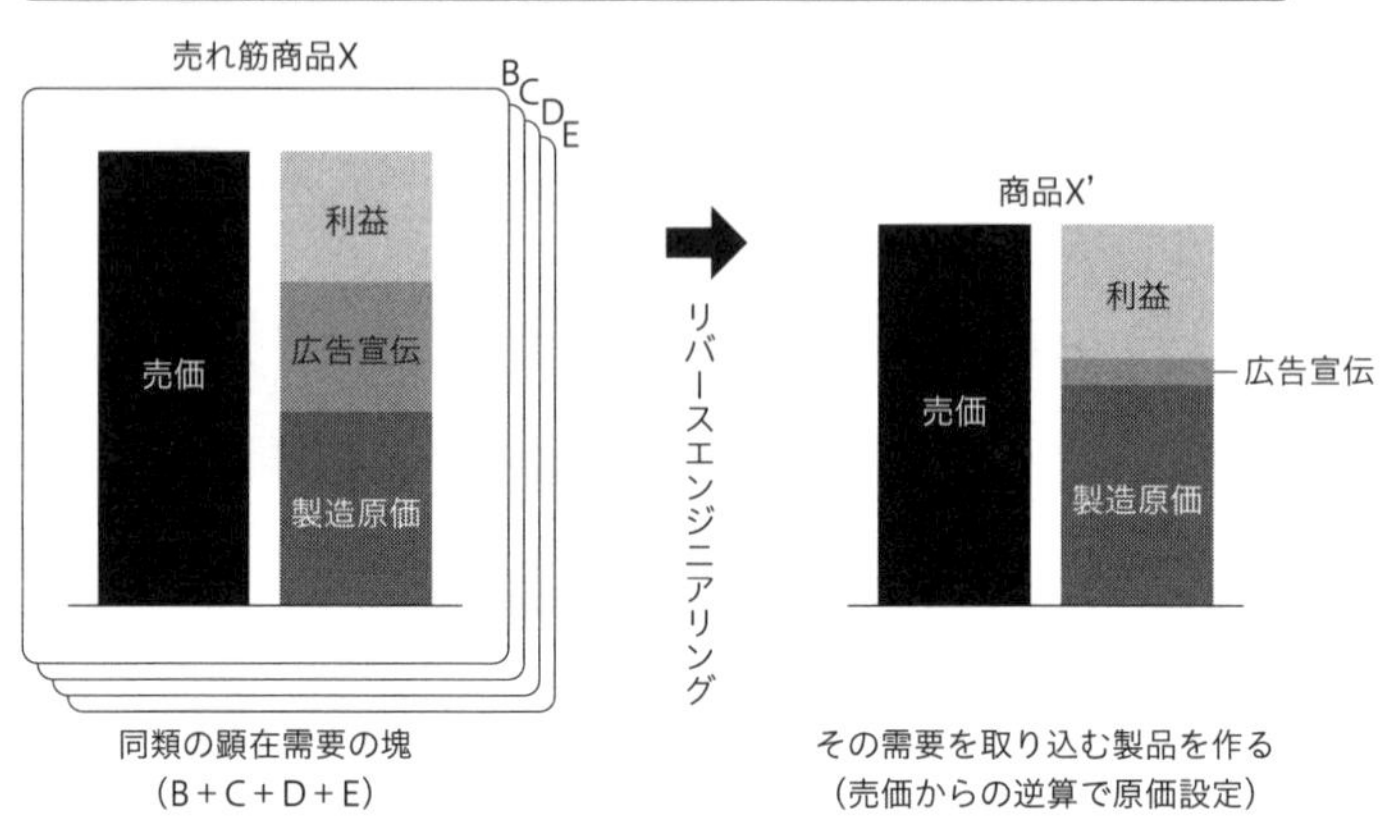

出典：KPMG

えられますので、結果、競合と同様かそれ以上の利益も獲得しつつ、売り上げを一気に奪取することが可能です。

ユーザーからすると、同様もしくはさらに改善されたスペックの商品をより安く入手できるので、特定ブランドのファンか、メーカーとの間に特別な関係性がない限りスイッチしていくことになります。いわゆる家電などの買回り品の領域で、この製造のやり方自体を含めたブランドが構築されると、例えば家電メーカー４社はひとたまりもないのです。「ＥＣサイトは製造業になり得る」といわれる所以は、このような自社の強みを徹底的に活用した戦略に立脚しています。そして、その前提は徹底したデータ分析なのです。

現在、「Foxconn に代表されるスマホＯＥＭによって確立した「リファレンスデザイン」という手法が、広く自動車業界にまで及びはじめています。ソニーがホンダと組んで自動車を発売するなどが典型ですが、この提携の背景には、このようなユーザー側に立っている（ユーザー接点のある）、つまり需要の塊に対する理解と感度を持っている企業がブランドオーナーとなってデザインやユーザーエクスペリエンスを担い、製造はＯＥＭが担うという、得意・不得意で役割分担を明確にした動きなのです。

極端にいえば、Ａ社のようなＥＣサイト運営企業が自社のプラットフォームに流通している商品のすべてのブランドオーナーとなり、現在のメーカーにＯＥＭとして動いてもらう。そんなビジネスすら成立させることが可能です。

いわゆる垂直統合型から水平分業型のモノづくりへの変換という流れも、このようなデータ分析による需要の把握、顧客体験への理解、そしてスケールを効かせた製造に特化したＯＥＭ、といった構造変化を基本的な考えとしたものであり、この流れを理解したうえではじめて、「仲間づくり」という言葉の重要性を再認識すべきなのです。

このような前提で、今後のモノづくりの基本的な心構えを整理すると、以下のようになるかと思います。

■技術によりウォンツは「見える化」され、ある塊となって一定の需要を生む（潜在需要の発見）

■その需要を切り出し、そこに当て込む商品、サービス、ソリューションを考える
■そうしたソリューションに見合った製造を行う（それを実現させる機動性のあるサプライチェーン構築を行う）
■値付けは需要価格設定で行う（その意味でシーズ型ではない）

おそらく、今後はこの順番で発想しないと儲からないという世界がやってくるでしょう。なお、この需要の塊は、これまでのセグメンテーションとはまったく異なる概念となるはずで、マーケティングの理論も刷新が必要となるはずです。

また、この考え方は、〝モノ売り〟から〝コト売り〟に変わったとしても同じであり、この仕組みを活用しないビジネスは存在しえない世界となるでしょう。仮に継続的に存在しえても、これまでのようには売れなくなります。

この考え方は、今後のモノづくりにとって非常に重要なものとなります。さらには、ビジネスを行ううえでは、近視眼的で直接的な儲けの仕組みだけではなく、データが取得され活用された先を見越して、社会そのものの在り方がどのように変化していくのかを想像することが必要となってくるでしょう。

5　新しい価値創造に向けて

❶ 今後の新規事業開発

企業の事業ポートフォリオの再構築は、経営の重要な意思決定のひとつです。そのなかで、新規に事業を開発し、自社の事業ドメインを拡充・拡大していくことは、中長期の成長に不可欠な取り組みです。新規事業開発が得意・不得意な企業というのは実は明確に特徴を区分できるのです（経験的に類型化が可能なのですが、ここでは本論からずれるので割愛します）が、その得手・不得手に関わらず、その手法は大きく変わってきています。

近年の新規事業開発はデータオリエンテッドに検討が進んでおり、気合・根性・勘の「3K」の経験者の立場を危うくしています。さまざまなデータが機械学習され、AIを駆使して解析され、自社にとっての新規事業の領域が半自動的に特定されていくといったアプローチが主流になってきています。

実はこうしたアプローチの本質自体は目新しいものではなく、古くから欧州の研究機関や企業において、データアナリティクスという手法で行われてきました。しかしこのアナリティクスがAIに置き換わることで、スピードとコストを大幅に低減しているのです。

図表2-15：新規事業開発テーマの設定

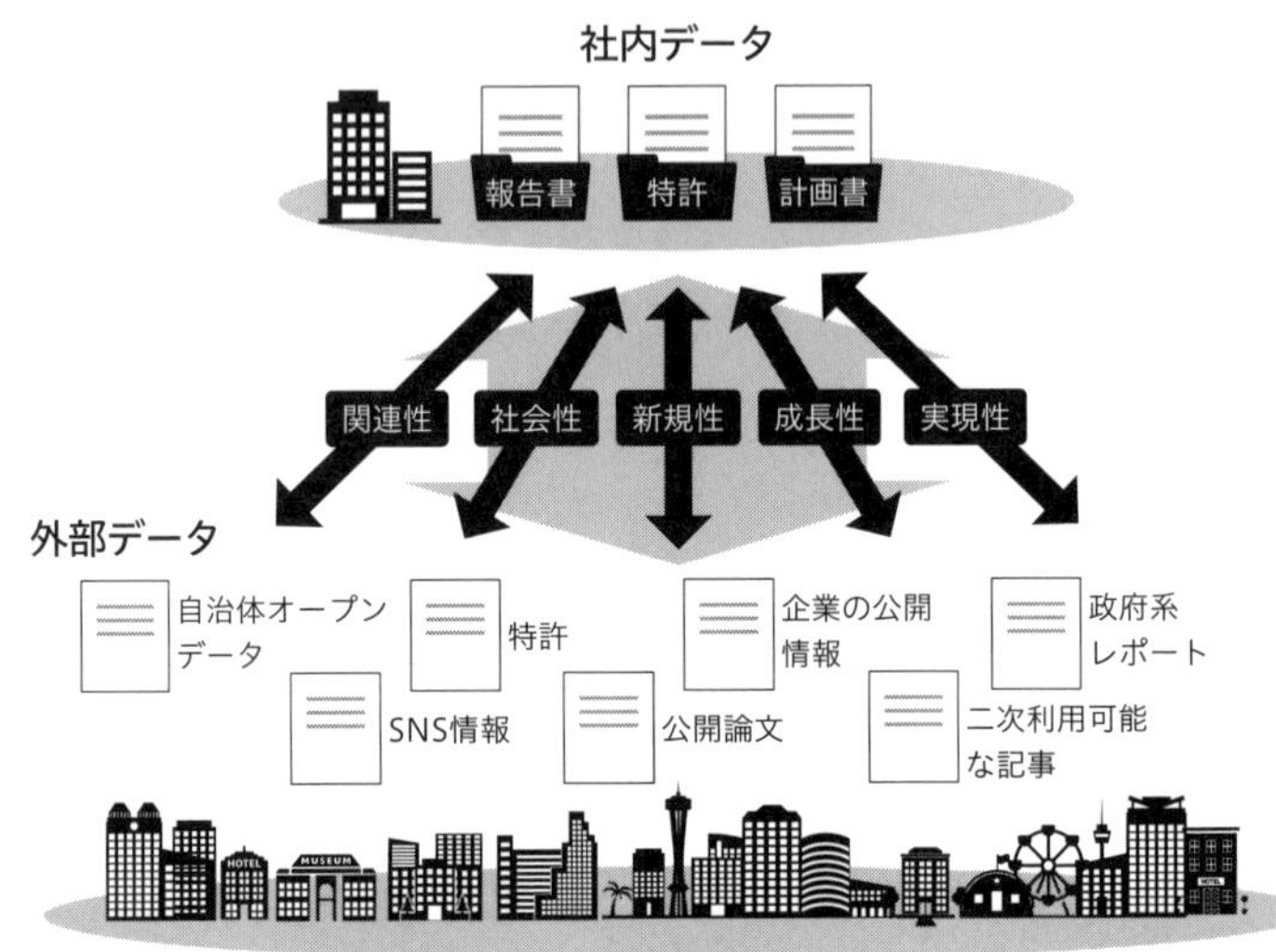

出典：KPMG

一般的に企業が新規事業を展開していく場合、3つの壁があるといわれます。1つ目は自社の顕在・潜在技術を活用した事業アイデア創出の壁、2つ目がそれらのアイデア（ビジネスアイテム）を実際に製品化（サービス化）する壁、そして3つ目がその製品やサービスをビジネス化（収益化）する壁、です。この壁ができる原因はさまざまであり、説明は他書に譲りますが、上記AI活用によって少なくとも1つ目の壁は容易にクリアが可能です。

やり方には大きく2つあり、1つ目は自社の技術を起点としたもの、2つ目は外部のトリガーやイベントドリブンのものです。最近では2つ目をトリガーとした新規事業開発も盛んで、例えばＥＳＧやカーボンニュートラルなど「社会課題の解決のため」という提供価値を起点として、逆に自社の技術を転用できないか、というアプローチが増えています。

いずれのアプローチにおいても、新規事業の開発テーマの設定に関しては、社内にあるさまざまなデータと外部のデータを重ね合わせ、その「関連性」「社会性」「新規性」「成長性」「実現性」などを検証していくというのが基本的なプロセスとなります。

外部データには、特許情報、自治体のオープンデータ、論文、各社・研究機関のレポート、ＳＮＳ情報などさまざまなものがありますが、まずはこれらを機械学習させたＤＢ（データベース）を構築します。

それらと、自社の特許情報、Ｒ＆Ｄ開発テーマ、技術報告書、各種計画書などを掛け合わせ、開発テーマの洗い出しを行います。これらの作業により、自社の技術が持つ「価値」とその価値が応用可能な領域を可視化でき、思いもよらない自社技術の転用領域を見出し、新たな事業への応用性・可能性を見出すことが可能となります。

図表2-16は、自然言語処理アルゴリズムにより、社内外特許や技術レポートなど、さまざまな文書より技術とその価値を抽出し、ネットワーク化したものです。

転用可能な自社のコアとなる技術を中心に、これらの転用可能領域が洗い出され、自社（グループ）が持つ技術と、ある社会的価値を提供するために不足する技術要素が「見える化」されます。自社が保有していない技術に関しては、自社内に取り込むべきなのか否かを

図表2-16：自社保有技術の転用可能性

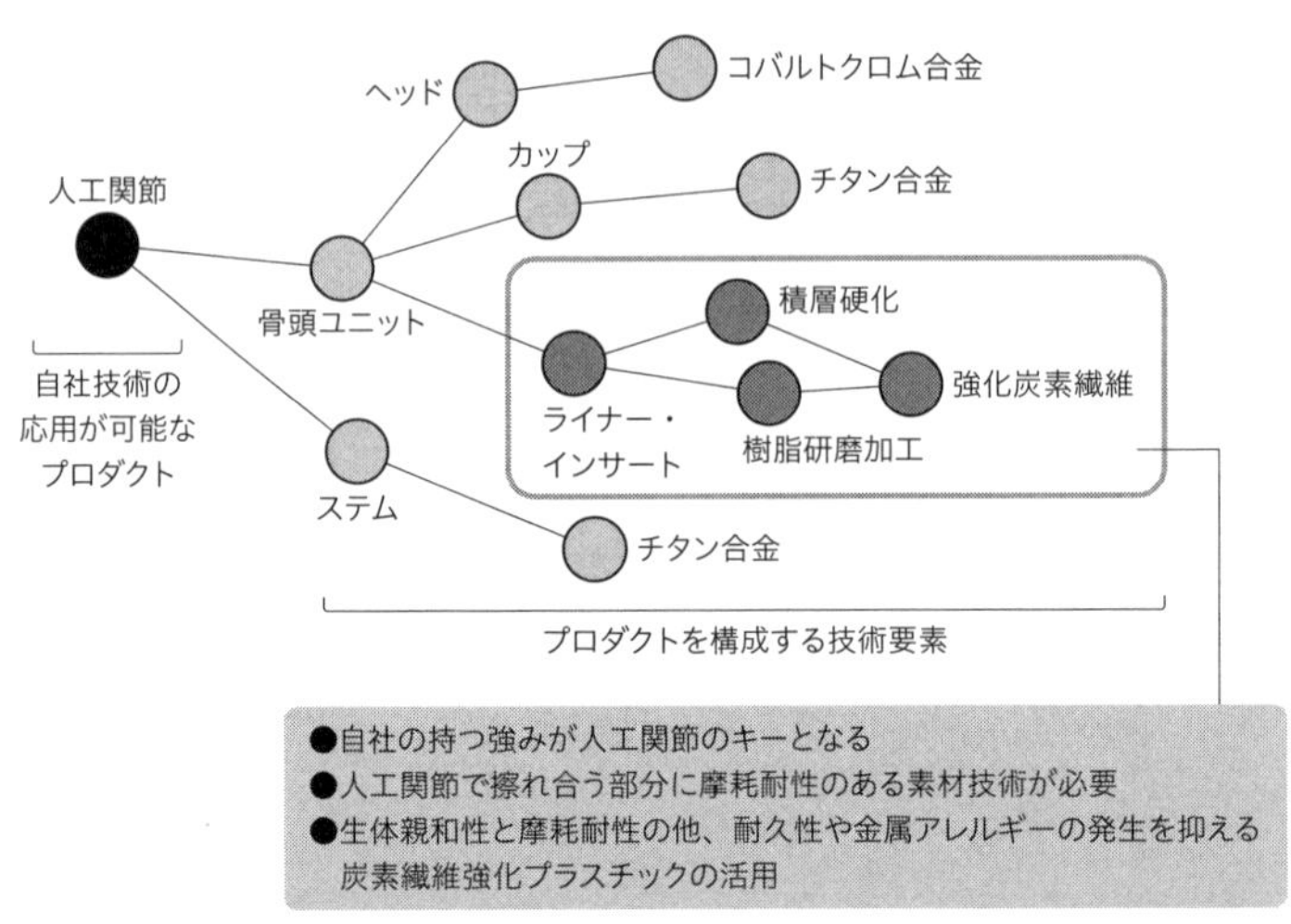

出典：KPMG

判断し、場合によってはM&Aや資本・業務提供などのアクションを採っていきます。

基本的な考え方としては、すべての技術領域を〝手の内化する〟必要があるのかないのかといった観点での検討、また提供価値がそもそも自社のポートフォリオとして相応しいのか否かといった複合的な判断を行うことを前提とします。ただし、それらの初期的検討、すなわち前述の「1つ目の壁」を早期に捕捉できる点において、そして、その社会的要請との適合度合において、極めて高い確度の結果を得ることができます。

無論、ここまではあくまで1つ目の壁の話をしているに過ぎませんが、こうした自社にとっての事業領域の拡大可能性を事前に把握しておくことのメリットは大きく、例えば証券会社などによるM&A（合併・買収）の持ち込み案件ひとつとっても、それをゼロベースで検討するのか、この領域を念頭に入れたうえでの展開を想定しながら話を聞くのかでは、その後の展開のスピードや広がりに大きな差がつきます。

なお、2つ目、3つ目の壁については、依然として人間が介在しながら推進していきます。この領域は、企業の戦略、業務プロセス、組織体制、文化など、多くの変数によって様変わりし、これが正解というやり方は存在しません。筆者のようなコンサルタントの立場からしても、テーラーメイドで実施すべき領域となります。

❷ エコシステムの構築

ところで、そんな「技術転用の可能性」が広く認識され各会社や事業で当たり前のように運用されるようになった場合、次に起こることは何でしょうか。おそらく、技術ありきではなく、社会課題の解決や、ある提供価値を基軸とした新規のビジネス創出といった切り口となるのではないかと思います。

我々はこうした提供価値を基軸とした企業間の連携を「エコシステム」と呼んでいます。これまでの連携とは異なり、業種を跨いで連携することで、新しい価値を協働で創出していく、そんな動きの全体像を表現しています。

例えば自動車は、人が遠くへ楽に移動できるという提供価値を実現するために生まれた機械ですが、その過程で進化を遂げ、今では快適性や安全性といった価値を世の中の移動者に提供しています。あるいは、家族との団らん、恋人たちの空間、はたまた個人が他人に迷惑をかけることなく音楽や思考を深めるための空間など、提供価値はユーザーにとってさまざまです。

このような価値をもっと上位概念あるいは別アングルで統合させて提供しようとした場合、これまでの既存プレーヤー（サプライヤー）の保有技術だけでは実現できないことが発生します。図表2-17は「酔わないための車室空間」というテーマを設定した場合のエコシステムの概念図です。

酔わない車室空間を実現するためには、酔いに影響を与える要素をひとつずつ取り除いていくことが求められます。ある研究によると、酔いを誘発する原因には大きく、空気、視覚、振動、音、といった要素が影響しています。自動車でこれらを統合的に制御し、酔わない車室空間を実現するためには、実は多くの機構が連携する必要があります。

社外の情報を正確に把握し、統合制御ユニットで車両状態を踏まえて、パワトレやブレーキといった操作モジュールをコントロールし、道との設置面を支えるタイヤを中心とした足回りの制御、そしてドライバーの状況の判断との接点である空調や音響、シートの制御などを、生体センターをもとに適切に把握しながらコントロールします。

さらには、ナビゲーションは酔わないルート（Rが小さい、急こう配が少ない、舗装されている道、ストップ・アンド・ゴーが最少、など）の推奨を行い、それを受けた自動運転システムが、先の要素を排除した制御を行いながら運転を代行します。

そして、いま簡単に記述したこれらの技術要素を提供するプレーヤー別に見てみると、OEMや既存のサプライヤーはもちろんのこと、新興モビリティ企業や、ICT企業などの新規のプレーヤーの参画、さらに既存のサプライヤーであっても、酔いに悪影響を及ぼす要素に対してそれらを相殺できるあるいは無効化できる技術の開発と他との連携が必須であることが分かると思います。

逆にこうした企業群がひとつの価値提供に向けて参集し、エコシステムとも呼べる企業連合体を作ることができれば、価値提供は一気に高度化できるのです。

これはひとつの例にすぎませんが、このような提供価値ドリブンでの企業提携・バリューチェーン構築は、社会価値を創出するうえで今後、不可欠・不可避の動きとなるでしょう。そして、こうしたエコシステムへの参加は、企業の中期長期な経営戦略にとっても極めて重要な考え方となることは間違いなく、バスに乗り遅れた場合の痛手も相応なものとなると認識すべきでしょう。

本書ではこれから、カーボンニュートラル、モビリティ、街づくりまで議論を進めていき

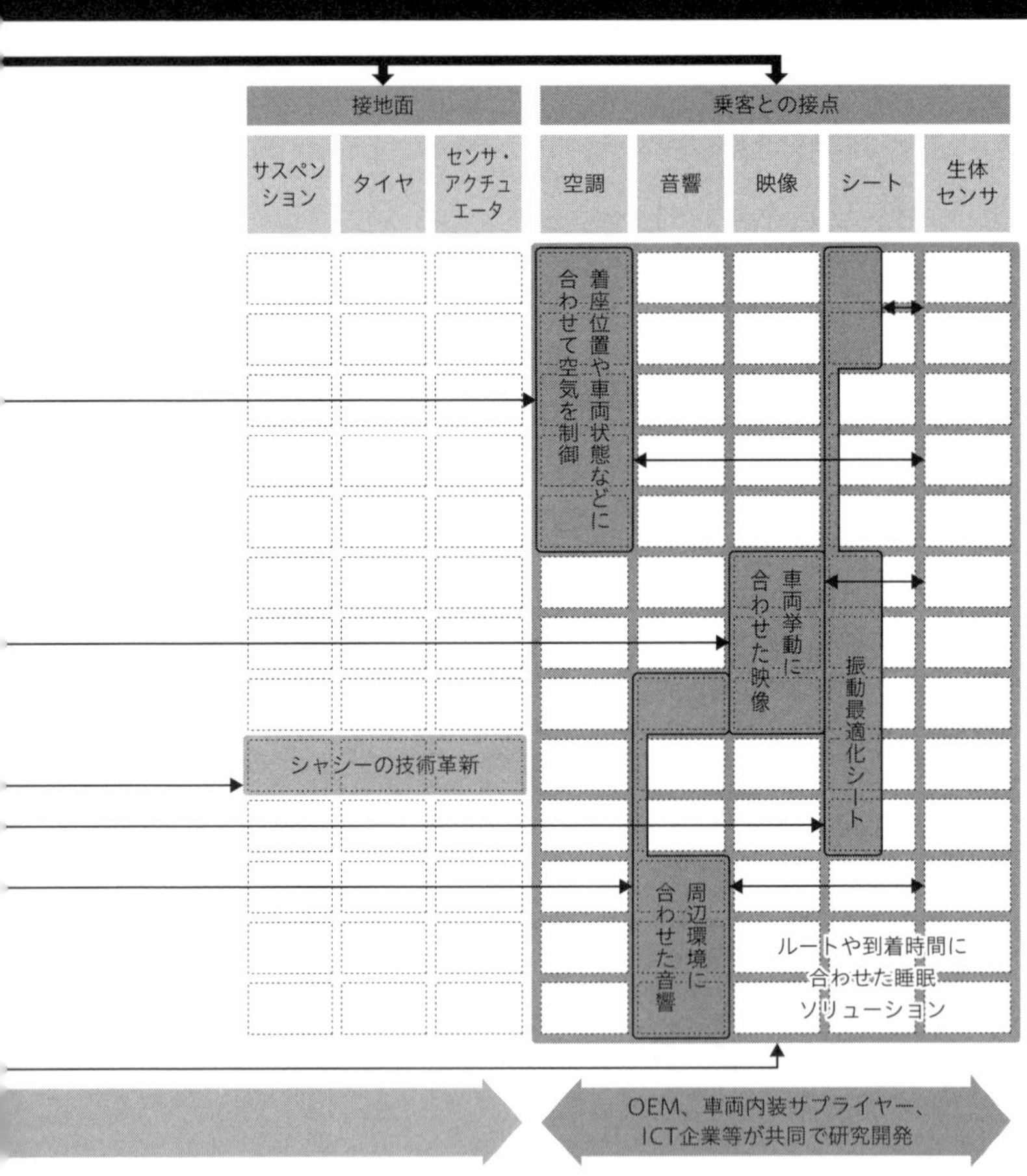
接地面
乗客との接点
サスペンション
タイヤ
センサ・アクチュエータ
空調
音響
映像
シート
生体センサ
着座位置や車両状態などに合わせて空気を制御
車両挙動に合わせた映像
振動最適化シート
シャシーの技術革新
周辺環境に合わせた音響
ルートや到着時間に合わせた睡眠ソリューション
OEM、車両内装サプライヤー、ICT企業等が共同で研究開発

図表2-17：「酔わないための車室空間」というテーマ設定した場合のエコシステムの概念

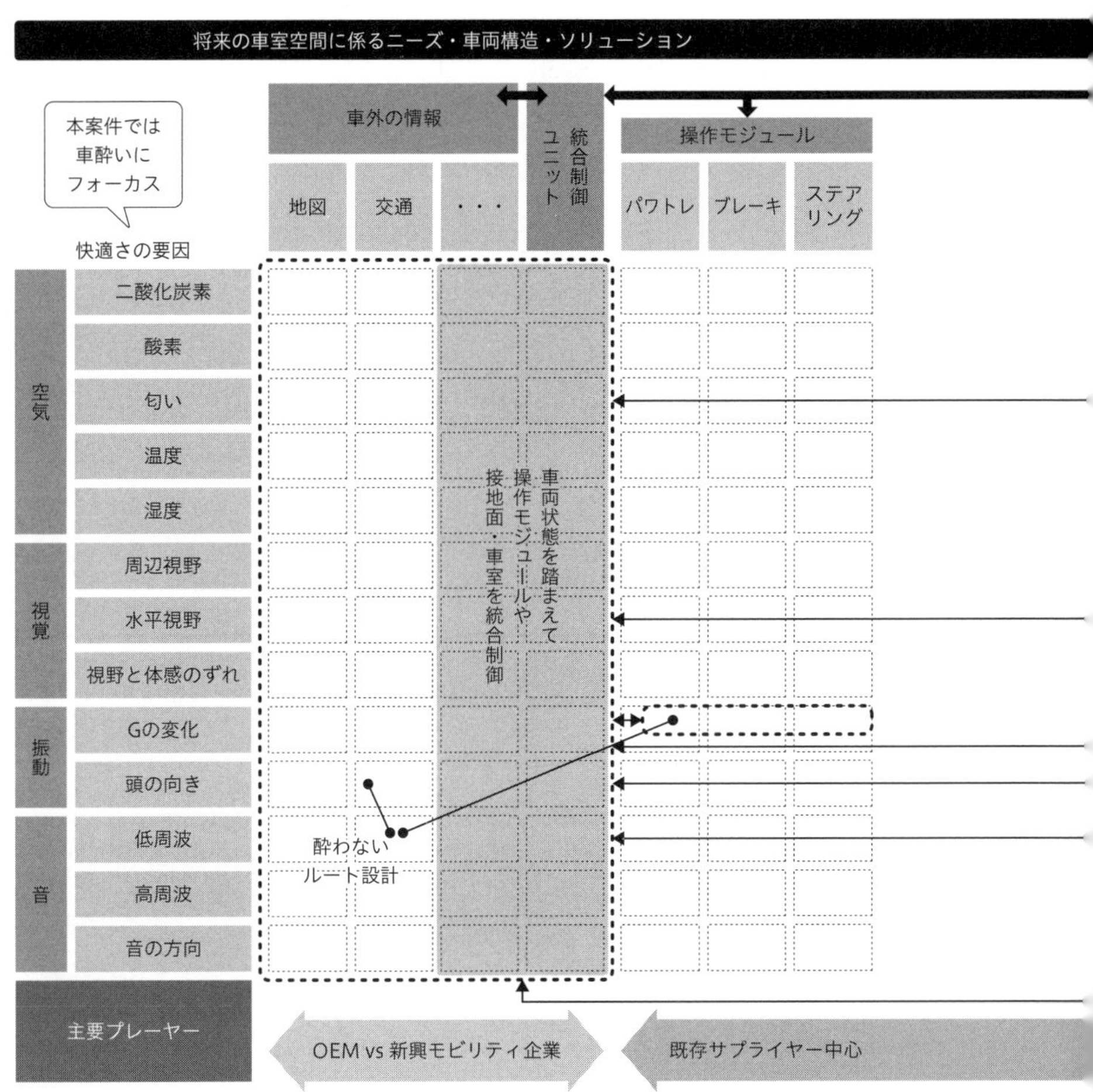

出典：KPMG

ますが、「街と暮らしの未来」の根幹を支えるのはこれまで見てきたようなデータの活用です。

一見、バズワードのような響きのあるデータ活用という概念は、働き方、暮らし、遊びや学びといった将来の我々の暮らしそのものを大きく変容させる起爆剤となります。個人の欲求は社会の変遷と共に変わっていきますが、価値観の多様化は、実は、現実を理解し直視することから始まる場合も多いのです。

この世界観のもとでは、人、モノ、カネ、情報のすべてが統合されて分析され、利便性・効率性に加え、健康や幸福度などの新たな指標も加味したうえでの最適な価値を人々が求めるようになります。そして、これらに応えるように新たなビジネスが起きてきます。このような動きは我々の街や暮らしを文字通り「リ・デザイン」させていくことになるでしょう。

特に、センサリングによって「移動」「リアルタイム」というコンセプトが実現していくことで、移動するものすべてに「目」が備わり、その情報を「判断」し、さらに「学習」が加わることで、多くの物事はあらゆる意味で効率化を遂げていきます。その文脈においては、無理・無駄といった概念も当然抽出されるはずで、一部にとっては実は不便さに帰着する可能性もあります。

便利さや効率性をどこまで追求するのかは、社会実装における論点のひとつでありますが、幸福度といった観点も含めて着地点を探りつつ、それらを加味したデザインを中長期的な観点で実施していくことが求められます。

3

リ・デザインが
進む世界の街づくり

MOBILITY
Re-DESIGN
2040

新型コロナウイルスによる移動制限をチャンスととらえ、世界の多くの大都市が街づくりのリ・デザインにつながるさまざまなトライアルを実施しました。実は、このような都市のリ・デザインはコロナによって突然巻き起こったものではなく、コロナ前から脈々と検討されてきたものです。

そこで本章では、なぜ大都市がリ・デザインを構想するようになったのか、リ・デザインがモビリティ分野のイノベーションやカーボンニュートラルの実現にどのように寄与しているのかなど、リ・デザインが進む世界の街づくりとその背景について解説します。

1 歩行者優先へと都市のリ・デザインを進めるニューヨーク市やブリュッセル市

❶ 歩行者や自転車にやさしい街づくりを進めるニューヨーク市

アメリカのニューヨーク市ではブルームバーグ前市長の時代から大胆な都市のリ・デザインが進められています。

代表的なのが、年末のカウントダウンなどで有名なタイムズスクウェアです。ブロードウェイ側の車道部分をなくし、歩行者専用の広場へと転換させたリ・デザインです（図表3−1）。ブロードウェイと7番街が交差するタイムズスクウェアは数多くの自動車と歩行者が通行するエリアですが、道路を通行する82％が歩行者であるにもかかわらず、道路空間の89％が車道によって占有されているという実態は問題であり、より多くのスペースを歩行者に割くべきと考えたのです。

一方、交通量の多いこの交差点において車道を封鎖してしまうと、交通渋滞がさらに悪化してしまう可能性があります。そこでニューヨーク市が活用したのがイエローキャブ（タクシー）から収集できるリアルタイム交通情報です。タイムズスクウェアを横切るブロードウェイの車道を一時的に封鎖し、それによる交通流の変化をリアルタイム交通情報によって分析したのです。分析の結果、信号の切り替わり時間が長くなったことなどにより交通渋滞が悪化しないことが確認できました。その後、歩行者専用の広場へと転換する恒久的な工事が行われました。

ニューヨーク市が車道から歩行者専用広場へと転換する取り組みを進めている元となっているのは、人口増が続くニューヨーク市の交通渋滞を減らすために市長が策定したPlaNYCという計画です。ニューヨーク市周辺では、マイカーの普及や鉄道・バスのネットワークが拡大したことにより、住宅地が郊外へと広がる〝都市のスプロール現象〟（日本では〝ドーナ

図表3-1：車道部分をなくして歩行者専用の広場が作られた ニューヨーク市・タイムズスクウェア

Times Square

Before

After

出典：ニューヨーク市交通局（NYC DOT）、
https://www.flickr.com/photos/nycstreets/9138010840

ツ化現象〟と呼ばれる）が進んできました。その結果、多くの通勤者が郊外に居を構えてニューヨーク市内に通勤するというスタイルが定着し、都市部の交通渋滞が年々悪化してきました。

PlaNYCは、郊外から通勤する〝職住分離〟からニューヨーク市内に住んで働く〝職住近接〟へと転換を図り、都市のスプロール現象を解消するための計画として策定されたものです。しかし、職住近接を実現するためには、都市部に居住する住民の生活環境を改善する必要があります。その一環として行われたのが、車道を広場（Plaza）へと転換することで徒歩10分圏内に住民の憩いの場を設ける〝プラザ・プログラム（Plaza Program）〟です。前述のタイムズスクウェアの工事はプラザ・プログラムの代表的事例として行われたものだったのです。現在でもニューヨーク市では、マイカーでの市内乗り入れを規制するとともに、歩行者や自転車にやさしい街づくりを進めています。

❷「道路交通の主役は歩行者」を大胆に進めるブリュッセル市

ニューヨーク市と同様の取り組みをさらに大胆に進めているのが、ベルギーの首都ブリュッセル市です。ブリュッセルでは自動車交通を中心とした20世紀の街づくりを改め、〝道路交通の主役は歩行者である〟と位置づけ、ブリュッセルを歩行者中心主義の街として再構築する「歩行者戦略」を２０１２年に策定しました。同戦略では、歩行者中心主義の街づくりを推し進めるべき理由として次の５つが掲げられました。

1　ブリュッセル市民の移動の32%を徒歩が占めていること、5人のうち3人はほぼ毎日歩いていること、公共交通機関へのアクセスの85%が徒歩であることなどを踏まえると、歩行者に主権が与えられるべき。

2　徒歩で来訪する市民はマイカー移動の市民と比べて週に2倍以上消費し、店舗への来訪頻度も高いことから、歩行者にやさしい街づくりは都市の魅力向上に貢献する。

3　歩くことは万人に可能で、健康にもよい。
4　ブリュッセルの街は都心部に店舗や機能が集中しており、道路が網の目のように張り巡らされていることから徒歩に向いている。
5　その一方、歩道や交差点の整備不十分、排ガスや騒音などにより、歩行者にとって快適な環境となっていない。

歩行者戦略を実行に移すために定められた目標が、2016年までに市街地の道路におけるゾーン30（Zone 30：車速が時速30キロメートル以下に制限された道路）を全体の3分の2とすることと、歩行者中心となる広場を2018年までに全長20キロメートルとし、さらに2040年には40キロメートルまで延伸することです。これらの目標を実現するために象徴的な場所として指定されたのが、ペンタゴン（Pentagon）と呼ばれている市内中心部です（図表3-2）。

ブリュッセルより先行するイギリスのロンドンでは、テムズ川にかかる歩道橋としてミレニアム・ブリッジが2000年に設置され、これによってロンドンから対岸の地域が文化的、商業的に発展し、観光客の集約効果も生み出しました。また、ニューヨーク市ではプラザ・プログラムによってタイムズスクウェアの賑わいがさらに増しました。

これらの前例に倣い、ペンタゴンの中心を貫くアンスパック（Anspach）大通りを巨大な

図表3-2：歩行者戦略を実行する象徴的な場所として指定された市内中心部ペンタゴン

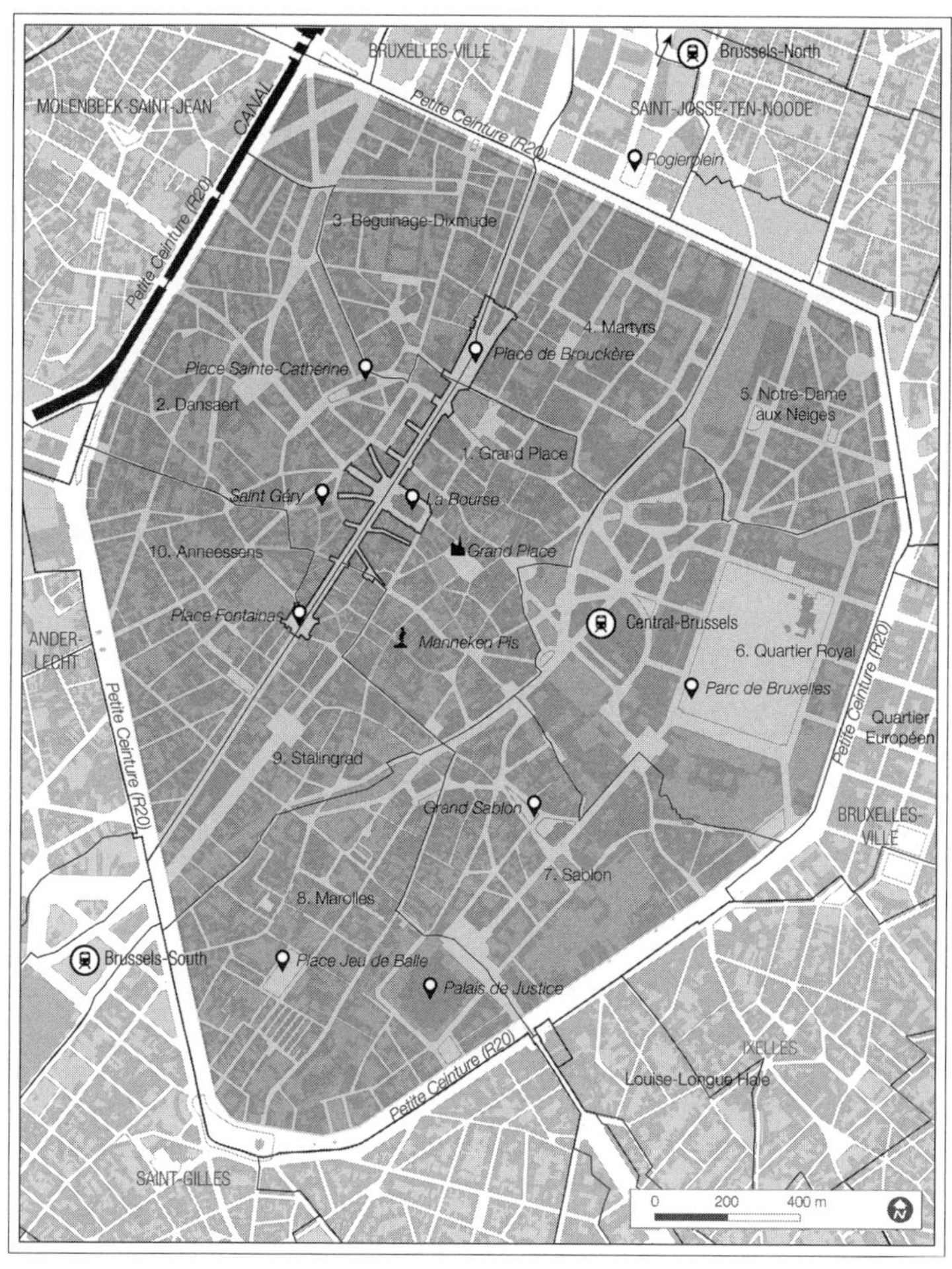

出典：Michel Hubert et al., Brussels Studies, n° 115
(http://journals.openedition.org/brussels/1563)

図表3-3：2019年3月にブリュッセルを訪問した際に行われていた広場化の工事

出典：著者撮影

広場へと転換する構想が打ち出され、数年間の審議を経て2017年から実際に着工することとなりました。図表3-3は、筆者が2019年3月に現地を訪問した際の写真ですが、アンスパック大通りの車道部分が完全に閉鎖され、歩行者・自転車・電動キックボードのみが通行できる広場へと転換する大工事が進められていました。

アンスパック大通りの工事は2017～2019年の3年をかけて行われ、大通りは見違えるほど大きく変化しました（図表3-4）。ブリュッセル市では、その後も市内中心部に歩行者専用道路を拡張する取り組みを続けており、現在も着々と工事計画が進められています。

図表3-4：歩行者専用道として大改造されたアンスパック大通りの工事計画（上）、工事前後で変わった大通りの風景（下）

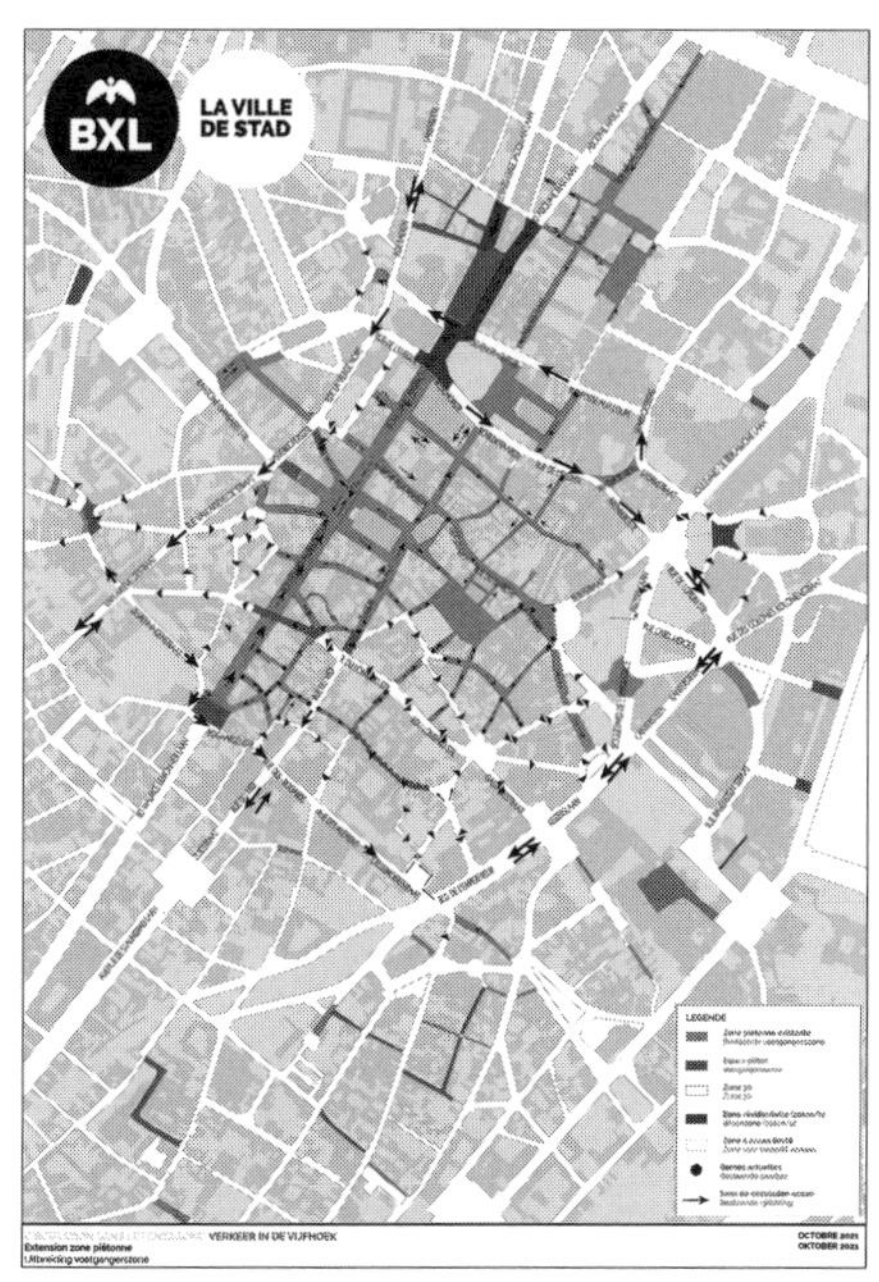

出典：©City of Brussels（上https://www.brussels.be/pedestrian-zone、下https://www.brussels.be/）

❸ 欧米で進む都市のリ・デザイン

クルマ中心の街づくりから歩行者中心の街づくりへとリ・デザインする象徴的な事例としてニューヨークとブリュッセルの取り組みをご紹介しましたが、このような動きは全米や欧州の主要都市に広がりつつあります。アメリカでこのような都市のリ・デザインの指南役を担っているのが、NACTO（米都市交通担当官協議会）です。

NACTOは1996年に設立された全米各都市の交通担当者が集まる非営利のコンソーシアムです。北米の89の主要都市やその交通局が加盟しており、歩行者や自転車にやさしい街づくりを進めていくための提案活動を行っています。2016年10月に発行した「Global Street Design Guide」では、マイカーのスペースを減らし、自転車や歩行者などのスペースを増やした新たな道路空間のあり方を提言しています（図表3-5）。

また、2017年に発行された「Blueprint for Autonomous Urbanism」では、自動運転が本格普及することを想定して将来の道路配置のあり方を提案しています。図表3-6に紹介したイメージ図では、1人しか乗車していないクルマが多くの道路空間を占有している現状（図表3-6左上）を改め、バス専用レーンや自転車・自動配送ロボットなどが走行する低速レーンを設置し（同右中）、将来的にはバスやクルマがすべて自動運転化することによって車

図表3-5：歩行者・自転車優先の道路整備を提案するNACTO

出典：National Association of City Transportation Officials (NACTO)
(https://nacto.org/publication/global-street-design-guide/)

図表3-6：自動運転の本格普及を想定した新しい道路配置のあり方を提案するNACTO

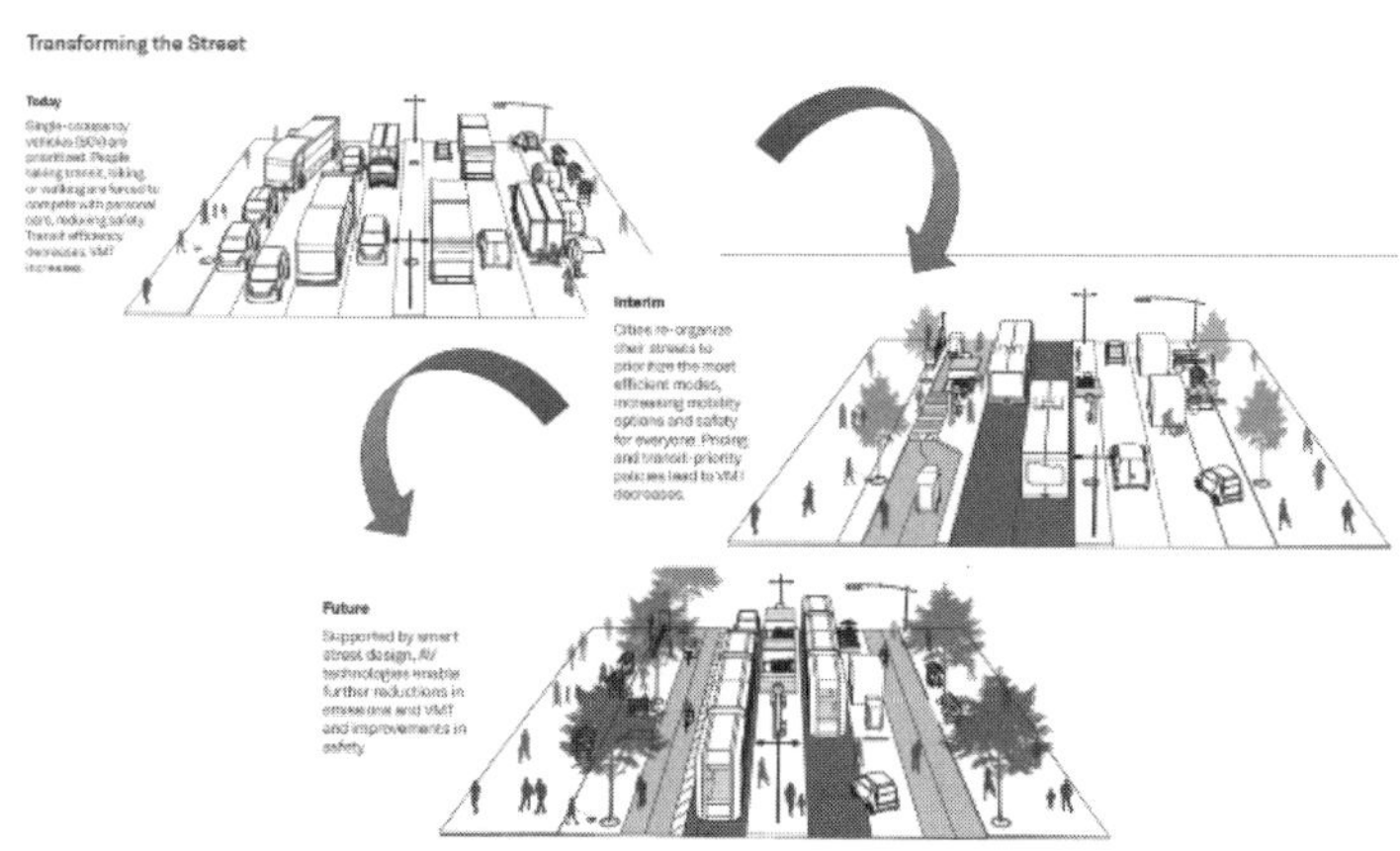

出典：National Association of City Transportation Officials (NACTO)
(https://nacto.org/publication/bau2/)

道部分を大きく減らすという構想を打ち出しています。ここでは、自動運転技術が進化することにより、路面電車のように3両編成になった自動運転バスが登場し、限られた道路空間を活用して大量輸送の実現が可能になると述べています（同下）。

20世紀には急速なモータリゼーションが進んだことで、多くの都市において郊外居住による職住分離、都市のスプロール化が進み、その負の影響として、慢性的な渋滞と自動車交通の増加による環境汚染の悪化が起きるようになりました。行き過ぎたモータリゼーションを見直し、歩行者、自転車、公共交通機関を優先する脱モータリゼーションと、職住近接を進めるために心地よい都市空間を作っていくというのがＮＡＣＴＯ、ニューヨーク、ブリュッセルなどが進めようとしている都市のリ・デザインに共通した哲学です。公共交通機関が発達した日本の主要都市ではこのような哲学に基づく街づくりはあまり行われていませんが、海外では歩行者中心主義の哲学に基づいた街づくりが広がりつつあるのです。

新型コロナウイルス禍の移動制限に伴って実施されたさまざまなトライアル

❶ スロー・ストリート

新型コロナウイルスの感染拡大により、海外の多くの主要都市ではロックダウンが行われました。それに伴って鉄道やバスも減便されました。その結果、自力での移動が必要になったこと、そして移動に際して他人との距離をとるソーシャルディスタンスの確保が必要になったことから、一時的に車道を封鎖し、歩行者や自転車などの専用道として開放する取り組みが行われるようになりました。

図表3-7は車道を減らして臨時自転車レーンを設置した都市の事例です。ロサンゼルス（アメリカ）、オークランド（ニュージーランド）、ボストン（アメリカ）、ニューヨーク市、ダブリン（アイルランド）以外にもパリ（フランス）、ブリュッセル、カルガリー（カナダ）、モントリオール（同）、トロント（同）など北米やヨーロッパの多くの都市で実施されました。

図表3-8は、車道の入り口を部分的に封鎖することでクルマがスピードを出したまま通過できないようにしたスロー・ストリート（Slow Street）という取り組みです。クルマは時

図表3-7：ロックダウン中に車道を減らして臨時自転車レーンを設置した都市の事例

出典：National Association of City Transportation Officials (NACTO)
（https://nacto.org/program/covid19/）

図表3-8：車道を一時封鎖して歩車共存ゾーンを作り出したスロー・ストリート

出典：National Association of City Transportation Officials (NACTO)
（https://nacto.org/program/covid19/）

図表3-9：歩車共存ゾーンを市内中心部のペンタゴン全体に適用したブリュッセル（左）、東京都内とペンタゴンの比較（右）

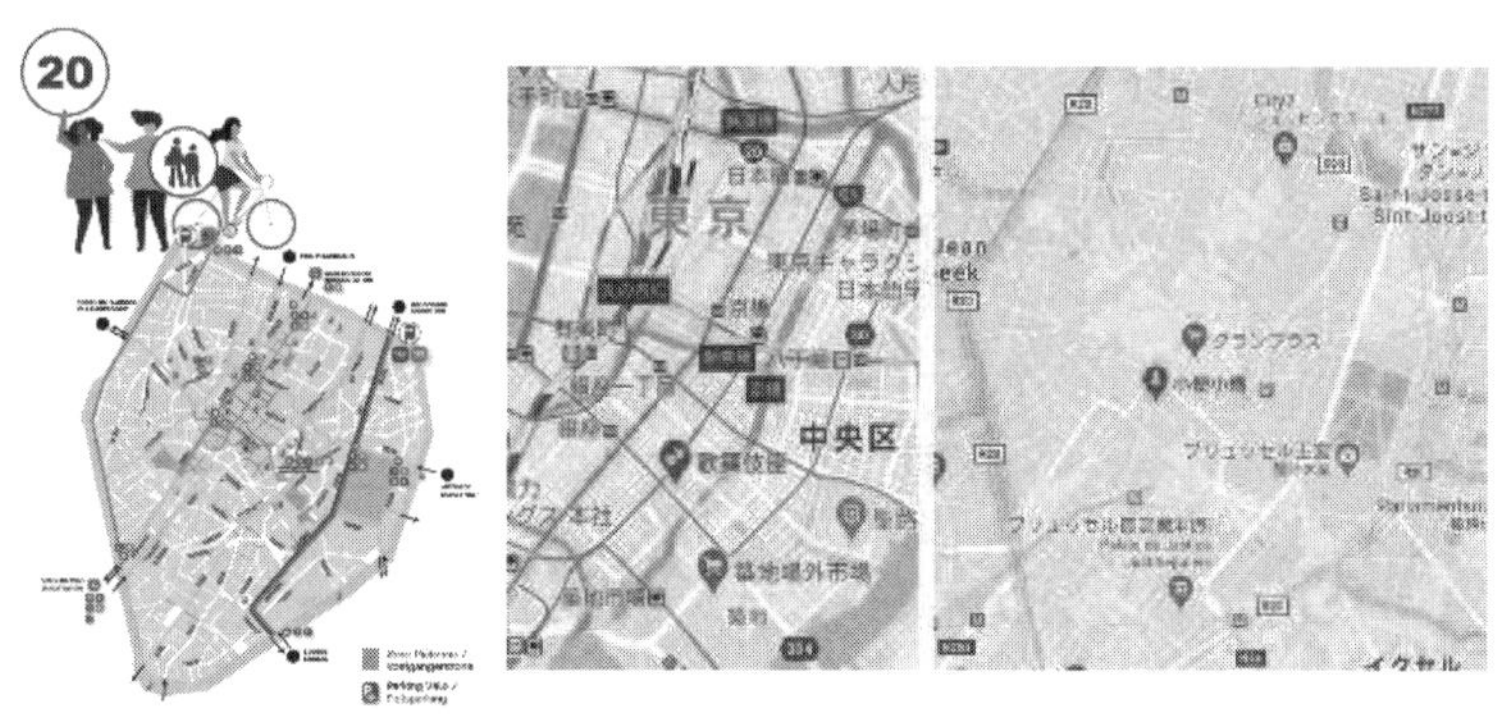

出典：（左）©City of Brussels（https://www.brussels.be/residential-area）、（右）Google Map

速20～30キロメートルで走行するよう規制される一方、歩行者や自転車は車道を使うことが許可されています。歩行者とクルマが同じ車線を走行することから「歩車共存」と呼ばれる道路空間です。ロックダウン中は図で紹介しているモントリオール、サンフランシスコ（アメリカ）以外にもフィラデルフィア（同）、ニューヨーク、ミネアポリス（アメリカ）など多くの欧米の都市でスロー・ストリートが実施されました。

スロー・ストリートの概念を街全体に大きく広げたのが、前述のブリュッセルです。ブリュッセルでは、市内中心部であるペンタゴンの車道をすべて歩車共存ゾーンとし、歩行者は車道も歩いてよい臨時措置を導入しました。一方、クルマと自転車は時速20キロメートルに制限されることとなりました。これにより、歩行者は拡張された歩行者専用道路だけでなくペンタゴン内のすべての車道を歩くことができるようになりました（図表3-9左）。当初この臨時措置は２０２０年

5月から3か月の期間限定でしたが、その後何度も延長され、2022年3月現在も継続されています。

このペンタゴンですが、東京都内に当てはめてみると大手町から築地までに至る極めて広範囲のエリアであることが分かります（図表3-9右）。同様の措置が都内で取られたと想定すると、大手町、日本橋、有楽町、銀座、茅場町、八丁堀、築地がすべて歩車共存ゾーンになりますので、ブリュッセルがどれほど大胆な臨時措置を導入しているのかがお分かりいただけると思います。

❷ アフター・コロナを想定したサンフランシスコ市の戦略

欧米の主要都市においてロックダウン中に行われたさまざまなトライアルには、将来的な都市のリ・デザインを想定して行われたものが少なからずあります。ブリュッセルの場合はコロナ前から歩行者中心主義の街づくりを進めていましたので、臨時措置として歩車共存ゾーンを設定したことは明確な戦略に基づくものであることが明白でした。実は、そのブリュッセルを上回る戦略を打ち出した町があります。アメリカのサンフランシスコ市です。

サンフランシスコ市交通局（ＳＦＭＴＡ）は２０２０年6月、ウィズ・コロナとアフター・コロナの両方を想定したマスタープランである「交通機関再開計画（Transportation

Recovery Plan)」を公表しました。マイカーシフトが進むとともにソーシャルディスタンスを確保する形で公共交通機関の運行が必要となるウィズ・コロナのフェーズ、リモートワークがほぼ解消され大半の住民が通勤するようになるアフター・コロナを想定して、公共交通機関と道路空間の配置を見直していくことを提案した計画です。

同計画が大前提としているのが、1人を運ぶのにどの程度の道路空間を必要とするのかを示す〝移動モードごとの輸送量〟です（図表3-10左）。この図によると、クルマ、徒歩、自転車、路線バス（混雑時）、路線バス（通常）のそれぞれが120、10、15、3、4・5平方フィートとなります。ところが路線バスの場合は、車内においてソーシャルディスタンスの確保が必要になることから、1台当たりの輸送量が大幅に減り4・5平方フィートから11平方フィートへと、必要なスペースが3倍程度に増えてしまいます（図表3-10右）。

そこで、同計画における取り組みのひとつとして考案されたのが、臨時バスレーンの設置です。新型コロナウイルスの感染拡大によって、サンフランシスコ市内でも公共交通機関からマイカーへのシフトが起きました。当初はリモートワークの広がりなどによって通勤者の数自体が抑えられていましたが、徐々に通常業務に戻るようになると、マイカー通勤が増えることで交通渋滞が悪化します。そのため、SFMTAとしては臨時バスレーンを設置することで、①バスの増便と、②輸送時間の短縮の、同時実現を目指すことにしたのです。図表3-11左は臨時バスレーンの設置に関するプロセスを示したものですが、興味深いのは、

図表3-10：移動モードごとの輸送量比較（左）、ソーシャルディスタンス確保のためにバスの輸送量は1/3程度に減少（右）

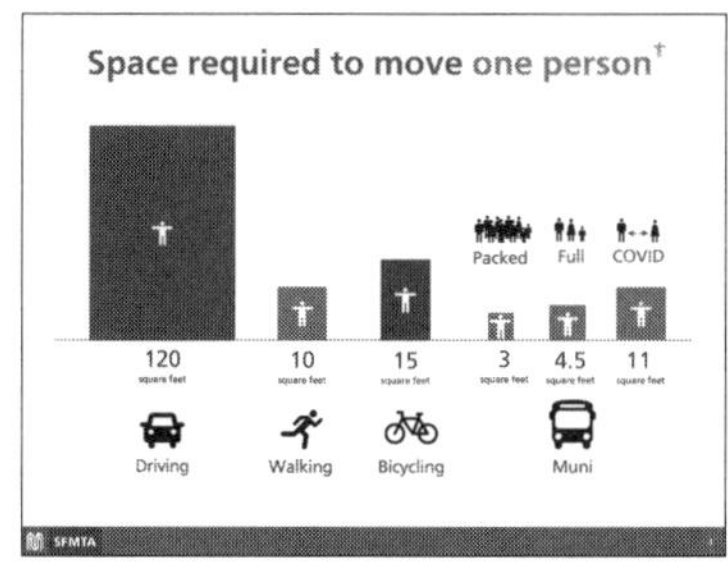

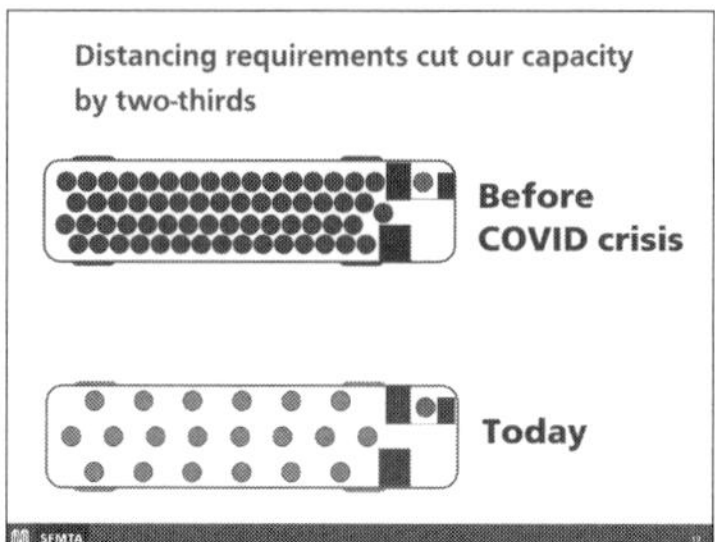

出典：©San Francisco Municipal Transportation Authority
（https://www.sfcta.org/sites/default/files/2020-06/SFMTA_Board_TransportationRecoveryPlanPresentation_2020-06-23.pdf）

図表3-11：路線バスの輸送量を拡大するために提案した臨時バスレーンの設置（左）とそれによる自動車交通への影響（右）

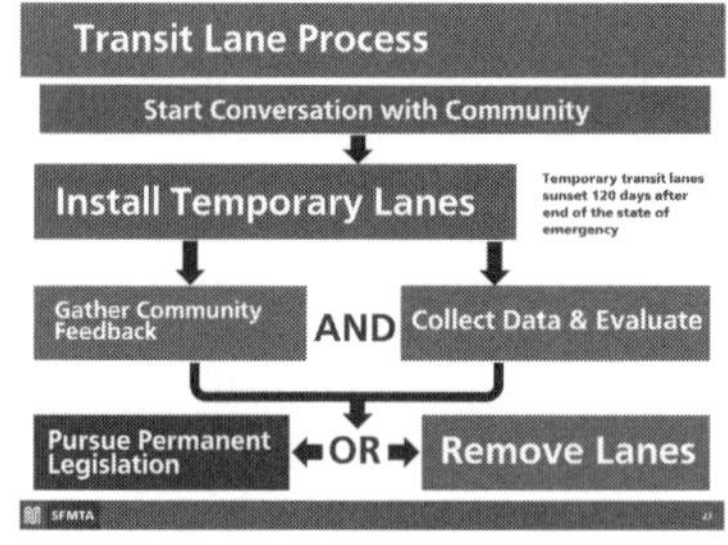

出典：©San Francisco Municipal Transportation Authority
（https://www.sfcta.org/sites/default/files/2020-06/SFMTA_Board_TransportationRecoveryPlanPresentation_2020-06-23.pdf）

図表3-12：増設されているサンフランシスコの自転車専用レーン

出典：©San Francisco Municipal Transportation Authority
(https://www.sfmta.com/sites/default/files/reports-and-documents/2020/06/6-2-20_item_11_transit_recovery_plan_-_slide_presentation_-_final_draft_reduced.pdf)

臨時バスレーンの設置（Install Temporary Lanes）
→データ収集し評価（Collect Data & Evaluate）
→恒久的に設置（Pursue Permanent Legislation）または
撤去（Remove Lanes）

と書かれているように、トライアルで臨時バスレーンを設置したのちに、評価を行い、最終的には路線バスの輸送力＋輸送効率向上を目指して恒久措置化も想定していることです。

臨時バスレーンを設置することで一般の車道が狭くなりますので、マイカーの渋滞が悪化するというトレード・オフも想定されます（図表3-11右）。そのことにも言及したアメリカらしい取り組みといえます。

交通機関再開計画にはもうひとつ興味深い取り組みがあります。スロー・ストリートを活用した自転車レーン網の整備です。

現在、サンフランシスコでは図表3-12に示すように、自転車専用レーンの増設が進められています。しかし、限られた道路空間において車両との接触を極力減らせる自転車道を新たに割り当てることは極めて困難です。また、自転車道の整備には1マイルあたり100万ドル（1キロメートルあたり約6700万円）の費用が掛かります。

一方、新型コロナウイルスへの対応として、サンフランシスコ内には複数のスロー・ストリートが整備されました。そこで、既存の自転車道とスロー・ストリートをつなぎ合わせることで市内をくまなくアクセスすることができる自転車レーン網を整備しようというのが交通機関再開計画の2つの目の取り組みなのです（図表3-13）。自転車移動を促進するため、スロー・ストリートの活用以外にも、新たに85か所のバ

図表3-13：スロー・ストリートを活用した自転車レーン網の整備による自動車交通への影響

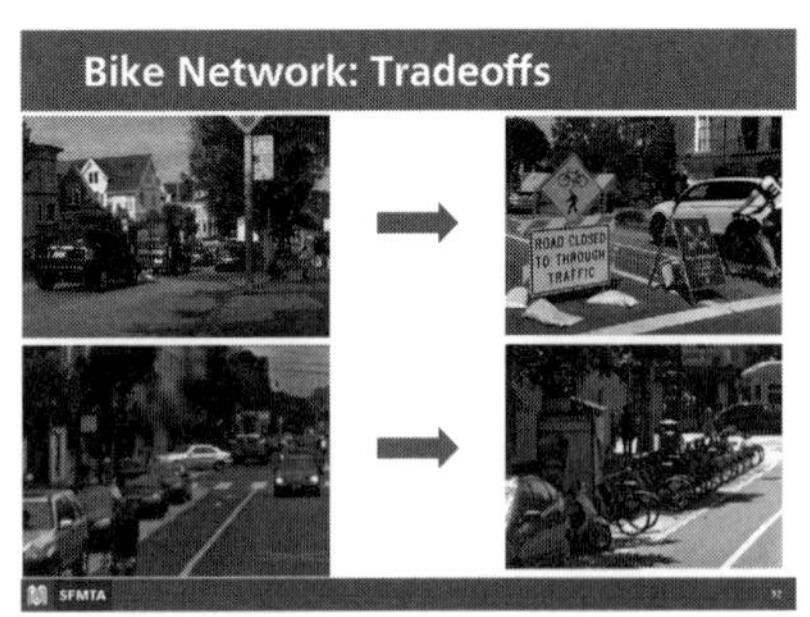

出典：©San Francisco Municipal Transportation Authority
(https://www.sfcta.org/sites/default/files/2020-06/SFMTA_Board_TransportationRecoveryPlanPresentation_2020-06-23.pdf)

イクシェア（自転車シェア）ステーションの設置、自転車ラックの増設、電動キックボードシェアリングの導入なども併せて行う計画としています。

ここまで新型コロナウイルスの移動制限に伴って実施されたさまざまなトライアルを紹介してきましたが、第1節で紹介した歩行者中心主義の哲学、あるいは自動車交通主体から歩行者・自転車・公共交通主体へと転換していく戦略などがあって実施されてきたことがお分かりいただけたかと思います。欧米の主要都市では、新型コロナウイルスの感染拡大を壮大な社会実験を行うための機会ととらえ、街づくりのリ・デザインにつながるさまざまなトライアルを実施してきたのです。

3　モビリティサービスの進展がもたらした道路空間や路肩のリ・デザイン

❶ スマホが変えたモビリティの世界

2010年代前半から世界的にスマートフォン（スマホ）が急速に普及し、それとともにライドシェア、カーシェアリング、電動キックボードシェアリング、バイクシェア、オンデマンド乗合バス（ＤＲＴ：Demand Responsive Transport）といった新しいモビリティサービスが登場するようになりました。スマホがモビリティの世界を大きく塗り替えるきっかけとなったのが、それが備えているアプリ、ＧＰＳ、地図、インターネット接続という４つの機能です。それまでのタクシーやレンタカーなどの移動サービスでは、配車や車両管理を行うために営業所と人員が必要でした。

例えば、タクシーの配車は、乗客が営業所に乗車場所と乗車時間を電話で伝え、営業所がすべてのタクシーから付近を走行しているドライバーを見つけ、指定場所・指定時間への配車を指示することで成立していました。しかし、スマホがあればＧＰＳによる位置把握、地図上での表示、インターネット接続を介したアプリによる需給マッチング（乗客と運転手）が容易に行えるため、営業所を介したマッチングが不要となります。また、多くのスマホにはクレジットカード決済機能が搭載されていることから、乗車前の事前決済も可能です。

このようにスマホの機能を駆使することで、タクシーと比較して効率的に配車する仕組みを実現していったのがアメリカのウーバー（Uber）やリフト（Lyft）、中国の滴滴出行（Didi Chuxing）などに代表されるライドシェア企業です。今ではアメリカや中国だけでなく世界中でライドシェアが普及し、東南アジアのグラブ（Grab：本部はインドネシア・ジャカルタ）やゴジェック（Gojek：同）、インドのオラ（Ola）など、各地域で登場したライドシェアのスタートアップ企業が市場を席巻するに至っています。また、欧州ではダイムラー系のフリーナウ（FreeNow：旧mytaxi）に代表されるタクシー配車サービスが広く普及しています（図表3-14）。

スマホ活用によりタクシーを代替するサービスを実現したライドシェアに対して、路線バスを代替するサービスとして注目を集めているのがオンデマンド乗合バス（DRT）です（図表3-15）。路線バスのように事前に決まったルートを時刻表に従い規定料金で運行するのとは異なり、看板だけが置かれた簡易なバス停あるいはウェブサイトの地図上のみに表示される仮想的なバス停を使って、顧客の需要が見込まれるルートを自由に設定して運行するというサービスです。路線、料金、運行時刻が固定ではないことから需要の変化に柔軟に対応ができ、運用コストも大きく下げられるという特長があります。国内ではNTTドコモの〝AI運行バス〟、アイシンの〝チョイソコ〟、西鉄―三菱商事の〝のるーと〟、KDDI―Willerの〝mobi〟な

図表3-14：世界中で急拡大したライドシェア・タクシー配車

出典：筆者作成

どのサービスが提供されています。

スマホの普及は、路上や駐車場に駐車されたクルマを借りて利用するカーシェアリング、歩道などに設置された自転車を借りて利用するバイクシェアなどの新しいシェアリングビジネスを創出し、従来のレンタカー、レンタサイクルとは桁違いの勢いで普及する流れも作っています。

日本では駐車場に配置されたクルマを借りるカーシェアリングが一般的ですが、欧州では路上の駐車スペースを利用したカーシェアリングが市民権を得ています。前者のカーシェアリングはステーション型カーシェアリングと呼ばれており、借りた場所に返却することが義務付けられていいます。一方、後者のカーシェアリングはワンウェイ型（欧州ではフリー・フローティング〈Free-Floating〉型）と呼ばれており、借りた場所に返却する必要がなく、目的地に近いところで返却する

図表3-15：オンデマンド乗合バス（DRT）

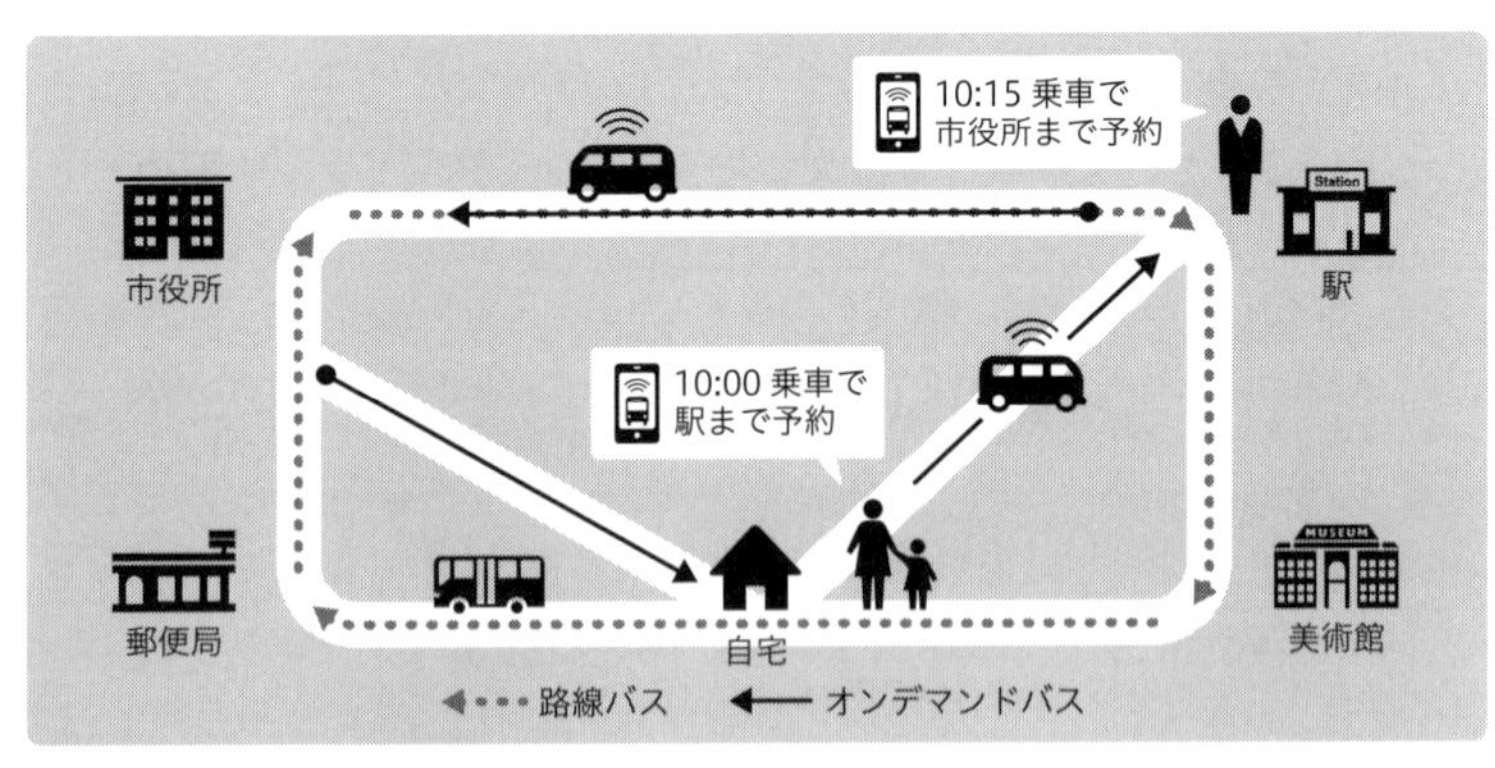

出典：KPMG「始まった地方交通革命」

ことができるため、駅から目的地までなど片道で利用できることが大きな特長です。

ワンウェイ型カーシェアリングの代表格は、ドイツのダイムラーが設立したcar2goです。その後、競合するＢＭＷがドライブナウ（Drive Now）という同様のサービスを開始し、２社が欧州における市場シェアを寡占していましたが、ダイムラーとＢＭＷがモビリティサービス事業を統合しシェアナウ（Share Now）というブランドに統一したことで、ほぼ独占に近い状態となっています。

新しいシェアリングビジネスにおいてこの数年で急拡大したのが、電動キックスクーターを貸し出す電動キックボードシェアリングです。その代表格が２０１７年にアメリカで創業したライム（Lime）とバード（Bird）です。両社はアメリカの主要都市だけでなく、欧州にも積極的に展開しています。アメリカに続いて欧州でも、スウェーデン発のVoi、ドイツ・ベルリン発のCircやTierなどが登場し、欧州各地でサービスを提供しています。

❷ 道路空間の取り合いという課題

ライドシェア、カーシェアリング、電動キックボードシェアリング、バイクシェア、ＤＲＴなどの新しいモビリティサービスは、路肩や歩道を利用してサービスを提供するため、事業者間や利用者間で路肩や歩道の取り合いを加速させます（図表3-16）。このことは、インフラとしての道路空間の利用に影響を与えます。

全米の多くの都市では、電動キックボードシェアリングが急速に普及した結果、歩道に電動キックボードがあふれかえる状況となり、現在では事業者に対する許認可、台数規制など都市ごとに独自の規制を導入しています。このように新しいモビリティサービスが普及していくと、空港や駅周辺、路肩などが交通の結節点となり、道路空間の利用のあり方が改めて問われるようになります。

図表3-17は、後述するグーグル系Coord社がまとめたものですが、道路空間のニーズが年々増えていることが分かります。新しいモビリティサービスだけでなく、電気自動車の充電スタンド、路上駐車スペースをつぶしてミニ公園を設置するパークレットなど、日本では珍しい用途が海外には存在しています。

道路空間の取り合いが発生している一方、積極的に道路空間の構造を見直すことで新しいモビリティサービスを積極的に活用する取り組みも行われています。ドイツのハンブルグ市では、鉄道駅にカーシェアリングやバイクシェアのステーションを設置し、複数の移動サービスを利用しやすい環境を整えています。利用者は専用アプリを通してカーシェアリング、自転車、タクシー配車を予約することができます。渋滞や環境汚染の要因となっているマイカー通勤を減らすことが目的です。

このように移動手段を切り替えるための場所は一般的に〝モビリティ・ハブ〟と呼ばれて

図表3-16：モビリティサービスの普及は路肩や歩道の取り合いを加速

出典：筆者作成

図表3-17：年々増加する道路空間の利用ニーズ

出典：（上）Coord社ウェブサイトより
（https://www.coord.com/blog/leveraging-coord-for-curb-space-and-its-discontents-research）
（右）Shared Spaces San Francisco
（https://sf.gov/sites/default/files/2021-11/Shared%20Spaces%20Manual%20-%20November%202021.pdf）

おり、都市の渋滞緩和や環境負荷低減の手段として注目され始めています。

新しいモビリティサービスの普及を想定し、道路空間の情報をデジタル化することで新しいビジネスを作り出そうとしている企業もあります。グーグルからスピンオフしたCoord社です。同社では、駐車禁止／荷卸専用／駐車可などに区分けされている路肩の情報をデータベース化し、その情報を活用したサービスモデルを構築しようとしています(1)。その一例として、路肩の荷卸しスペースの利用をスマホで予約することで運送事業者が違法駐車することなく荷卸しができるSmart Loading Zoneという実験導入が始まっています。ロボタクシーや自動運転シャトル、あるいは自動配送ロボットなどが普及するようになると、歩道や路肩の区分けやその情報がさらに重要性を増すことになることから、

図表3-18：マイカー利用を減らすためにモビリティサービスへの乗り換えステーションを積極的に設置しているドイツ・ハンブルグ

出典：筆者作成

Coord社のような道路空間の情報をデジタル化してサービス提供する企業の存在感はいっそう高まっていくものと思われます。

❸ 自動運転時代を見越した新しい動き

デジタル技術を活用することでリアルタイムの道路管理・交通管理を進めようとしている街もあります。アメリカ・ロサンゼルス市です。ロサンゼルスでは2017年頃から電動キックボードのシェアリングサービスが市内で提供されるようになり、無造作に歩道に放置されているキックボードや事故につながりかねない危険な走行を行うユーザーなどの問題に頭を悩ませるようになりました。一方、公共交通機関のネットワークが十分ではなく、クルマ移動が中心となっているロサンゼルスにとって、電動キックボードは安全性、環境負荷、利便性の観点から歓迎すべきというのが市の交通当局の至った結論でした。

そこでロサンゼルス市交通局（LADOT）では、電動キックボードのシェアリングサービスを提供する事業者に対して、サービス導入の許可を与える代わりにすべての電動キックボードの位置情報・車両情報をLADOTに対してリアルタイムに提供することを義務付けました。市内を走行するすべての車両情報や位置情報を当局がリアルタイムに把握することができれば、道路の使用規制や交通管理などをよりきめ細かく行えるようになります。リアルタイムに車両を把握するためには、事業者からデータを提供してもらう必要がありますが、そのデータの規格としてＭＤＳ（Mobility Data Specification）を定めました。

ＬＡＤＯＴでは、このＭＤＳを電動キックボードだけでなく、カーシェア、バイクシェアなどのさまざまなシェアリングサービスも対象にしていくとともに、将来的には自動運転車に適用しようと考えています。また、インフラ側である標識や路肩表示などのデジタル化も積極的に進めており、インフラと交通のすべてをデジタルで融合し、全体最適で管理できる仕組みを実現しようとしています（図表3-19）。

さらに、ＬＡＤＯＴでは市内で標準化を実現したＭＤＳを全世界の他都市に展開しようとしています。そのため、２０１９年6月にＯＭＦ（Open Mobility Foundation）という非営利コンソーシアムを設立し（図表3-20）、ＭＤＳの導入を積極的に進めようとする他都市や企業との連携を進めています。現時点でＯＭＦにはニューヨーク、シカゴ、サンフランシスコ、ワシントンＤＣ、シアトル、ボストン、デトロイトなどの全米都市に加えて、ベルゲン（ノルウェー）、オスロ（同）、ボゴタ（コロンビア）、ダブリン（アイルランド）、ケロウナ（カナダ）などの国外都市、フォード、Waymo（自動運転サービス）などのモビリティ関連企業が加盟しています。

新しいモビリティサービスの普及は路肩や歩道などの道路空間の奪い合いに発展し、電動キックボードシェアリングに至っては歩道を不法に占拠する事案が発生して社会問題となりました。一方、このような問題が発生したことでCoordやMDSのように道路空間やモビリティのリアルタイム情報を収集して問題の解決につなげる仕組みが生まれようとしています。アメリカでは自動運転技術を活用したロボタクシー（無人タクシー）や自動配送ロボットの実験導入が世界に先行して進んでいますが、これらの仕組みは、自動運転時代に不可欠な社会インフラになっていくものと思われます。

その意味で、ライドシェアは禁止、ワンウェイカーシェアは事実上導入不可（車庫法の規制による）、海外より4～5年遅れで電動キックボードシェアリングが解禁、という状況にある日本は、自動運転時代に不可欠な社会インフラの整備も遅れかねないと懸念されます。

図表3-19：自動運転車を管理するシステムの構築を目指しているLADOT

Develop an automated vehicle road network along transit and enhance vehicle networks.

出典：the City of Los Angeles（https://ladot.lacity.org/sites/default/files/documents/transportationtechnologystrategy_2016.pdf）

図表3-20：Open Mobility Foundationに加盟している主要都市や事業者

地方自治体、公共交通機関	企業
●アメリカ アトランタ地域委員会 ベイ・エリア大都市圏交通委員会 ボストン（マサチューセッツ州） ケンブリッジ（マサチューセッツ州） シカゴ（イリノイ州） コロンバス（オハイオ州） コントラコスタ公共交通機関管理所 デンバー（コロラド州） デンバー地方政府評議会 デトロイト（ミシガン州） ロング・ビーチ（カリフォルニア州） ロサンゼルス（カリフォルニア州） ルイスビル（ケンタッキー州） マイアミ（フロリダ州） マイアミ・デイド郡（フロリダ州） マイアミ駐車管理事務所 ミネアポリス（ミネソタ州） ニューヨーク市タクシー・リムジン委員会 ニューヨーク市（ニューヨーク州） オマハ市パーキング・アンド・モビリティ フィラデルフィア（ペンシルベニア州） ピッツバーグ（ペンシルベニア州） ポートランド（オレゴン州） ポートランド・メトロ プロビデンス（ロードアイランド州） サンディエゴ政府協会 サンフランシスコ（カリフォルニア州） サンノゼ（カリフォルニア州） サンタモニカ（カリフォルニア州） シアトル（ワシントン州） 南カリフォルニア政府協会 タンパ（フロリダ州） ワシントンDC ●アメリカ以外 ベルゲン（ノルウェー） ボゴタ（コロンビア） ダブリン（アイルランド） ケロウナ（ブリティッシュコロンビア州、カナダ） Open Mobility Data in the Nordics オスロ（ノルウェー） ウルム（ドイツ）	●プレミア・メンバー Blue Systems Ford Lacuna Populus Ride Report VADE ●アソシエイト・メンバー Automotus Kiwibot Passport Vianova Waymo

出典：Open Mobility Foundationウェブサイトの情報より筆者作成

4 革新的な都市のリ・デザインを提案したグーグル系サイドウォーク・ラボ

❶ ピープル・ファースト

都市をリ・デザインの観点で注目すべきなのが、グーグル系子会社のサイドウォーク・ラボ（Sidewalk Labs）が２０１９年６月にカナダ・トロント市に対して行った提案です。ＭＩＤＰと呼ばれる１５００ページを超えるマスタープラン（総合計画）では、道路や交通だけでなく、エネルギー、集合住宅、商業施設などあらゆる視点からの街づくり構想を提案しています。

サイドウォーク・ラボのマスタープランにおいても、これまでの自動車中心主義の街づくりを根本的に見直し、ピープル・ファースト（People First：歩行者中心主義）を基本哲学としています。また、彼らの街づくり構想では、歩道と車道の段差をなくし、その境目を柔軟に変更できる仕組みとすることで、平日昼間は車道に多くの空間を配分し、逆に、平日夜や週末は歩道に多くの空間を配分するといったことを提案しています。２０３５年頃には自動走行車がくまなく走行する時代となることを想定し、徐々に車道を減らしながら最終的には路面電車と自動走行車が同じ車線を共有していくビジョンを提示しています。自動走行やシェアリングが増えていくと駐車需要が減ると推測し、上層階から順番にオフィススペースに容易にリフォームすることができる斬新な立体駐車場のアイデアも披露しています。これらを含め、サイドウォーク・ラボによる斬新な構想が盛り込まれた街づくり構想に、多くの関係者が衝撃を受けています。

サイドウォーク・ラボが街づくり構想を提案したトロント市はカナダの東側に位置し、五大湖のひとつであるオンタリオ湖の湖畔にあります（図表3-21）。三大瀑布で有名なナイアガラの滝からも近いため、観光地としても有名な街です。サイドウォーク・ラボの構想に基づいて再開発を行う予定だった場所は、トロント市東部のオンタリオ湖畔にあるキーサイド／イースタン・ウォーターフロント（Quayside/eastern waterfront）というウォーターフロント地域（図表3-22左）であり、図表3-22右のように工場や倉庫跡地となっていた場所です。

サイドウォーク・ラボは2015年にグーグルの親会社であるアルファベットが設立した新会社で、都市生活の劇的な改善を目指し、都市計画、都市開発、デジタル技術などのバックグラウンドを持つ人材を世界中から集めて作られました。同社は湖畔エリアの再開発を行うウォーターフロント・トロント（Waterfront Toronto）という公社（カナダ政府、オンタリオ州政府、トロント市が運営）が2017年3月に行った公募（RFP）の結果、〝イノベーション並びに資金提供パートナー企業〟として選定され、その後、同年10月からウォー

図表3-21：トロント市の位置

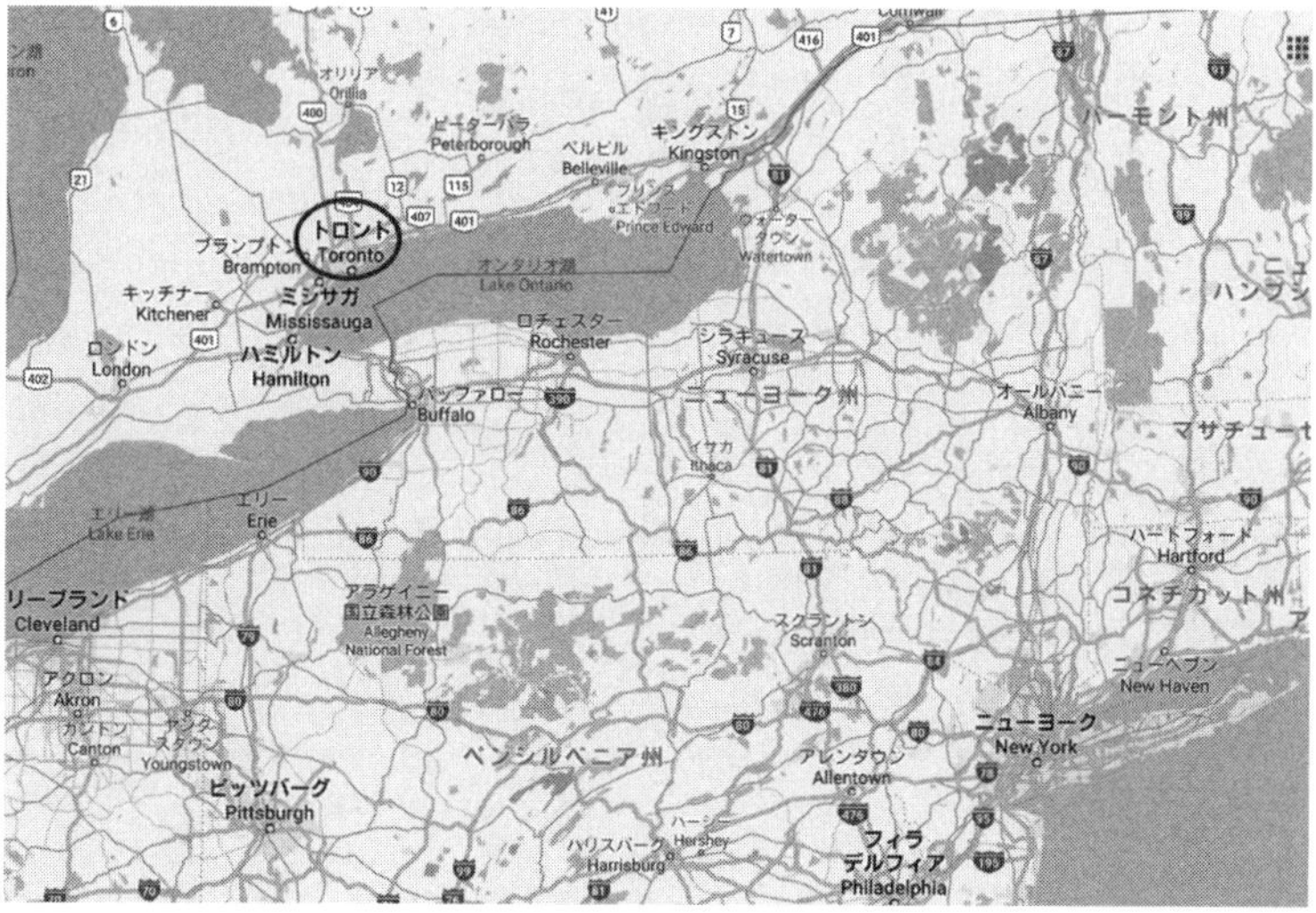

出典：Google Map

図表3-22：再開発予定地であるウォーターフロント地域（左）と現在の様子（右）

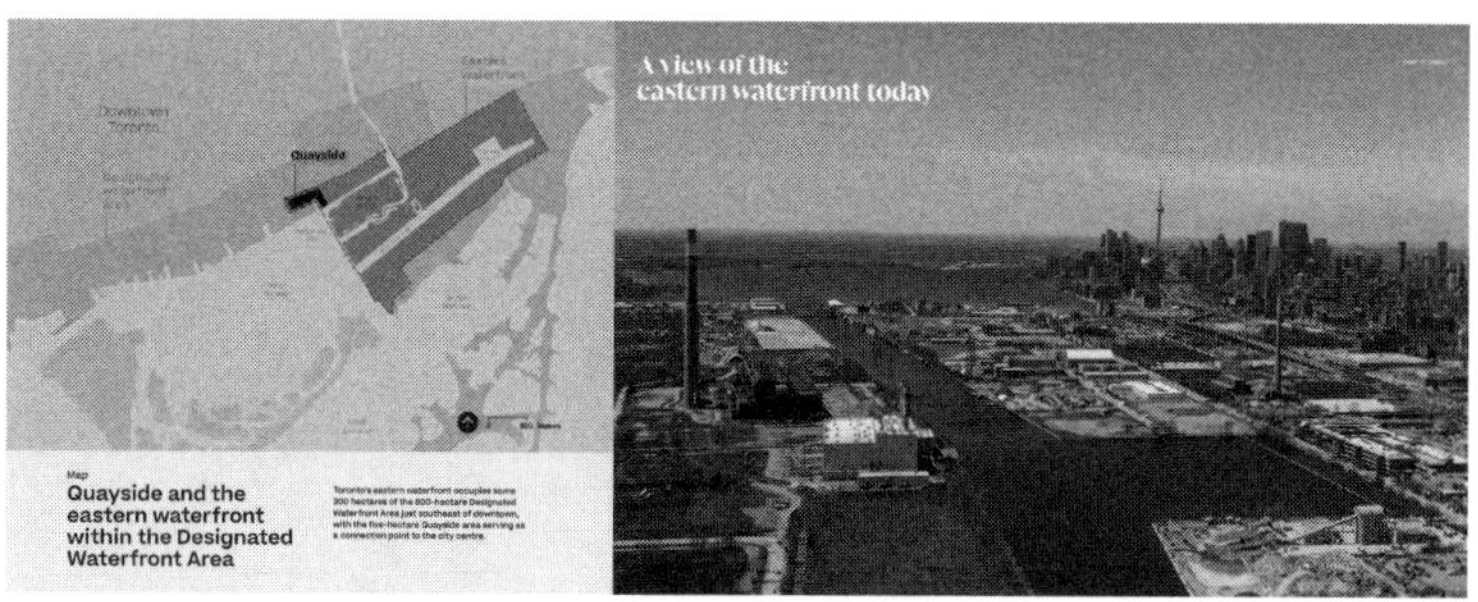

出典：Sidewalk Toronto MIDP (https://www.sidewalklabs.com/toronto)

ターフロント地域の街づくり構想に着手しています。同社はこのマスタープラン策定のために5000万ドル（約55億円、当時のレートで換算）の拠出を求められ、さらにマスタープランが一切実現しなかった場合でも返金する義務はないという条件を許諾しています。

実はグーグル系のサイドウォーク・ラボがパートナー企業に選定されたことには、もうひとつの背景があったといわれています。グーグルのカナダ本社を再開発エリアに移転させ、そこを新しいイノベーションキャンパスにする計画があったのです。同社は、現地採用も含めてこの地域に2500人の従業員を配置させることを計画していた、というのです。

トロントの街づくり構想を策定するにあたりサイドウォーク・ラボは、市役所において都市問題に関わっていた元公務員、魅力的かつ手頃な住宅地の開発に通じている都市開発・都市計画の専門家、都市問題に通じていてイノベーティブなマインドを持ち合わせている技術者など、異なるバックグラウンドを持つ人材によって構成された分野横断的なチームを組織しました。そして、このチームのメンバーの多くがニューヨーク市マンハッタンエリアの西側において行われたハイラインパーク（High Line Park）という再開発プロジェクトに関わっていたと解説しています。ハイラインパークは、長年使用されていなかった貨物線の高架の部分を活用し、そこを緑道にすることで市民の憩いの場へと転換させたプロジェクトで、現在はニューヨーク市の観光名所になっています。これまでは良くなかった西側地域のイメージ向上を実現し、そのことが地価上昇にもつながったということでも有名な取り組みです。

❷住民を巻き込む〝デザイン思考〟

サイドウォーク・ラボの取り組みで注目すべきなのは、マスタープランを策定するにあたって住民との対話を繰り返し行ってきたということです。図表3-23はマスタープラン公表までにサイドウォーク・ラボのチームが行ってきた主な活動記録ですが、住民との対話を行うラウンドテーブルを4回も開催しており、加えて住民の意見を聞きながら設計を考えるデザインセッションも行っています。

住民を巻き込みながら街全体のプランを策定していくという彼らの姿勢には、ソフトウェアやアプリの世界では一般的になっている〝デザイン思考〟の哲学が垣間見えます。デザイン思考とは、完璧なソフトウェアやアプリを作り込んでから市場に投入するのではなく、完成度を上げる前の段階（ベータ版）で早期に市場に投入し、ユーザーの反応を見ながら機能変更・機能追加をして完成度を高めていく設計手法のことを指します。ちなみに、ここで使われているデザインとは設計のことを意味します。このような設計手法を取ることで、市場に投入してみたけどあまり使われないといったユーザーニーズとのミスマッチを最小化することが可能となります。

デザイン思考を取り入れることで、住民は計画段階から街づくりに関与できるようになり

図表3-23：マスタープラン策定までに繰り返し行われた住民との対話

2017年11月	First Town Hall 市役所で行われた最初の説明会。530人が出席し、5,700人以上がリモート参加
2018年3月	First public roundtable **市民とのラウンドテーブル（対話）の第1回**　約800人が出席し、1,700人がリモート参加
2018年5月	Initial data framework and second public roundtable データ活用についての方針を提示するとともに**市民とのラウンドテーブル（対話）の第2回**を実施　約400人が出席し、1,300人がリモート参加
2018年8月	Third public roundtable **市民とのラウンドテーブル（対話）の第3回**　約460人が出席し、8,700人がリモート参加
2018年11月	First look at the plan 再開発計画の案を初めて公開
2018年12月	Fourth public roundtable 市民とのラウンドテーブル（対話）の第4回　約400人が出席し、3,400人がリモート参加
2019年6月	Draft MIDP release マスタープランMIDPを公表

出典：Sidewalk Toronto MIDP資料より筆者作成

ます。計画や構想の策定に関与した住民や入居企業がその場所に定着するようになれば、時間の経過とともに街を劣化させるのではなく、むしろ時代の流れに合わせて街を〝アップデート〟していくことが可能となります。サイドウォーク・ラボの狙いはそこにあったのではないかと思います。

❸ MIDP

■歩行者中心主義

ここからはマスタープランMIDPの中身に入っていきたいと思います。

前述の通り、基本哲学として〝歩行者中心主義（people first）〟が貫かれているということです。北米の都市の多くは、マイカーを所有する人々の自動車移動を前提とする街づくりが行われており、実際にトロント市内では約70％の世帯がマイカーを所有し、郊外も含めたトロント市圏では約84％の所有率になりますが、その結果として発生する渋滞による損失が毎年110億ドルに及んでいます。

そこでＭＩＤＰでは、できる限りマイカーへの依存を減らし、公共交通、自動走行車、ライドシェア、電動キックボード、自転車、徒歩での移動を中心とした街づくりを目指しています。象徴的なのが〝ピープル・ファースト・ストリート（people first street）〟です。歩行者中心主義の哲学については、ニューヨーク市のタイムズスクウェア、ベルギー・ブリュッセル市のアンスパック（Anspach）大通りの事例を紹介しましたが、ＭＩＤＰにも同じ哲学がしっかりと踏襲されています。

ＭＩＤＰでは「アダプティブ（Adaptive：適応性のある）」、「ダイナミック（Dynamic：動的な）」、「フレキシブル（Flexible：柔軟性のある）」というキーワードが頻出します。比較的柔軟に設計変更や仕様変更が可能であるソフトウェアやデジタルの世界に対し、インフラやハードウェアの世界は一度決めた仕様を簡単に変更できないという呪縛がありますが、サイドウォーク・ラボは、これからの時代は道路空間や建築物であっても容易に設計変更や仕様変更ができる可変性の高い仕組みをビルトインすべきであるという思想を持っています。

その思想が道路空間に適用された代表的なイメージが、図表3-24左です。ＭＩＤＰでは、車道と歩道の間の段差をなくし、完全にバリアフリーにすることを提案しています。そのうえで、車道と歩道を可変とし、朝夕の通勤・通学時には路上に駐車スポットや降車スポット

図表3-24：朝夕と日中で道路空間の配分を変える提案（左）、ビーコンを埋め込むことで段差のない歩道空間がわかるようにした提案（右）

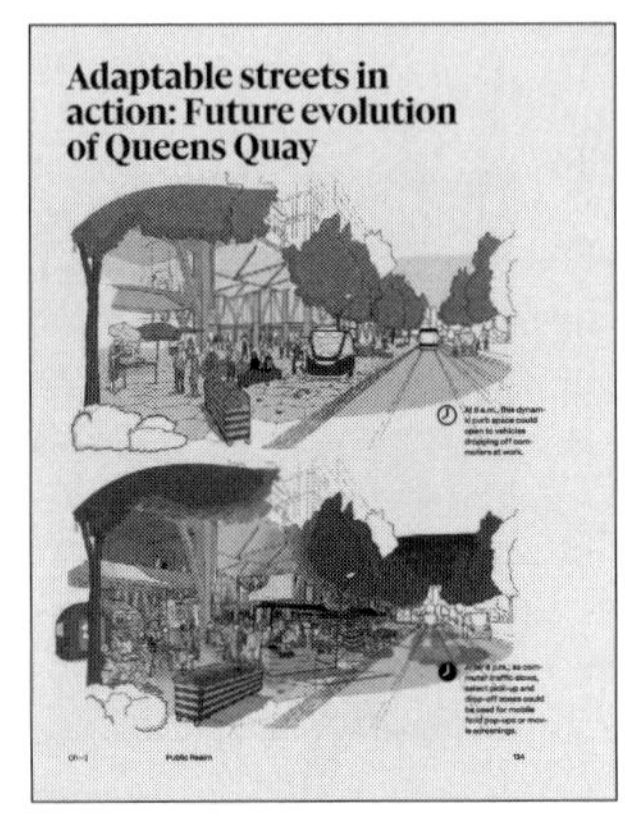

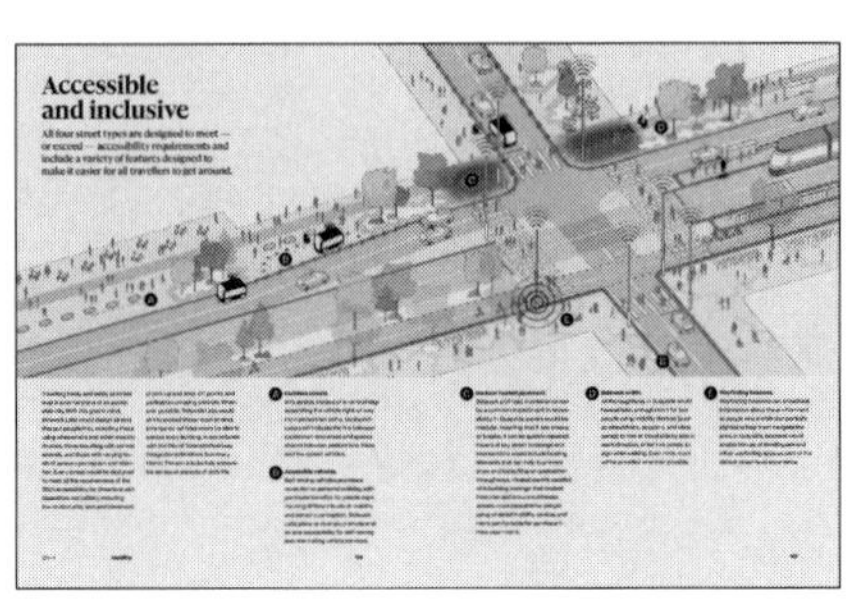

出典：Sidewalk Toronto MIDP（https://www.sidewalklabs.com/toronto）

を増やすことで乗降者をさばきやすくし、日中や週末には車道を減らして歩道空間を増やすことで、歩きやすい歩道やオープンカフェなどのスペースを確保するとしています。交差点にはスマホやブルートゥース（Bluetooth）機器と通信できる道案内ビーコンを埋め込むことで、視覚障がい者や観光客などが迷わずに移動できるような工夫も提案されています（図表3-24右）。

このように、道路空間の配分を時間帯や平日・週末などに応じて柔軟に変えられるようになれば、限られた空間を最適に利用することが容易になります。例えば、街全体でフェスティバルのようなイベントがある場合は車道を全廃して歩道のみにすることができますし、災害時に多くの車両を通過させる必要がある場合は歩道を極力減らして車道に割り当てることが可能です。

信号制御にもアダプティブな思想を盛り込む

ことで、身体障がい者が道路を横断する際の横断にかかる時間を想定して歩行者用信号の点灯時間を長くする、路面電車が遅延しているときは信号で停車を少なくするためにできる限り青信号を増やす、といったことも提案されています。

路肩の駐車スペースについては〝モビリティ・マネジメント・システム〟という市内の交通全体を制御するシステムによって管理され、交通量や駐車需要に応じて「駐車禁止」「停車のみ」「荷卸のみ」「駐車可」などの区分を柔軟に変更できるようにし、駐車料金についても季節や時間帯によって自由に変動させるダイナミック料金制度を採用するとしています（図表3-25）。

■自動運転時代も見据える

自動運転については、同じくグーグル系のウェイモ（Waymo）が他社に先行していることもあり、２０３５年頃には自動走行車が広く普及しているという前提をもとに構想を描いています。

例えば図表3-26では、自動走行車の性能が上がることでＬＲＴ（ライトレール・トランジット）と乗用車を別の車線に分類する必要がなくなり、ＬＲＴと自動走行車が同じ車線を共有して走行できるようになると述べています。また、①駐車の必要がないため目的地付近の路肩で乗降することができる、②安全な走行が担保されるため、信号の数を減らしたとし

図表3-25：車道と歩道を可変にすることで限られた道路空間を有効利用する構想

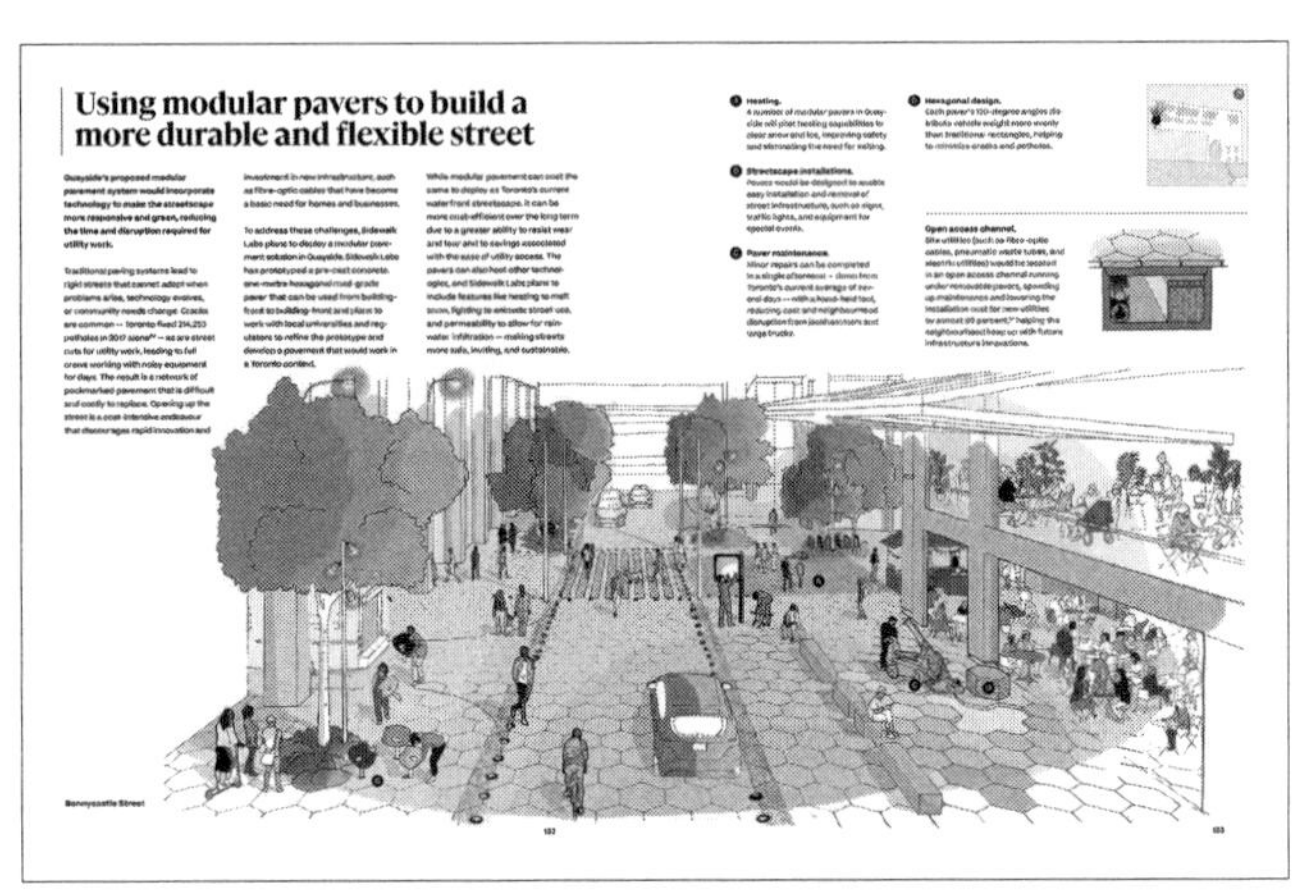

出典：Sidewalk Toronto MIDP（https://www.sidewalklabs.com/toronto）

てもこれまで以上に安全で短時間での移動が担保できる、③歩行者への接触事故のリスクが低いため、歩行者用の広場を増やし、その中を自動走行車が安全に通過できるようになる――といった未来像を提示しています。

図表3-27では、このような自動走行車がもたらす街の将来像に加えて、自動配送ロボットが行き交う専用トンネルの様子も描かれています。

極めつけは自動運転時代を見据えた新しい立体駐車場の提案です。自動走行車が一般的になると、もはやクルマを所有するという概念がほとんどなくなり、立体駐車場の役目はなくなっていくだろうと主張しています。そこで、再開発地域に新たに建設する立体駐車場は、予めオフィスビルに転換できるような構造にしておくべきというのが図表3-28の提案です。カーシェアや自動走行車が普及し、駐車場のニーズ

図表3-26：自動走行車が一般的なった2035年時点の街のイメージ

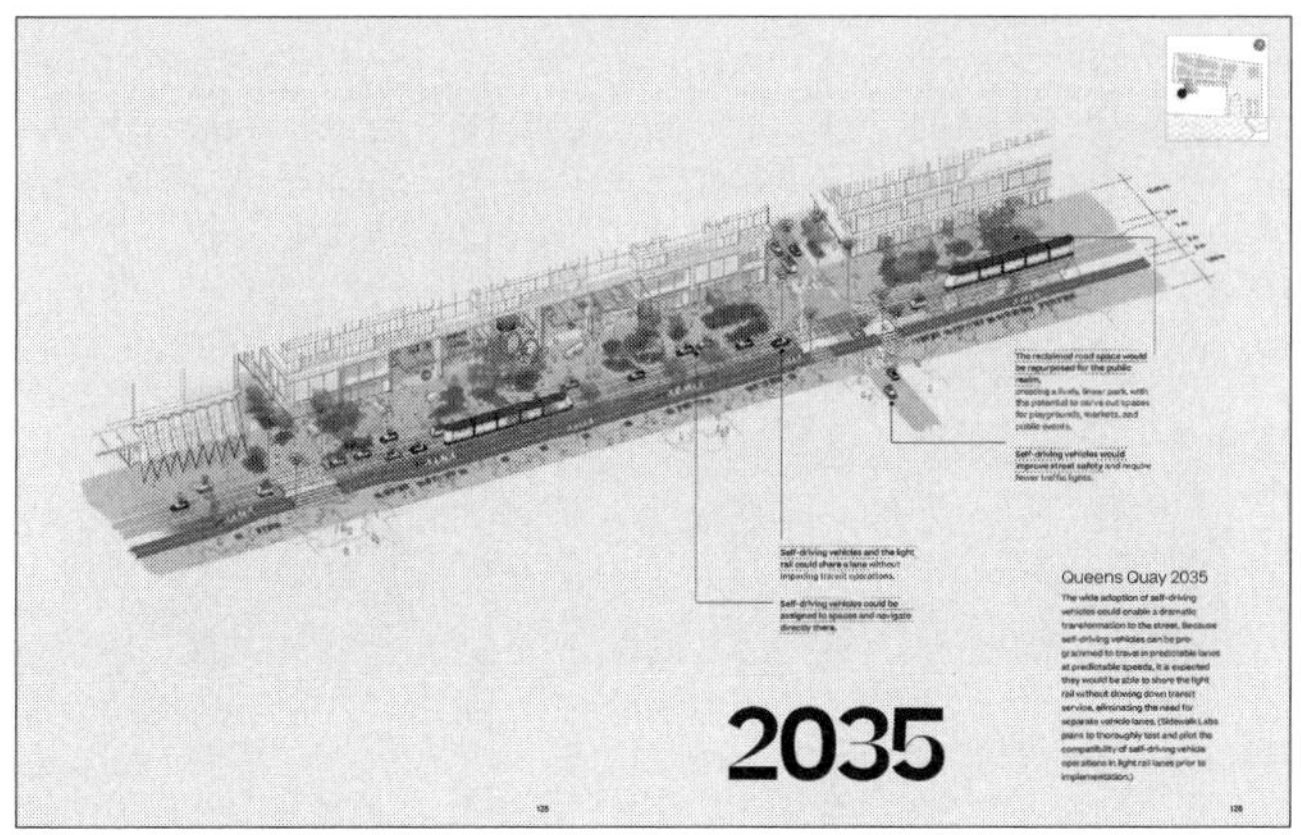

出典：Sidewalk Toronto MIDP（https://www.sidewalklabs.com/toronto）

図表3-27：自動走行車、自動宅配ロボットなどが縦横無尽に走行する街

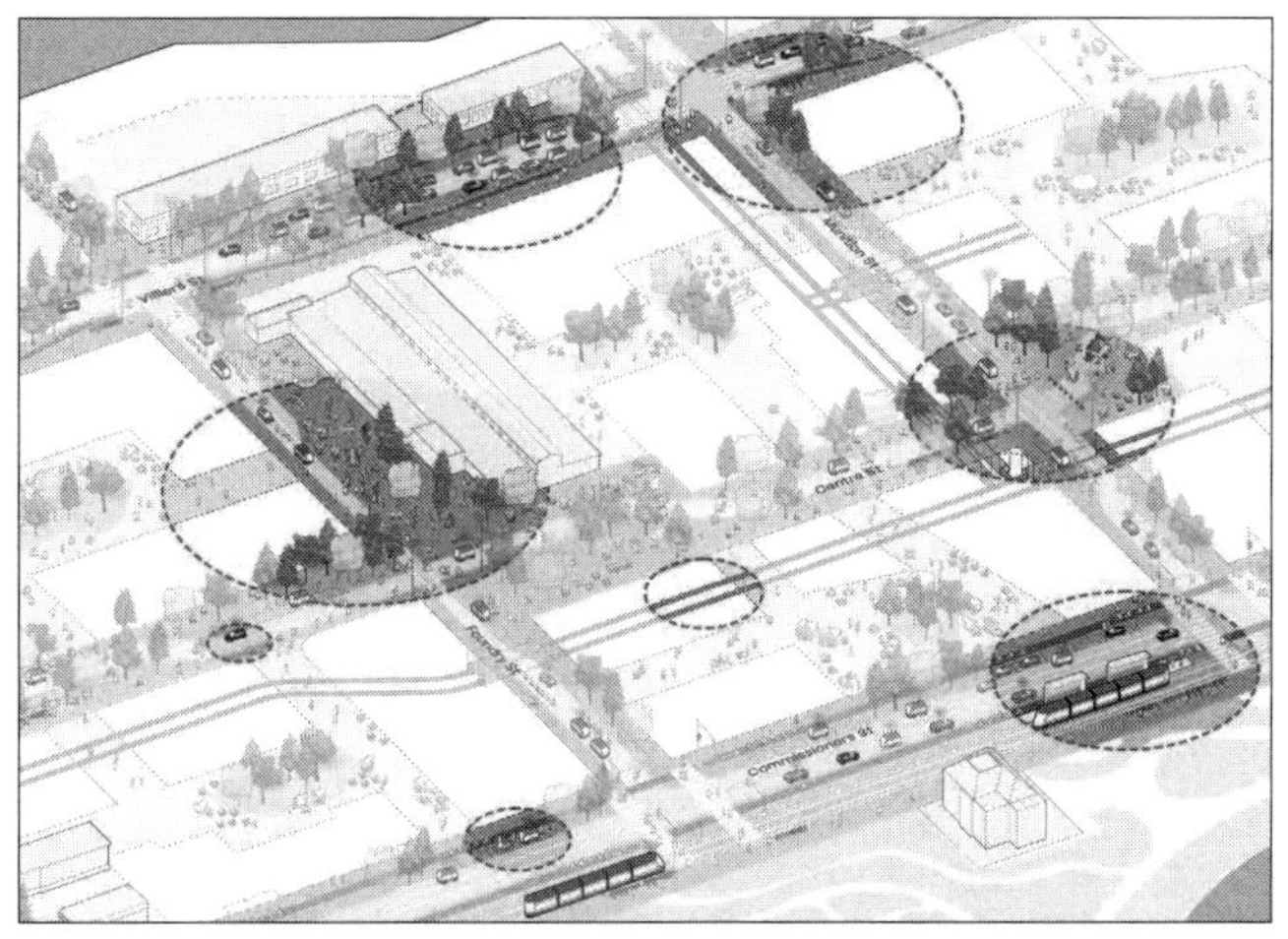

出典：Sidewalk Toronto MIDP（https://www.sidewalklabs.com/toronto）

が減っていくにつれて、上層階から順番に駐車場からオフィス空間へと容易にリフォームしていき、最終的にはビル全体がオフィスビルになるというものです。

サイドウォーク・ラボ及びMIDPに驚かされるのは、彼らがモビリティや移動という特定のニーズだけでなく、道路空間や街づくりをあらゆる断面から捉えて提案しているということです。図表3-29は、①道路、②公共交通、③徒歩、④路上照明、⑤車両交通、⑥自転車、⑦道路舗装、⑧街路樹整備、⑨身体障がい者対応、⑩物流、⑪熱グリッド、⑫次世代電力網、⑬快適な街歩きのための設備、⑭豪雨対応、⑮ゴミ回収システム、⑯通信ネットワーク——という16もの観点から見たインフラや道路空間のあり方について提案したものです。

サイドウォーク・ラボが街づくりを主体的に行う前提となっているは、ウォーターフロントエリアの一部であるキーサイド地域ですが、キーサイドから橋を渡ったところにあるヴィラーズ・ウエスト（Villers West）地域にはグーグルのカナダ本社が移転し、現地採用も含めて2500人の従業員を配置させる計画となっていました。そして、カナダ本社の建設と合わせて行われる予定だったのが〝アーバン・イノベーション・インスティテュート（Urban Innovation Institute）〟という都市開発イノベーションに取り組む研究所の設立です。非営利組織として設立されるこの研究所では、アカデミア、産業界、スタートアップ、役所など異なる領域から、都市問題の解決や都市のイノベーションに取り組む意欲のある人材が集結し、さまざまな都市の問題に取り組んでいくと述べられています。サイドウォーク・ラボの提案

図表3-28：自動運転時代を見据えた新しい立体駐車場の提案

出典：Sidewalk Toronto MIDP (https://www.sidewalklabs.com/toronto)

図表3-29：公共空間の持つあらゆる機能について提案

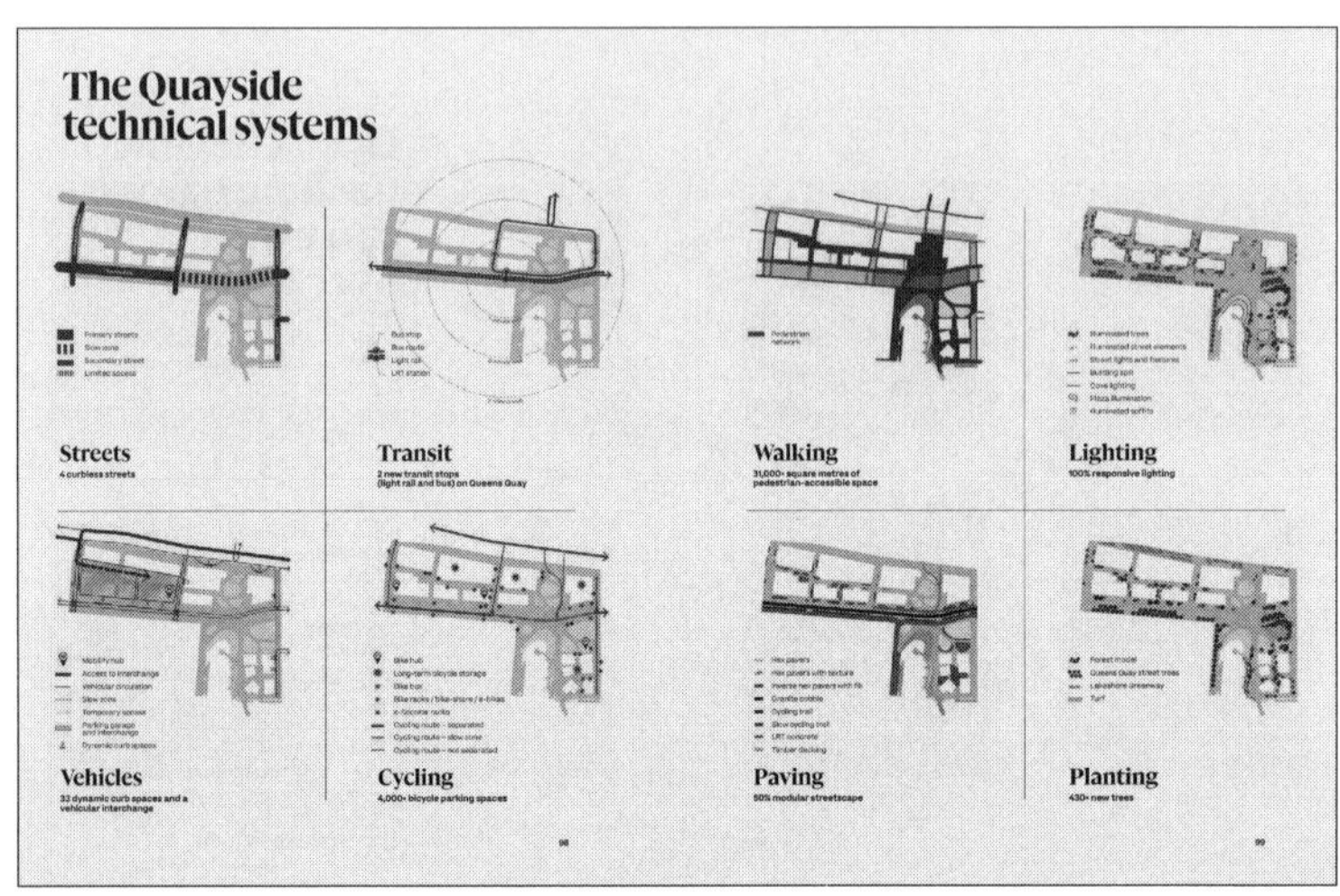

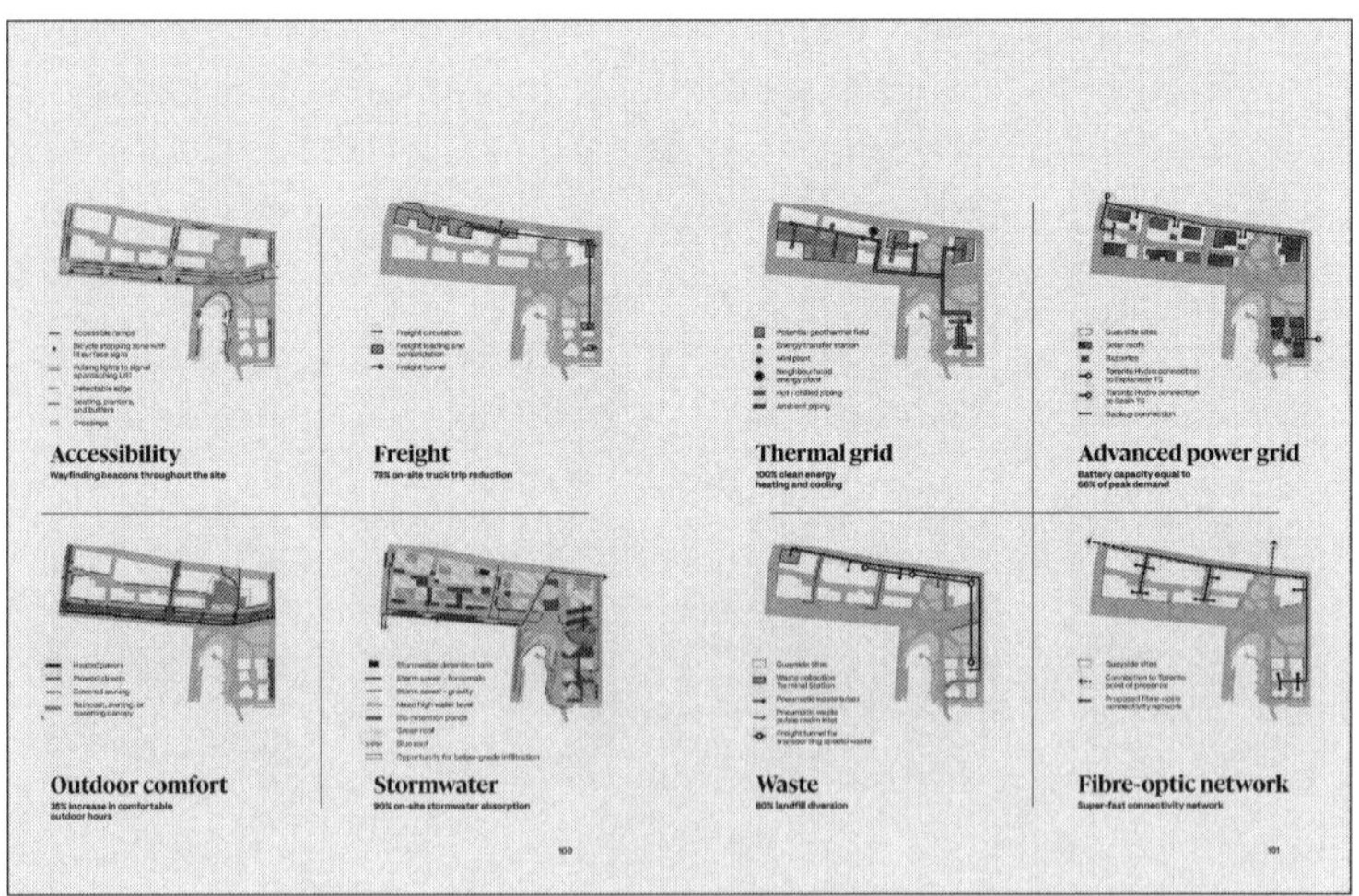

出典：Sidewalk Toronto MIDP（https://www.sidewalklabs.com/toronto）

がトロントで実装されていれば、そのこと自体が革新的な都市イノベーションの先行事例となっていたでしょう。加えて、このような研究所が設立されていたら、トロント自体が都市イノベーション分野におけるシリコンバレーのような存在になっていたに違いありません。

■人生のステージに合わせて住み替えられる住居オプション

サイドウォーク・ラボでは、人生のステージに合わせて住み替えられるさまざまな住居オプションも提示しています。

図表3-30では、大学を卒業したばかりの男性が、独身→結婚→子育て→定年、と人生のステージが変わるたびに住み替えていく事例を紹介しています。大学卒業後はワンルームの賃貸に住み始め、結婚後は住居費を抑えるために賃貸と所有を組み合わせた持ち分シェア(Shared Equity)形式(80%賃貸、20%所有)でワンベッドルームの部屋に住み、ある程度貯蓄ができたタイミングでコンドミニアムタイプの広い住居に住み替えるというのが、ここで示されているパターンです。また、子どもが独立した定年後には、2ベッドルームの部屋に住み替え、一部の部屋をコ・リビング(co-living:外部の人と共有で使う)スペースとして使うことが提案されています。

これまでは人生のステージに合わせて、独身寮・ワンルームマンション→家族用マンション→郊外の一軒家、といった具合に、場所を変えながら住居を住み替えていくことが一般

図表3-30：人生のステージに合わせて住み替えられる住居オプション

Creating housing options across a lifetime

Housing options should be as dynamic and adaptable as the families that live in them. Quayside's wide range of options are designed to meet the needs of residents as they evolve across a lifetime.

Quayside's housing program promises to do more than attract and support a range of people from across the socio-economic spectrum — it also recognizes that, across a lifetime, housing needs, budgets, and aspirations change.

Part of creating a complete community is ensuring that residents can find a comfortable home no matter their stage of life. Whether residents are recent college graduates, newlywed couples, young parents, empty nesters, or on another life path entirely, Quayside can support their journey with housing that is appropriate and affordable.

These pages tell one hypothetical story for how a resident might grow within Quayside, across the neighbourhood's full spectrum of types and tenures.

Jaime moves to Quayside after college.
After taking a new job, Jaime searches for an apartment close to the office, a network of friends, and the amenities and convenience of downtown. The catch? Budget. A sleek ultra-efficient studio in Quayside — renting for less than other downtown studios — is a perfect fit. In addition to the affordable cost, the apartment features space-saving furniture and energy-efficient ventilation systems designed to improve interior comfort.

Jaime gets married.
Jaime falls in love at a dog park in Quayside. The couple decides to move in together, but even with two incomes they cannot afford to buy a condo. Instead, they put their savings towards a small down payment for a shared equity unit. The total monthly cost — 25 percent in mortgage, 75 percent in rent — is in line with similar one-bedroom rental units but allows them to build equity on the portion they own. The well-designed space offers exposed wood and off-site storage for their combined possessions.

Ch–1 The Quayside Plan 192 193

Creating housing options across a lifetime

The family has kids.
By the time Jaime's family welcomes its second child, they have enough savings to explore condo options. With the appreciation from reselling their shared equity unit, they put a down payment on a two-bedroom condo. The family enjoys Quayside's expanded set of parks, plazas, and public spaces — comfortable year-round thanks to weather-mitigation systems. A few years later, after a next-door neighbour moves out, they are able to expand their unit by removing one of the building's flexible interior walls.

The couple ages in place.
In their later years, as empty nesters, the couple downsizes to a two-bedroom unit within a co-living community with shared building spaces that include guest bedrooms for visiting family, as well as other supports for seniors, such as good access to health programs on the ground floor.

Ch–1 The Quayside Plan 194 195

出典：Sidewalk Toronto MIDP (https://www.sidewalklabs.com/toronto)

的でしたが、住居を住み替えていくことで同じエリアに住み続けられるという考え方は、これまでの住宅地開発のあり方に対して一石を投じる概念だと思います。

■ビッグデータを活用したスケジューラー機能

サイドウォーク・ラボの提案の肝といえるのが〝スケジューラー〟機能です。図表3-31に描かれているのは、ビル内の家庭や事務所のスケジュールを〝スケジューラー〟が束ねることで、エネルギー需要、気候、地域全体のエネルギー需給状況などを加味し、リアルタイムでエネルギー需給を管理する仕組みです。

同様に、移動の分野でも、〝モビリティ・マネジメント・システム〟がユーザーの移動情報を収集し、移動需要の多い通勤時間帯には、①路肩スペースを増やす、②駐車料金を高くする、③公共交通機関の料金を下げる――といった具合に、リアルタイムで交通量制御を行う仕組みが提案されています。

これらのリアルタイム管理に欠かせないのが、個人や企業から提供されるビッグデータです。サイドウォーク・ラボでは、グーグル系の会社が住民のデータを直接収集することに対する反発を想定し、住民や企業から収集するデータはサイドウォーク・ラボではなく、アーバン・データ・トラスト（Urban Data Trust）という第三者機関が扱うことにしていました。しかし、アーバン・データ・トラストを設立したとしても、最終的にはグーグル系のサイド

図表3-31：リアルタイムで最適なエネルギー管理を実現するために欠かせない“スケジューラー”

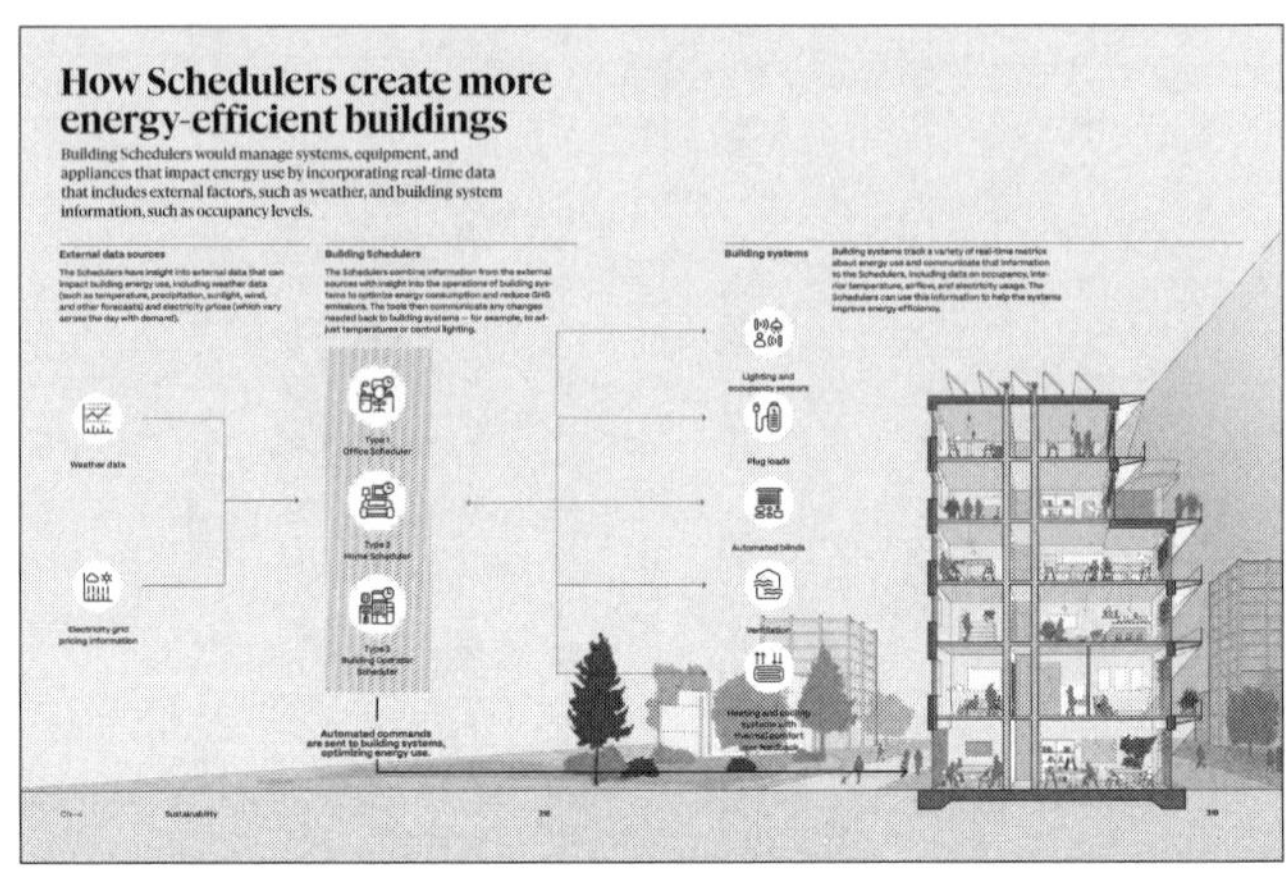

出典：Sidewalk Toronto MIDP（https://www.sidewalklabs.com/toronto）

ウォーク・ラボが住民データを収集するのではないかという批判はありました。

ＭＩＤＰでは、マスタープランが実現した際の経済や雇用へのインパクトも試算していました。経済効果としては、革新的ではない通常の再開発を行った場合と比較して７倍の経済成長をもたらし、２０４０年時点で１４２億カナダドル（約１兆１５００億円）の経済規模を実現できると述べていました。また、製材工場の設置などを含めて２０４０年までに９万３０００人に相当する雇用創出をもたらし、CO_2は89％の排出削減、非自動車移動は77％まで増加、都市イノベーションに関する雇用は１万５００人分創出すると試算しています。

このように革新的な都市のリ・デザインを提案したサイドウォーク・ラボですが、２０２０年５月７日にトロントのプロジェクトからの撤退を発表します。その理由として、新型コロナウイルスの感染拡大に起因する「世界全体において高まった経済不確実性とトロントの不動産市場の変動」と述べていますが、グーグル系企業が街づくりに関わることによって個人情報の扱いなどについて不安を訴えていた地元との間で折り合いがつかないなか、撤退の機会を探っていた可能性もあります。マスタープランが実現に至らなかったことは非常に残念ですが、彼らが行った革新的な都市のリ・デザインの提案は世界に大きなインパクトを与えたことは間違いなく、今後の都市のあり方に影響を及ぼすものと思われます。

5 日本における都市のリ・デザインの活動と今後の展望

❶ トヨタの未来都市「ウーブン・シティ」

このような世界の動きに対して、日本の現状はどうなっているのでしょうか。

国内における都市のリ・デザインの代表格が、トヨタ自動車が静岡県裾野市の工場跡地に建設中のウーブン・シティ（Woven City）です。ここでは道路空間を車道、低速専用道、歩道の3つに分類し、高速で移動する自動車が歩行者や低速のパーソナルモビリティと接触しないような工夫を施すことを計画しています（図表3-32、3-33）。

特に注目すべきが、低速専用道です。日本ではセグウェイや電動キックボードなどのパーソナルモビリティに対して冷ややかな扱いが続いてきました。特に、セグウェイやトヨタ自動車のウィングレット（Winglet）のような「搭乗型移動支援ロボット」（図表3-34）については、監視員が置かれた区域を設定し、時速10キロメートル未満で歩道走行する場合のみ公道走行が認められるという条件になっています。また、電動キックボードについても、当初は原付バイクと同様の扱いからスタートしました。その後、複数の規制緩和が行われ、2024年中にはヘルメットなしで公道走行が可能となる予定です。

そのため、新たにパーソナルモビリティが走行しやすい道路空間を整備するウーブン・シティの提案は、新しいモビリティへの機会提供＋交通安全確保、の両面からみて適切なものと思います。

〈電動キックボードの公道走行を巡る扱いの変遷〉
■原付バイクと同様の扱いとし、ヘルメット着用などを義務化（〜2021年3月）
■最高時速15キロメートル、決められた区域の車道・自転車道という条件を満たせばヘル

図表3-32：ウーブン・シティ（Woven City）の主な構想と3つに分類された道路

Woven Cityの主な構想

街を通る道を3つに分類し、それらの道が網の目のように織り込まれた街を作ります。

①スピードが速い車両専用の道として、「e-Palette」など、完全自動運転かつゼロエミッションのモビリティのみが走行する道
②歩行者とスピードが遅いパーソナルモビリティが共存するプロムナードのような道
③歩行者専用の公園内歩道のような道
〈後略〉

出典：トヨタ自動車ウェブサイト
（https://global.toyota/jp/newsroom/corporate/31170943.html）

図表3-33：ウーブン・シティ（Woven City）における歩道のイメージ

出典：トヨタ自動車ウェブサイト
（https://global.toyota/jp/newsroom/corporate/31170943.html）

図表3-34：搭乗型移動支援ロボット「ウィングレット」の走行実験

提供：アフロ

メットなしで走行可能とする（2021年4月～）
■最高時速20キロメートル、16歳以上であれば免許不要かつヘルメットなしで公道走行可能（2024年頃～）

一方で残念なのは、ウーブン・シティがあくまでトヨタ自動車という企業の「実証実験の街」であるということです。海外の主要都市では、先行して導入した事例が成功した暁には同じ都市の別地域や他都市へと展開されることが少なからずあります。しかし、ウーブン・シティについては新たに導入される道路空間のコンセプトが他の都市で展開される予定にはなっていません。

❷ 国土交通省の「ほこみち」

それでは、ニューヨーク市やブリュッセルに代表される歩行者中心主義のリ・デザインについてはどうでしょうか。日本での代表的な取り組みといえるのは、国土交通省が進めている「歩行者利便増進道路（通称：ほこみち）」です。国交省のウェブサイトでは、歩行者利便増進道路という制度を創設した理由について、次のように書かれています。

> 「道路空間を街の活性化に活用したい」「歩道にカフェやベンチを置いてゆっくり滞在できる空間にしたい」など、道路への新しいニーズが高まっています。
> このような道路空間の構築を行いやすくするため、第201回国会において道路法等を改正し、新たに「歩行者利便増進道路」（通称：ほこみち）制度を創設しました。

図表3‐35にあるように、歩行者利便増進道路を活用すると、車道を減らし、自転車道の新設、街路樹の植樹、広場を含めた歩道の拡張などが可能となります。国交省のウェブサイトによると、2022年4月4日時点で歩行者利便増進道路に指定された箇所は計70路線、22自治体となっています(2)。

図表3-35：国土交通省が推進する歩行者利便推進道路

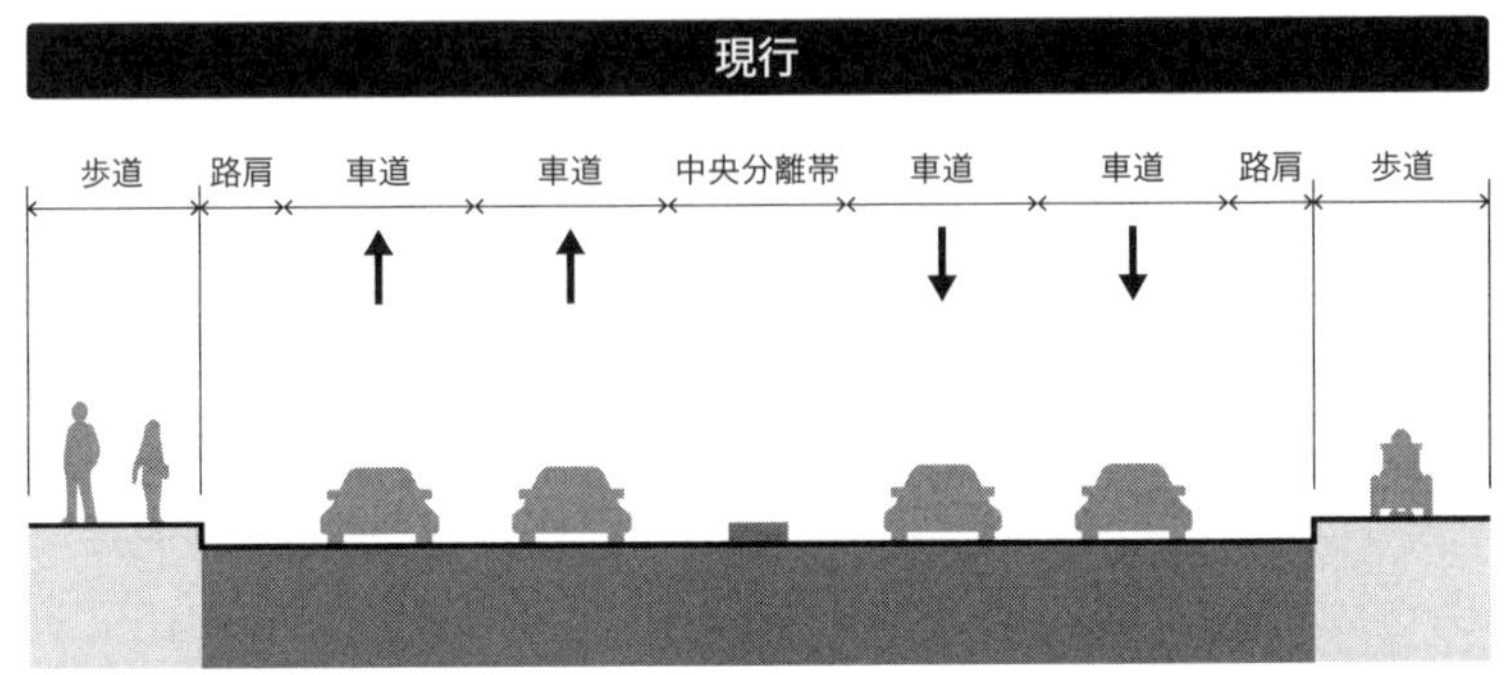

車道を 4 車線から 2 車線に
減らし、歩道を拡幅

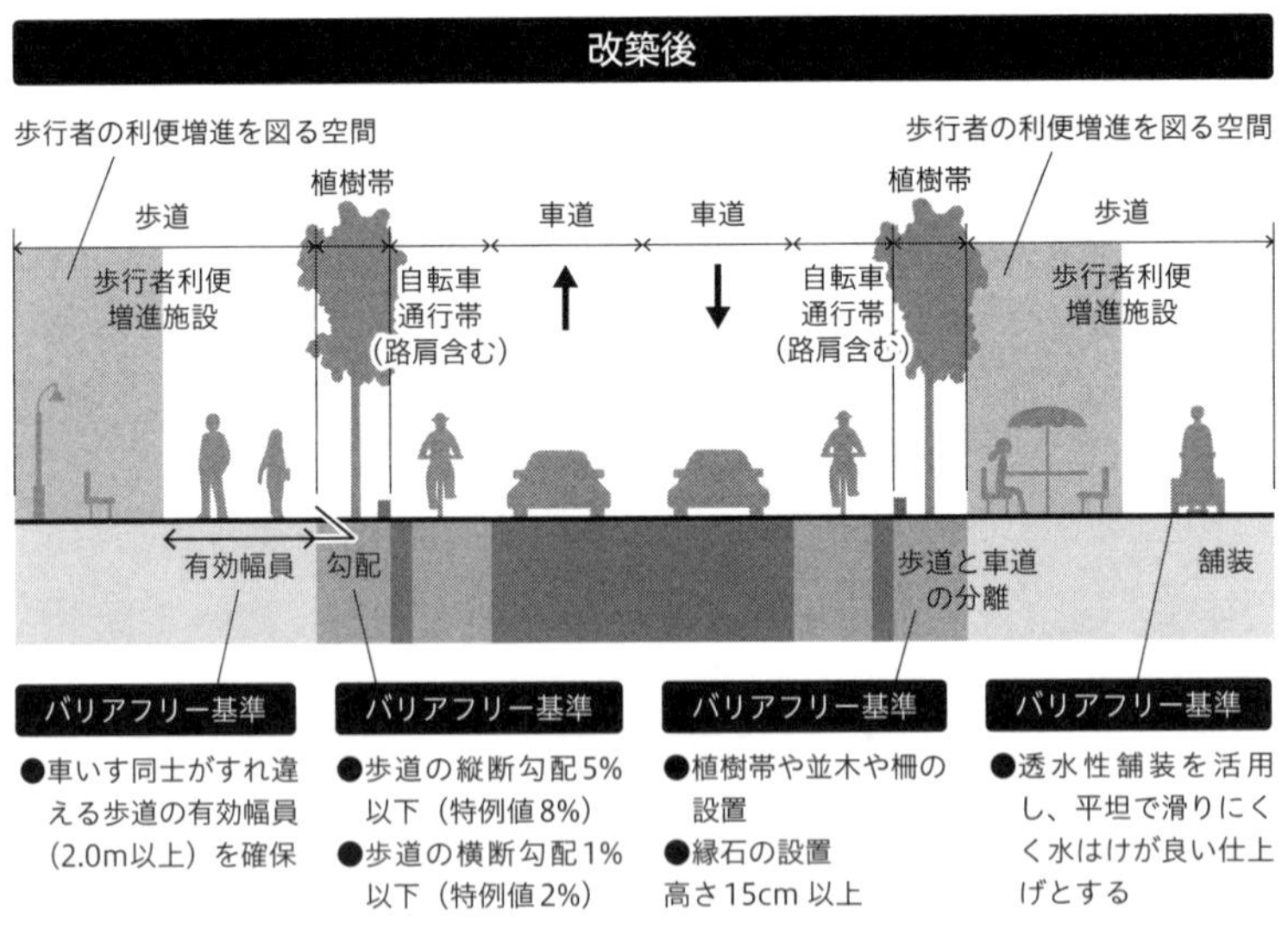

出典：国土交通省ウェブサイト（https://www.mlit.go.jp/road/hokomichi/#hp）

❸ 進まぬ日本のリ・デザイン

欧米ではライドシェア、カーシェアリング、電動キックボードシェアリング、バイクシェア、オンデマンド乗合バス（DRT）などの新しいモビリティサービスが急速に普及し、それに伴って、道路空間や路肩のリ・デザインを進める機運が高まってきたことを紹介しました。それでは、日本における新しいモビリティサービスの普及状況はどうなっているでしょうか。

まずライドシェアですが、日本では道路交通法の規制によりアメリカや中国などで展開されているライドシェアは「白タク」として扱われ、サービス提供することができません。欧州で広く展開されているワンウェイ型カーシェアリングですが、日本では路上の駐車スペースをカーシェアの拠点として利用することは一部の特殊事例を除き基本的に認められておらず、仮に認められたとしても貸出スポットと返却スポットの両方をあらかじめ確保していく必要があることから、サービスとして成立しません。パリやロンドンなどでは電気自動車用充電器が備わった路上駐車スペースを見かけることがありますが、日本では、本書執筆時点で横浜市において路肩の急速充電スタンドが1か所整備されているのみであり、充電器が備わった路上駐車スペースはひとつも存在していません。電動キックボードシェアリングについては前述の通り、規制緩和が進められつつありますが、規模的には欧米と比べてはるかに小さい状況です。その一方、バイクシェアやＤＲＴは徐々に広がりつつあります（図表3-36）。

このように新しいモビリティサービスの普及が欧米と比べて遅れていることから、日本では路肩や歩道の奪い合いのようなことはあまり起きていません。そのため、新しいモビリティサービスを受け入れるためのリ・デザインやその検討も欧米ほどは進んでいないといえます。

世界では脱炭素・ゼロカーボンへの取り組みが急加速し、欧州や中国を中心に電気自動車へのシフトが急速に進んでいます。ロシアによるウクライナ侵攻が引き金となったエネルギー情勢の急速な変化に対応するため、再生可能エネルギーへのシフトや原子力発電の見直しなどエネルギーミックスの再検討も行われ始めていま

図表3-36：日本における新しいモビリティサービスの普及状況

サービス	状況
ライドシェア	道路交通法の規制により基本的に禁止 （交通空白地域などで限定的に許可）
カーシェアリング	路上で借りるワンウェイ型カーシェアリングは 規制や事業性の観点からサービス提供されていない
電動キックボードシェアリング	現状は期間と地域限定で提供。2024年頃からは 全国展開可能となる見通し
バイクシェア	大都市部を中心に複数事業者がサービス提供
オンデマンド乗合バス（DRT）	地方都市を中心に複数事業者がサービス提供
EV充電器付き路上駐車スペース	提供されていない

出典：著者作成

す。また、新型コロナウイルスの感染が徐々に収束し始めていることから、ブリュッセルやサンフランシスコなどロックダウンに合わせてさまざまなトライアルを行った主要都市は、アフター・コロナを見据えて本格的に都市のリ・デザインに挑戦していくものと思われます。

一方、今の日本では、電気自動車へのシフト、エネルギーミックスの再検討、都市のリ・デザインについて目立った取り組みは行われていません。本章で取り上げたように、都市のリ・デザインは渋滞解消、都心回帰、環境汚染防止、CO_2削減といった社会課題の解決だけでなく、モビリティサービスの普及、デジタル基盤の整備、新規ビジネスの振興といった産業振興の側面があります。そのため、目立った動きがないままでは、産業振興の観点で海外と差をつけられてしまうことが懸念されます。

また、北海道から沖縄まで気候に大きな違いがあり地形や交通事情の違いも千差万別である日本において、都市ごとに特色のあるリ・デザインを進めていけば、それぞれの都市から新たなサービスやソリューションを生み出せる可能性があります。海外の事例を参考に、国内でも取り組みが加速していくことを期待しています。

注

1　参考：https://www.curblr.org/

2　参考：https://www.mlit.go.jp/road/hokomichi/pdf/ichiran.pdf/

4

カーボンニュートラルとお金とライフスタイル

MOBILITY
Re-DESIGN
2040

1 カーボンニュートラルに向けた新しい動き

❶ カーボンニュートラル

2020年10月に当時の菅義偉内閣総理大臣が所信表明演説において「2050年カーボンニュートラル（ネットゼロ）」を宣言したことは、まだ我々の記憶に新しいところです。「我が国は、2050年までに、温室効果ガスの排出を全体としてゼロにする、すなわち2050年カーボンニュートラル、脱炭素社会の実現を目指すことを、ここに宣言いたします[1]」として、グリーンな社会の実現に向けた決意を高らかに表明しました。

その後、アメリカのジョー・バイデン大統領が主催した気候サミット（2021年4月）において、菅総理は2050年カーボンニュートラルまでの中間目標として、温室効果ガス排出量を2030年に2013年度比46％削減すること、さらに、50％の高みに向けて挑戦を続けていくことを表明しました。

カーボンニュートラルに向けた低炭素・脱炭素社会の形成には、例えば、産業界におけるイノベーションによる主要産業のパラダイムシフト、同一企業グループ内における事業ポートフォリオの構築など、大きな転換を伴うことになります。そして、それは市民一人ひとりの生活に浸透し、そのライフスタイルまで変えていくことで可能となります。

反対側から見れば、一人ひとりの生活様式や消費行動が変わらなければ、低炭素・脱炭素社会の実現は遠のいてしまうということになります。

そして、産業界と個々人を変えるためには、政府の大きな政策が必要となります。つまり、政府・産業界・個人の三位一体となった有機的な連動が低炭素・脱炭素社会の実現に不可欠であり、これが達成されてはじめて、政府が標榜する「経済と環境の好循環」というゴールに辿り着くことができると考えられます。

❷ 炭素排出量

炭素排出量を削減しないとカーボンニュートラルを達成できないのは至極当然なことですが、例えば、日本という国家はどの程度の炭素（CO_2）を排出しているので

図表4-1：三位一体で目指す脱炭素（カーボンニュートラル）

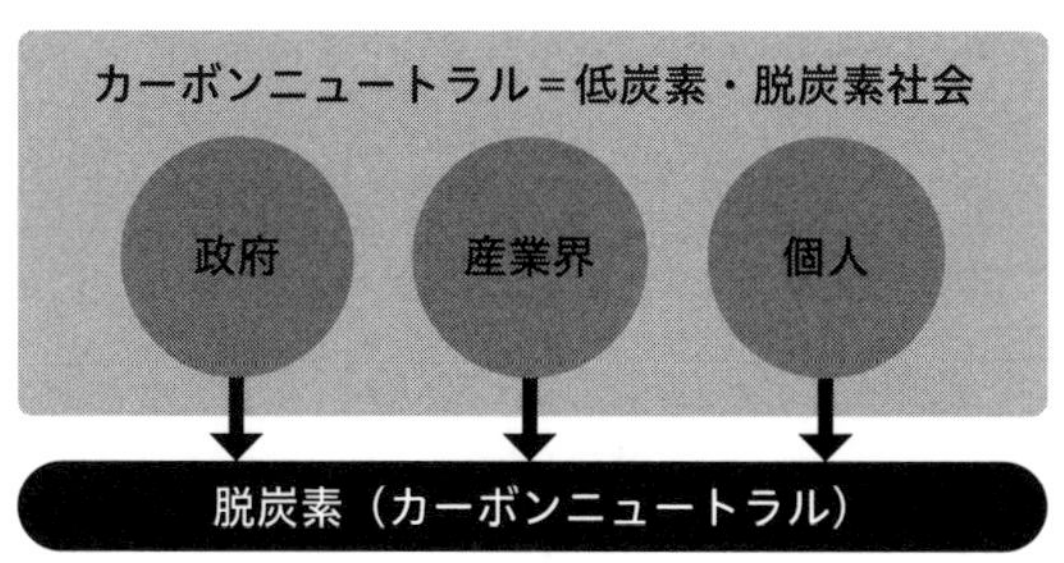

出典：KPMG

図表4-2：各国の炭素排出量

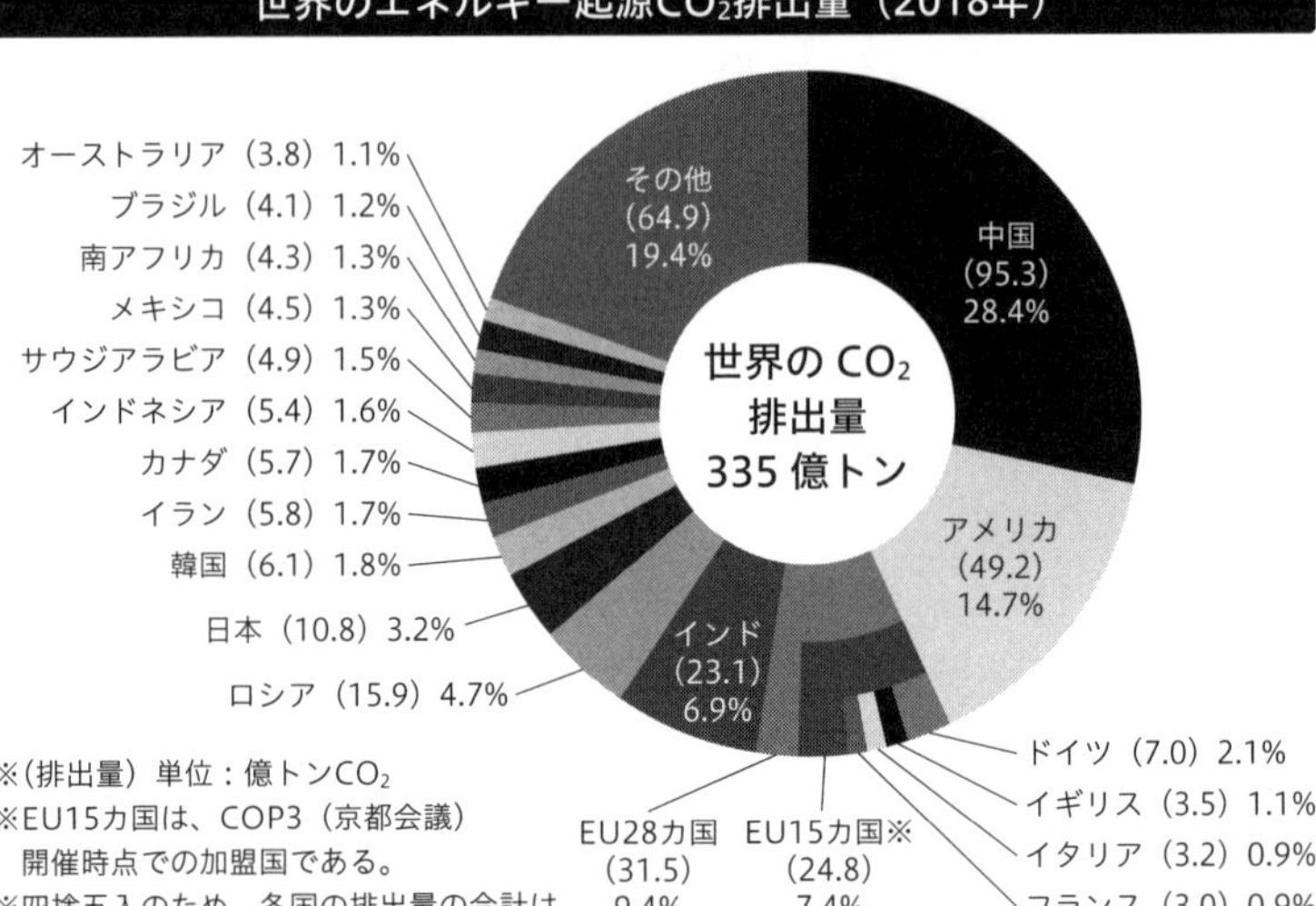

出典：環境省HP「世界のエネルギー起源CO_2排出量（2018年）」
https://www.env.go.jp/earth/201222_co2_emission_2018.pdf

しょうか。

図表4-2に示すように、世界最大の炭素排出国は中国です。中国は全世界の30%程度の排出量となっています。この要因として、石炭火力による炭素排出が大きいことは、想像に難くありません。中国に次ぐ第2位は、全世界の15%程度を排出するアメリカです。占有率は中国の半分程度ですが、巨大な排出国であることに変わりはありません。第3位は、イギリスとEUを含む欧州で10%程度となります。イギリス及びEUは、脱炭素社会の実現に向けて最も真剣かつ先進的に取り組んでいると理解されていますが、削減余地はまだ大きいものと想像されます。

ちなみに日本は、インド、ロシアに続く位置にあり、全世界の3％程度の排出量となっています。

なお、GDPの大きさは、アメリカを1とした場合、中国が0・75、日本が0・25といわれています。中国の炭素排出量がアメリカの約2倍、日本の約10倍です。脱炭素社会の達成には、炭素排出の多い産業から少ない産業へ、そして炭素排出の多いエネルギー源から少ないエネルギー源への転換が必要になります。GDPと比較した炭素排出量が相対的に多いといえる中国は、産業構造の転換とエネルギーの転換の必要性が日米よりも大きいと推測されます。

❸ カーボンニュートラルに向けた各国の排出削減目標

世界各国が掲げる排出量削減目標は、図表4-3のとおりです。

多くの国が2050年カーボンニュートラルを目標とするなかで、排出量が多いと考えられる中国、ロシアは2060年、インドは2070年を目標年度としています。カーボンニュートラルの目標年度に応じて、2030年の中間目標の設定も異なっています。

2050年カーボンニュートラル（ネットゼロ）を表明していることからみれば、日本は世界の先頭集団にいると理解することができます。

図表4-3：各国の排出量削減目標

国・地域	2030年目標	2050ネットゼロ
日本	-46%（2013年度比） （さらに、50%の高みに向け、挑戦を続けていく）	表明済み
アルゼンチン	排出上限を年間3.49億t	表明済み
オーストラリア	-26 ～-28%（2005年比） -35%見通し	表明済み
ブラジル	-43%（2005年比）	表明済み
カナダ	-40 ～ -45%（2005年比）	表明済み
中国	（1）CO_2排出量のピークを2030年より前にすることを目指す （2）GDP当たりCO_2排出量を-65%以上（2005年比）	CO_2排出を2060年までにネットゼロ
フランス・ドイツ・イタリア・EU	-55%以上（1990年比）	表明済み
インド	GDP当たり排出量を-33～-35%（2005年比）	2070年ネットゼロ
インドネシア	-29%（BAU比）（無条件） -41%（BAU比）（条件付）	2060年ネットゼロ
韓国	-40%（2018年比）	表明済み
メキシコ	-22%（BAU比）（無条件） -36%（BAU比）（条件付）	表明済み
ロシア	1990年排出量の70%（-30%）	2060年ネットゼロ
サウジアラビア	2.78億t削減（2019年比）	2060年ネットゼロ
南アフリカ	2026年～2030年の排出量を3.5～4.2億tに	表明済み
トルコ	最大-21%（BAU比）	-
英国	-68%以上（1990年比）	表明済み
米国	-50 ～ -52%（2005年比）	表明済み

出典：外務省HP「気候変動：日本の排出削減目標」
https://www.mofa.go.jp/mofaj/ic/ch/page1w_000121.html

図表4-4：ライフスタイルと排出量

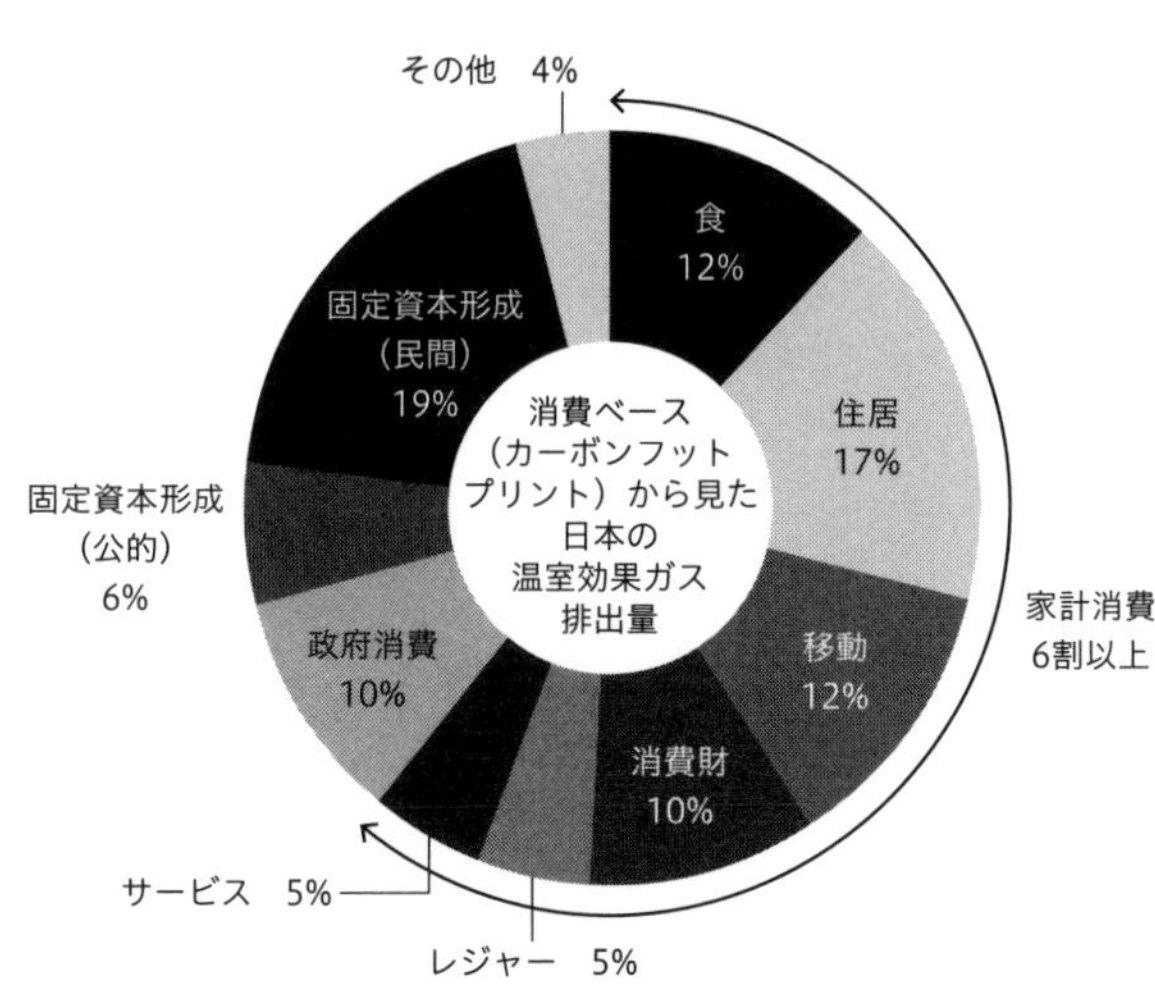

出典：「脱炭素に向けた地方自治体の取組について」（2021年3月19日、環境省）

❹ 個人のライフスタイルと炭素排出量

一人ひとりの生活様式や消費行動、つまり個人のライフスタイルを変革するところまでいかないと脱炭素社会の実現には到達できないと述べましたが、ライフスタイルと炭素排出量の関係を消費ベース（カーボンフットプリント）からみたものが、図表4-4です。

カーボンフットプリントとは、製品・サービスの生産等から消費・廃棄までの炭素排出量を示すデータで、これによれば、個人のライフスタイル（家計消費）のなかでは住居、移動、食の順で炭素排出量が多いことが分かります。

例えば、食については、平均的日本人の食

事のカーボンフットプリントはCO_2相当量に換算した値で1人当たり年間1400キログラムとなっていますが、肉類・穀類・乳製品の順でカーボンフットプリントが高く、野菜や果物は低くなっており、[2]菜食スタイルが好ましいと考えられています。

また、住居については再生可能エネルギーの利用や省エネの徹底による排出量削減が考えられます。ZEB（Net Zero Energy Building：ネット・ゼロ・エネルギー・ビル）、ZEH（Net Zero Energy House：ネット・ゼロ・エネルギー・ハウス）（後述の第3節（3）産業界の対応 ■建築物・住居――ZEBとZEHの普及、参照）が、脱炭素社会に向けた答えとなりえます。

その他、移動については、自動車利用による炭素排出量の削減が主なテーマとなっています。

2 EUにおけるカーボンニュートラルとお金とライフスタイル

EUはカーボンニュートラルをはじめとする気候関連の諸施策の立案と計画、実行において意欲的な姿勢を継続し、世界の先頭に立っています。

ここでは、脱炭素社会に向けた産業構造の転換に欠かすことのできないサステナブルファイナンスの概要を解説するとともに、ライフスタイルのなかで炭素排出量の削減余地の大きい移動手段＝自動車、そして建築物との関係について言及します。

❶ カーボンニュートラルとお金

ＥＵは２０１９年12月に、いわゆる「欧州グリーン・ディール」を公表し、サステナブルな社会とＥＵ経済の実現に向けた成長戦略の道筋を公表しました。そのなかで、２０５０年までのカーボンニュートラルを表明し、翌２０２０年には、２０３０年の炭素排出量削減目標を１９９０年比で40％から55％に引き上げました。また、欧州グリーン・ディールは、その政策のひとつとしてサステナブルファイナンスの深耕を挙げています。

そこで、日本のカーボンニュートラルについて取り上げる前に、ひとつの海外事例としてＥＵに触れておきたいと思います。

■なぜ「サステナブルファイナンス」か？

脱炭素社会の実現に向けて、産業構造の転換や個々の企業の事業ポートフォリオの入れ替えが必要になることは、日本もＥＵも同じです。

企業の事業ポートフォリオを入れ替えるということは、脱炭素という視点で考えてみた場合には、継続することが適当でない事業を売却もしくは廃止し、新しく始めることが適当な事業を購入もしくは社内で研究・開発することになります。これを会計的な観点から考えてみると、事業譲渡・営業譲渡等による売却損益や生産設備等の廃棄による処分損益を損益計算書に計上することになります。また、将来的に事業を継続しても、そこから生まれるキャッシュ・フローが固定資産等の帳簿価額を下回るような場合には、事前に固定資産の減損を行って、損益計算書に減損損失を計上し、一方で帳簿価額を引き下げることになります。

いずれにしても、損益計算書や貸借対照表にインパクトを与えることになると予想されます。

今後、グローバルな動きとして脱炭素社会への移行が進むことが想定されることから、例えば、多額の研究・開発費が必要となることも考えられます。

ＥＵが２０５０年カーボンニュートラルを掲げ、そのための産業政策を実施するとしても、税収等の公的資金だけでは賄いきれないことをＥＵ自身が認めています。そこで、民間の資金を脱炭素に必要なグリーンなプロジェクトや事業に誘導する必要が生じることになります。こうした資金の動きはＥＳＧ投資もしくはグリーン投資として知られていますが、ＥＳＧ投資家やグリーン投資家が資金投下するプロジェクトや事業がグリーンでない可能性が懸念される状況にあります。これを一般的に「グリーンウォッシング（greenwashing：グリーンウォッシュとも）」といいます。

実際の資金は、年金基金等のアセット・オーナーといわれる投資家から資金の運用を任された資産運用会社のようなアセット・マネジャーが投じることになります。アセット・オーナーの投資ポリシーとしてＥＳＧ投資が掲げられている場合には、そのポリシーに従った投資をアセット・マネジャーに義務付けることが多いことから「ＥＳＧ（グリーン）案件」とも呼ばれ、企業に投資するように委託されたアセット・マネジャーは、確実にグリーンなプロジェクトまたは企業に投資する必要が生じます。仮に、グリーンでない投資案件をグリーンな案件と誤認して資金投下した場合には、「グリーンウォッシュな金融商品（投資ファンドや企業株式等）」に投資したことになってしまいます。

したがって、どのプロジェクト、どの企業がグリーンであるのかは、資金の受託者責任を果たすための非常に重要な問題となります。

一方で、上記のようなグリーンマネーを受け取るプロジェクトや企業にとっても、自社が毎期生み出すフリー・キャッシュ・フローだけでは、多額の研究・開発に必要な資金を賄いきることができないケースが多いと想定されます。そのため、自身がグリーンであることを証明し、確実にグリーンマネーを受領する必要が生じます。

こうした資金の出し手と受け手の双方の利益を図るためにＥＵが考えたのが、ＥＵサステナブルファイナンスの枠組みであり、そのコンセプトの中心をなすＥＵタクソノミーであるといえます。

■EUタクソノミー

ＥＵでは、民間のグリーンマネーをグリーンなプロジェクトや企業に誘導するべく２０１８年3月に、サステナブルファイナンスに関するアクションプラン（以下、ＡＰ）を公表しました。

ＡＰは、①投資家の資金をサステナブルな投資案件に誘導する、②気候変動や社会的課題等から生じるリスクを管理する、③透明性が確保され長期的視点に立った金融経済活動を醸成する――ことを目的として、10個の活動目標を立てました。

その中心が、ＥＵタクソノミーの法律化でした。タクソノミーとは、サステナブルとは何かを法的に明確化することでグリーンウォッシュを防止するとともに、投資家の資金を確実にグリーンなプロジェクトに誘導するためのＥＵ域内における統一的な分類システムであるとされました。

また、アセット・オーナー及びアセット・マネジャーに対しては、投資意思決定においてサステナビリティを十分に考慮すること、その状況を最終投資家に開示することを求めました。

アセット・オーナー及びアセット・マネジャーは、投資対象企業の開示情報を分析して投資意思決定を行います。このため、企業がサステナビリティに関する開示を行っていないと、それを考慮した投資意思決定は難しくなります。そこでＡＰは、企業のサステナビリティに関する非財務情報開示の強化を求めました。

ＡＰの内容は、その後に公表されたＥＵグリーン・ディールにも引き継がれ、ＡＰを衣替えしたＥＵサステナブルファイナンス戦略が制定されています。

■タクソノミー・トライアングル

グリーンマーケット規制の中心となるＥＵタクソノミーは、ＳＦＤＲ(Sustainable Finance Disclosure Regulation）及びＣＳＲＤ（Corporate Sustainability Reporting Directive）案とトライアングル（図表4-5）を形成することで、グリーンウォッシュから解放されたグリーンマーケットに投資資金を確実に呼び込む仕組みを作り上げています。ＥＵタクソノミーがグリーンの定義や内容を変更・追加すれば、それを利用する立場にあるＳＦＤＲやＣＳＲＤ案のグリーンも自動的に変更・追加されることになります。

ＳＦＤＲは、主に金融市場参加者（market participants）に課される法令です。その目的は、グリーンを選好する投資家が確実にグリーンな金融商品に投資できるように、アセット・マネジャー等に金融商品に関する適切な開示等を要求することで、主な開示内容として投資

図表4-5：タクソノミー・トライアングル

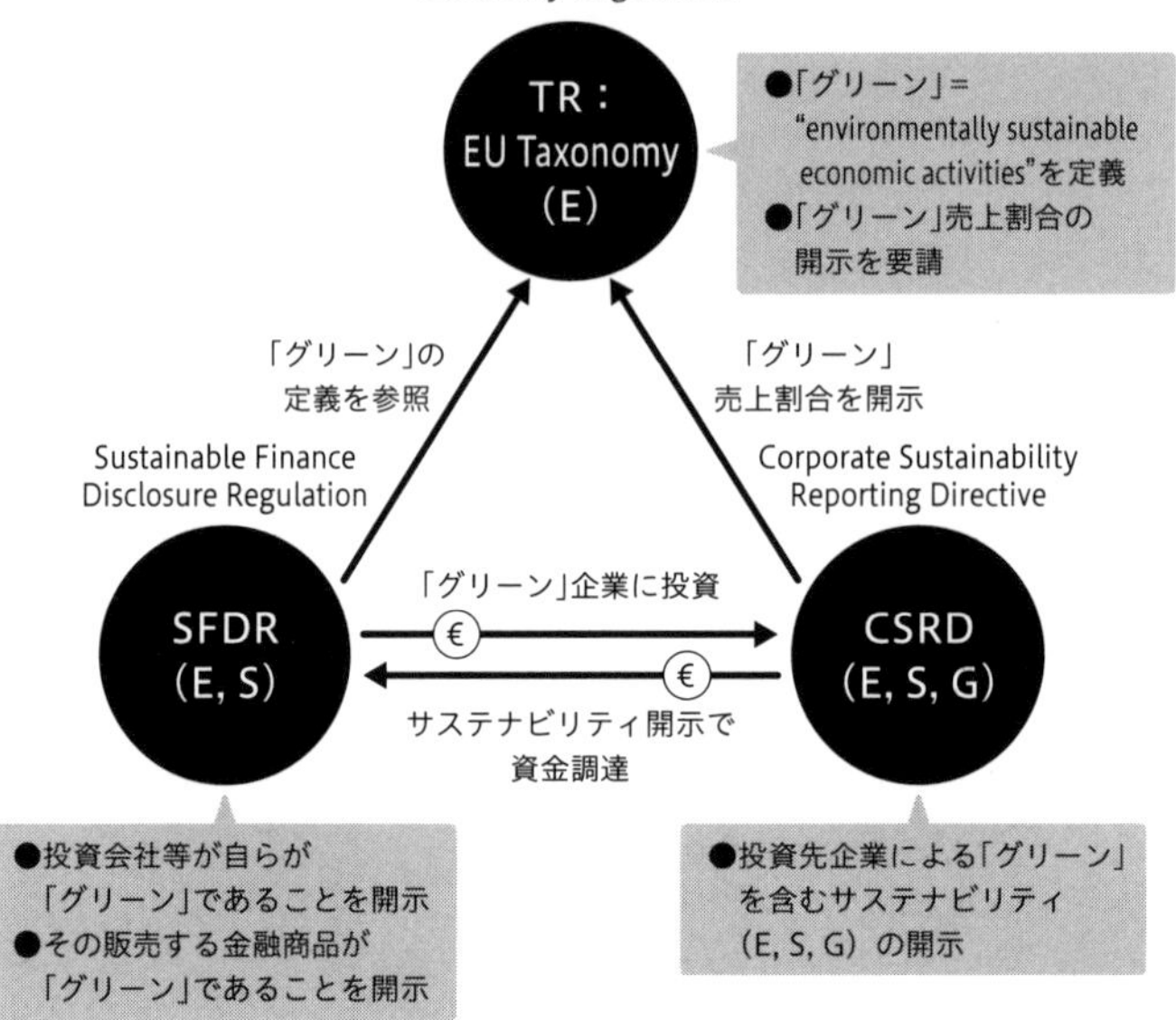

出典：KPMG

信託のような金融商品を3分類することがあげられます。3分類とは、

Ａ：サステナビリティを投資目的とし、それに貢献する金融商品

Ｂ：サステナビリティを投資目的にしていないが、それを促進（promote）する金融商品

Ｃ：Ａ、Ｂ以外の金融商品

を指します。

ＥＳＧ投資の重要性が増している昨今においては、ＳＦＤＲの規制対象となるアセット・マネジャー等は、可能な場合にはＡもしくはＢに該当する金融商品、例えば、投資信託を組成することが多くなります。

仮に上場株式100銘柄で構成するＢに該当する投資信託を新たに組成す

る場合には、上場会社の開示内容の分析、候補企業とのエンゲージメント等によって、その企業（銘柄）を組み込むことがサステナビリティを促進するといえるか否かを判断する必要が生じます。そして、この判断の適正性を確保するためには、企業がサステナビリティに関する比較可能で信頼できる情報を開示することが必要になります。

こうした要請に応えるために、企業に対してサステナビリティに関する開示を要求する法令として提案されているのがＣＳＤＲ案です。

ＣＳＤＲ案では、①総資産２０００万ユーロ超、②売上４０００万ユーロ超、③従業員数２５０名（年間平均）超の３つの要件のうち、２つ以上を満たす企業は上場の有無を問わず適用対象となります。

図表４-７は、企業に求める開示内容の概要をまとめたものです。

ＣＳＤＲ案は、脱炭素に関連するＥだけでなく、人権

図表4-6：SFDRに基づく金融商品の3分類

A	サステナビリティを投資目的とし、それに貢献する金融商品
B	サステナビリティを投資目的にしていないが、それを促進する金融商品
C	A、B以外の金融商品

出典：KPMG

図表4-7：CSRD案による主な開示項目

ESG 共通の開示項目

戦略、ガバナンス、影響、リスク、機会

- パリ協定と整合する1.5度シナリオ
- EUタクソノミーの6つの環境目的関連事項

S

- ジェンダー平等、同一労働同一賃金
- 職場環境、ワークライフバランス
- 人権、国連国際人権章典、労働における基本的原則及び権利に関するILO宣言

G

- 企業文化
- ロビイングなど政治活動
- ガバナンスの役割分担、内部統制、リスク管理

出典：KPMG

等に関連するSやガバナンス関連のGを含むESGすべてに関するサステナビリティ開示を企業に求めています。

このように、非上場企業も適用対象になることから、開示情報を通じた低コストのサステナビリティ情報の入手が可能となります。

■EUタクソノミーによるグリーンの判定プロセス

EUタクソノミーに関する法令（TR：Taxonomy Regulation）の目的は、TRに基づいてグリーン（TRの用語ではenvironmentally sustainable：環境的にサステナブル）ラベルを貼り付けた企業、金融商品にグリーンマネーを誘導することにあります。

経済活動にグリーンラベルを貼るプロセスは、図表4-8のとおりです。6つの環境目標を検

図表4-8：EUタクソノミーのグリーン判定プロセス

6つの環境目標	4つの要件	3つの経済活動
① 気候変動の緩和	① 実質的に貢献（SC: substantial contribution）	① Own performance
② 気候変動への適応	② 他の目的に重大な損害をもたらさない（DNSH: do not significant harm）	② Enabling activity
③ 水資源等の使用と保全	③ セーフガード（人権関連の国際的規範への準拠）	③ Transitional activity
④ 循環経済等への移行	④ 技術スクリーニング基準に準拠（TSC: technical screening criteria）	
⑤ 大気・水・土壌等の汚染防止		
⑥ 生物多様性とエコシステムの回復と保全		

出典：KPMG

討し、4つの要件をクリアした経済活動を3つに分類して、グリーンラベルを貼ることになります。

4つの要件は、①SC：6つの環境目標のうち少なくとも1つ以上に実質的に貢献すること、②DNSH：残りの環境目標について重大な損害をもたらさないこと、③セーフガード：OECD（経済協力開発機構）の多国籍企業行動指針、国連のビジネスと人権に関する指導原則、労働における基本的原則および権利に関するILO（国際労働機関）宣言などに準拠すること、④TSC：科学的根拠に基づいた一定の技術スクリーニング基準に準拠すること──です。

グリーンな経済活動は、その経済活動それ自身がグリーンである経済活動（いわゆるOwn Performance）、それ自身はグリーンでないが他の経済活動をグリーンにする経済活動（Enabling Activities）、代替技術がないもののその経済活動が低炭素技術としてベストパフォーマンスであると当該産業セクターで認められる経済活動（Transitional Activities）に3分類されます。

グリーン判定のプロセス全体はＥ（環境）に関するルールですが、セーフガードはＳ（社会）をカバーしています。

ＴＲは、企業に対しては売上等に関するグリーン割合の開示を求め、金融商品に対してはポートフォリオのグリーン割合の開示を求めているために、開示情報を利用した企業や金融商品のグリーン度の比較が可能になります。

前述したトライアングルに基づくグリーンの判定（ＴＲ）、企業によるサステナビリティの開示（ＣＳＲＤ案）、その開示を利用した金融商品の組成と販売（ＳＦＤＲ）が、グリーンマネーを確実にグリーン企業・プロジェクトに誘導する仕掛けとして機能するように仕組まれているのが、ＥＵのサステナブルファイナンスなのです。

❷ カーボンニュートラルとライフスタイル

本章の冒頭で、ライフスタイルと炭素排出量の関係について触れました。

住居としての建築物、移動を支える自動車、そして食が3大排出源となっていましたが、このうち建築物と自動車は産業構造の転換において大きな影響を与えるものであることから、ＥＵの産業政策としてどのような構想がもたれているのかをみていきたいと思います。

前述のように、ＥＵは２０３０年において１９９０年比で炭素排出量の55％削減、２０５０年にカーボンニュートラルという目標を立てていますが、そのための政策パッケージとして、２０２１年7月14日にいわゆる「Fit for 55」を公表しています。この中には建築物や自動車に関する将来の政策も含まれていることから、私たちの将来の生活環境を思い描くための基礎になると考えます。

■建築物に関わる企業への影響

建築物は、ＥＵ域内で消費されるエネルギーの40％を占め、エネルギーに関連したＧＨＧ（温室効果ガス）排出量の36％を占めているとされています。このような状況において、「Fit for 55」ではエネルギー効率化指令（Energy Efficiency Directive）の改正案（以下、効率化改正案）及び再生可能エネルギー指令（Renewable Energy Directive）の改正案（以下、再エネ改正案）によって、建築物のエネルギー効率向上と再生可能エネルギー利用の増加を目指しています。

効率化改正案では、２０３０年までに最終エネルギー消費ベースで36％削減することを大きな目標として掲げています。そのための施策として、建築物のエネルギー効率向上のためにすべての公共セクターにおける建築物の総床面積当たり毎年最低3%のリノベーション（改修）をEU加盟国に求めています。また、公共セクターのエネルギー使用量を毎年1・7%以上削減することも求めています。

また、再エネ改正案では、エネルギーミックスのなかでの再生可能エネルギー割合の目標を40%としたうえで、建築物における再生可能エネルギーの利用割合を2030年までに49%とすることを目標（ベンチマーク）とし、冷暖房システムにおける再生可能エネルギーの利用を毎年1・1%ずつ引き上げることを目標としています。

2021年7月の「Fit for 55」に関連して、12月には建築物に関するエネルギー消費及びそれに伴う炭素排出量削減を目的としてEPBD（Energy Performance of Buildings Directive：建築物のエネルギー性能に関わる欧州指令）の改正案を提示しています。既存の建築物を含むすべての建築物を対象に、エネルギー効率改善に向けて、物件所有者に対してインセンティブを与える内容となっています。

EPBDでは、建築物のエネルギー性能評価＝EPC（Energy Performance Certificates：エネルギー性能証明）を7段階に分類しており、炭素排出量がゼロの建物は最上位に位置づけられることになります。このエネルギー性能評価は、公共セクターの建築物だけでなく、大規模な改修を行う建築物、賃貸契約を更新する建築物などに対しても2025年を目途に義務付けることが提案されています。

こうした法令整備の方向性は、ＳＤＧｓに代表されるサステナビリティへの感度の高いＺ世代が建物利用者として台頭してくることにも関連していると想像されます。この世代は特に、小学生時代など幼いころからサステナビリティに関する教育を受け、社会に出るころにはそうした観点から思考を開始する習慣が出来上がっていると思われます。仮にZ世代やサステナビリティへの感度の高い年長者が物件を選ぶ場合には、再生可能エネルギーを利用しているか、エネルギー効率の高い建築物であるか、その結果、炭素排出量が少ない物件かなど、こうした情報がＥＰＢＤの定めるＥＰＣによって裏付けられているかが重視されるようになると推測されます。

企業の目線に立てば、投資家やＮＧＯ等のステークホルダーに対して、自らの事業活動における炭素排出量（スコープ１）の削減だけでなく、その事業活動で利用するエネルギーに伴う炭素排出量（スコープ２）の削減も求められています。各企業は、このスコープ１、２の炭素排出量をどのように削減していくのか、つまり低炭素・脱炭素社会に向けてどのように企業が移行していくのか（＝移行計画：transition plan）の開示が求められている状況に置かれています。

したがって、事業活動に利用する本社ビル、工場建物、賃借ビルなどがどの程度のＥＰＣランクなのかを積極的に開示するインセンティブが生じるものと推測されます。

また、建築物を建造する企業や建築物の賃貸に関わる不動産企業も、同様に投資家や

ＮＧＯ等のステークホルダーにエネルギー効率をアピールする必要があり、例えば、新規建築物のＥＰＣ評価、保有賃貸不動産のＥＰＣ評価の分布などを積極的に開示するインセンティブが生じるものと推測されます。

■自動車産業に与える影響

自動車、航空、海運等から構成される輸送部門のＥＵ全体のＧＨＧ排出量に対する割合は、それぞれ約20％、約４％、約４％といわれています。一方、２０５０年にカーボンニュートラルを達成するためには、それまでに90％のＧＨＧ排出量削減を達成する必要があると考えられています。

自動車に関しては、そもそもＥＵタクソノミーにおいてグリーンと認められるためにはゼロエミッション車（この場合は、排気管〈tailpipe〉からの炭素排出がないこと）であることが要件とされています[3]。したがって、ＥＵサステナブルファイナンスの枠組みから考えると、ＥＳＧ投資家のグリーンマネーは内燃機関車には投じられないことになりますが、内燃機関車の生産がそれによって禁止されるわけではありません。

しかし、「Fit for 55」においては、２０５０年カーボンニュートラルを達成するためには、乗用車（passenger car）と小型商用車（light commercial vehicle）の炭素排出量を大幅に削減することを求めています。

具体的には、乗用車の新車に対しては2021年比で、2025年には15％削減、2030年には55％削減、2035年には100％削減とし、小型商用車の新車に対しては同じく2021年比で、2025年には15％削減、2030年には50％削減、2035年には100％削減としています。新車の炭素排出量を100％削減ということは、内燃機関搭載車の実質的な生産禁止に等しいと考えられているようです。

2022年の時点において炭素排出量を排出しない自動車はEV（電気自動車）とFCV（燃料電池自動車）と考えられますので、上記の削減目標を達成するには、EVとFCVの販売数を増やすことになります。例えば、EC（欧州委員会）は2030年にはEU域内のEVの登録車は3000万台になると予測しているようです。

EVを走らせるには充電スタンドが必要になります。「Fit for 55」では、60キロメートル以下の間隔で、出力300キロワットの充電スタンドを、欧州の主要な都市を結ぶ中核的道路ネットワーク（Trans-European Transport Network：TEN-T整備計画のうち中核ネットワーク）上に整備し、2030年までには出力を600キロワットにするとしています。

SDGsネイティブとなったZ世代は、建築物のケースと同様に、2030年の自動車マーケットではその主役となっていると予想されることから、需要はEV、FCVにシフトするであろうことは比較的容易に推測されます。

ただし、EVの部品点数は内燃機関車と比較して3分の2程度になるといわれており、欧州では、将来的な失業問題対策等も議論されているようです。

日本の「グリーン成長戦略」と自動車、建設業

❶ グリーン成長戦略

２０５０年カーボンニュートラルを達成するために、日本では２０２０年12月に「２０５０年カーボンニュートラルに伴うグリーン成長戦略」（以下、グリーン成長戦略）を策定し、２０２１年6月にはそれをさらに具体化したグリーン成長戦略を公表しています。

これは、大胆な投資によりイノベーションを起こすといった企業の前向きな挑戦を後押しし、産業構造や経済社会の変革を実現するために設定されたものであり、図表4-9にあるように14分野を対象にしています。ここでは、そのうちの、⑤自動車・蓄電池産業、⑫住宅・建築物産業を取り上げたいと思います。

図表4-9：グリーン成長戦略の14分野

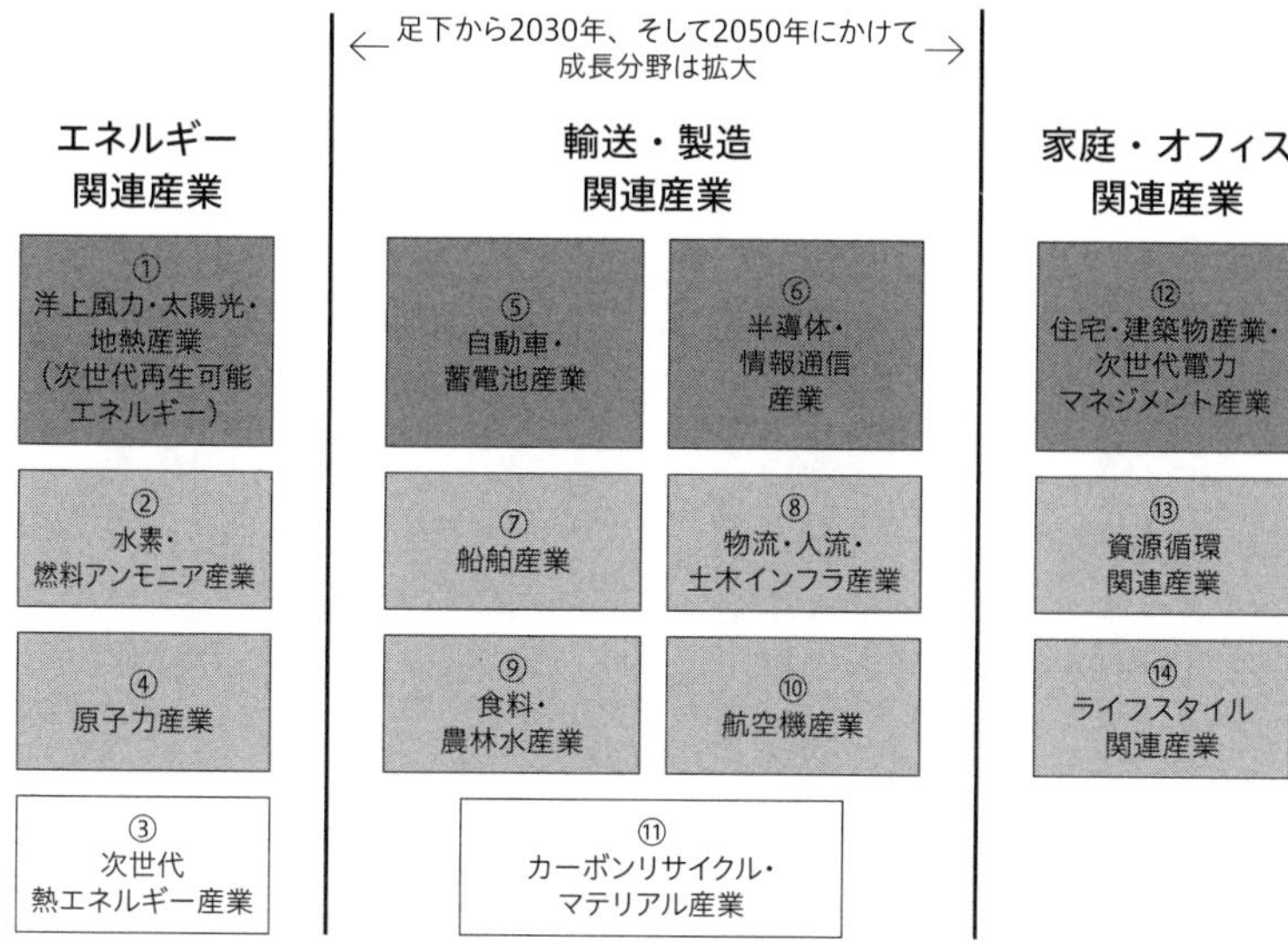

出典：「2050年カーボンニュートラルに伴うグリーン成長戦略」（2021年6月18日、内閣官房、経済産業省、内閣府、金融庁、総務省、外務省、文部科学省、農林水産省、国土交通省、環境省）

❷ グリーンマネーの調達

具体的な産業について考える前に、日本におけるグリーンマネー調達の仕組みがどのように考えてられているのかをみていきましょう。

グリーン成長戦略には「分野横断的な主要政策ツール」のひとつとして、金融が含まれています。その中心となるのが、トランジション・ファイナンスです。

これは、脱炭素社会の実現に向けて、長期的な戦略に基づいたGHG排出量の削減への取り組みに対して資金を供給するという考え方です。

前節で説明した通り、EUでは、

ＥＵタクソノミーを利用してその経済活動がグリーンなのか否かの判断を行い、グリーンな経済活動に資金を誘導するというコンセプトを採用しています。これに対して、日本では、脱炭素に向けてハードルが高いと考えられる産業（鉄鋼、化学、紙パ、セメント等）に関して、脱炭素に向けた長期的なロードマップを作成し、脱炭素への移行プロセスをファイナンスの対象とすることになります。

そもそも脱炭素＝カーボンニュートラルは、一朝一夕に達成されるものではありません。炭素排出量の多い産業が技術的イノベーションを通じて最初に低炭素に移行し、その後、改善活動もしくはさらなるイノベーションによって脱炭素を達成することになると予測されます。

この現実的なアプローチにファイナンスを行うのが、トランジション・ファイナンスという考え方になります。つまり、低炭素から脱炭素に至るすべてのプロセスでグリーンなファイナンスを継続するのが、日本のアプローチであると理解されます。

❸ 産業界の対応

■自動車 ―― 新車販売を１００％電動車に

自動車産業に関して、グリーン成長戦略が想定する２０５０年カーボンニュートラルまでの工程表は、図表4-10のとおりです。２０３０年までにインフラ整備、バリューチェーンの強化など基盤を整備し、2050年までにカーボンニュートラルを達成するものとなっています。

この工程表に関する取り組みのなかには、2035年までに乗用車の新車販売を100%電動車（EV、FCV、プラグインハイブリッド車〈PHEV〉、ハイブリッド車〈HV〉）にするという目標が含まれています。また、小型の商用車については、2030年までに新車販売で電動車20～30%、2040年までに電動車と脱炭素燃料の利用に適した車両で合わせて100%を目指す目標が含まれています。

また、電動車のための充電インフラとして、公共用の急速充電器3万基を含む充電インフラを15万基設置することによって、2030年までにガソリン車並みの利便性を確保することを目標としています。同時に、2030年までに1000基程度の水素ステーションを整備するとしています。

■建築物・住居――ZEBとZEHを普及

建築物・住居に関して、グリーン成長戦略が想定する2050年カーボンニュートラルまでの工程表は、図表4-11のとおりです。

中心となっているのは、ZEB（ネット・ゼロ・エネルギー・ビル）とZEH（ネット・ゼロ・エネルギー・ハウス）の普及です。

●具体化すべき政策手法：
①目標、②法制度（規制改革等）、③標準、④税、⑤予算、⑥金融、⑦公共調達等

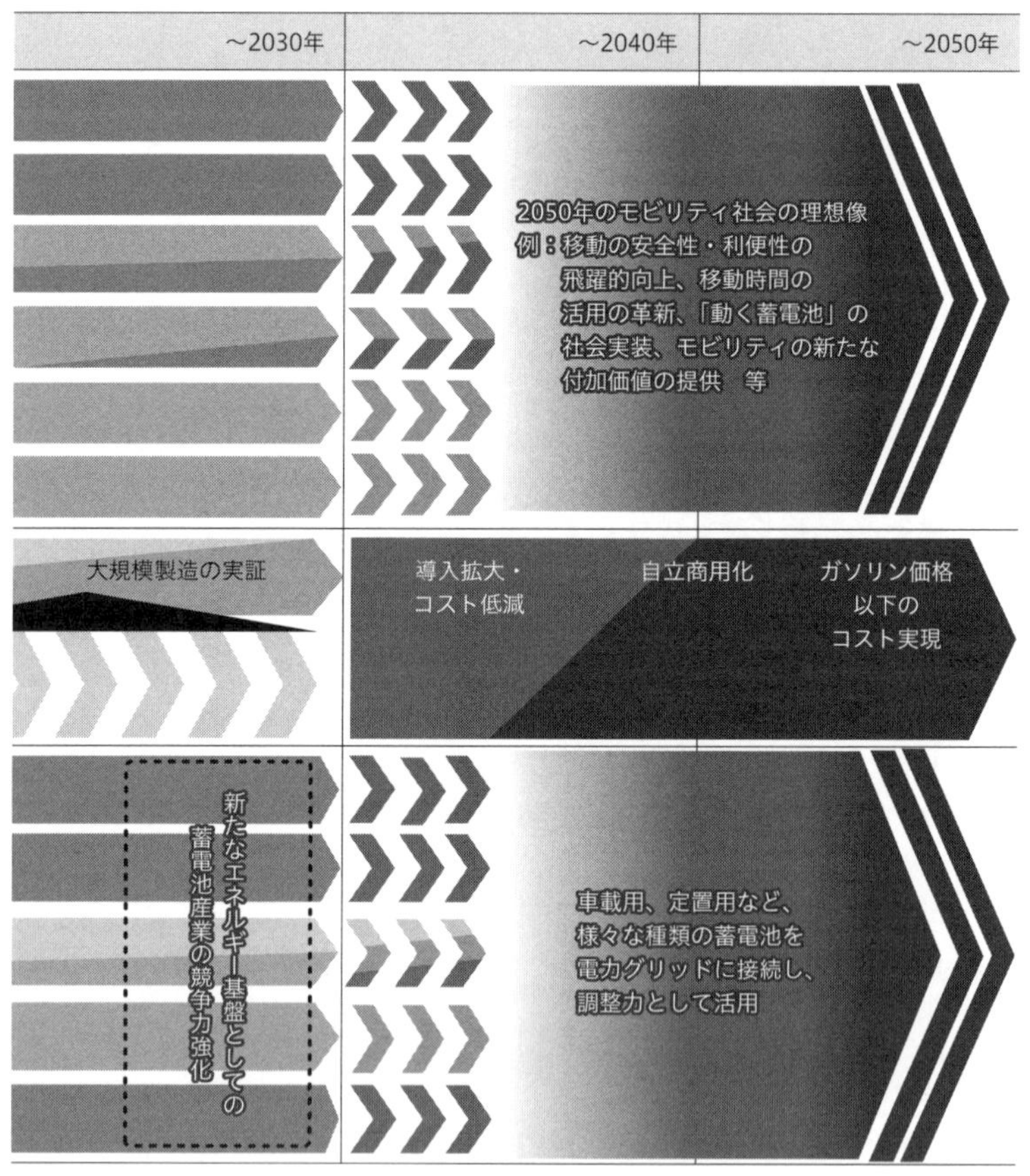

図表4-10：自動車・蓄電池産業の工程表

●導入フェーズ：

1. 開発フェーズ → 2. 実証フェーズ → 3. 導入拡大・コスト低減フェーズ → 4. 自立商用フェーズ

	2021年	2022年	2023年	2024年	2025年
電動化の推進・車の使い方の変革	電動車・インフラの導入拡大				
	エネルギー政策と両輪での政策推進				
	蓄電池・燃料電池・モータ等の電動車関連技術・サプライチェーン・バリューチェーン強化				
	車の使い方の変革				
	電動車の普及に向けたアジア等との連携				
	電動車の災害時対応				
燃料のカーボンニュートラル化（合成燃料［e-fuel］等）	合成燃料の製造技術の開発				
	合成燃料の革新的製造技術の開発				
蓄電池	蓄電池のスケール化を通じた低価格化				
	鉱物資源の確保				
	研究開発・技術実証				
	蓄電池のリユース・リサイクルの促進				
	ルール整備・標準化				

出典：「2050年カーボンニュートラルに伴うグリーン成長戦略」（2021年6月18日 内閣官房、経済産業省、内閣府、金融庁、総務省、外務省、文部科学省、農林水産省、国土交通省、環境省）

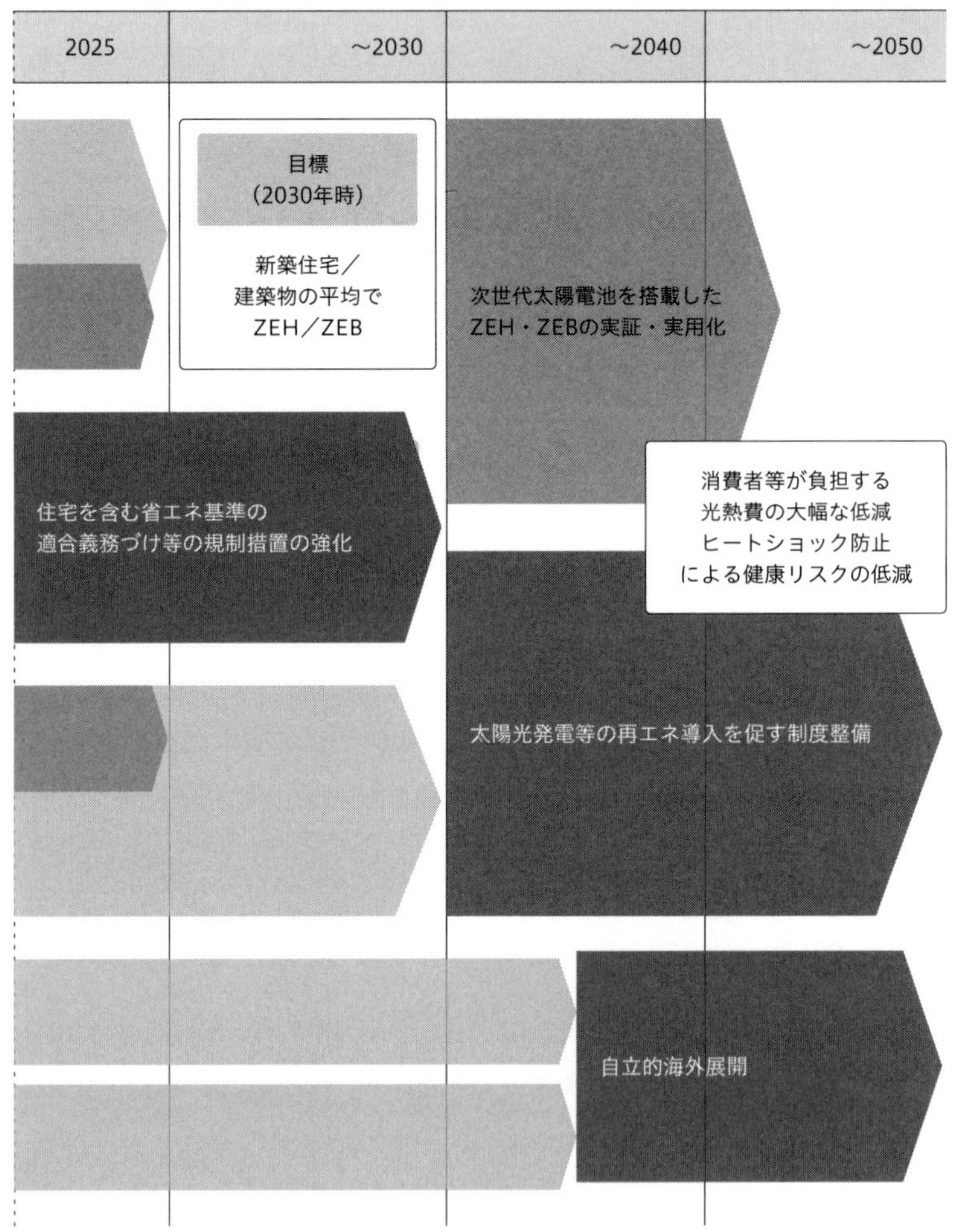
2025
～2030
～2040
～2050
目標
(2030年時)
新築住宅／
建築物の平均で
ZEH／ZEB
次世代太陽電池を搭載した
ZEH・ZEBの実証・実用化
住宅を含む省エネ基準の
適合義務づけ等の規制措置の強化
消費者等が負担する
光熱費の大幅な低減
ヒートショック防止
による健康リスクの低減
太陽光発電等の再エネ導入を促す制度整備
自立的海外展開

図表4-11：住宅・建築物の工程表

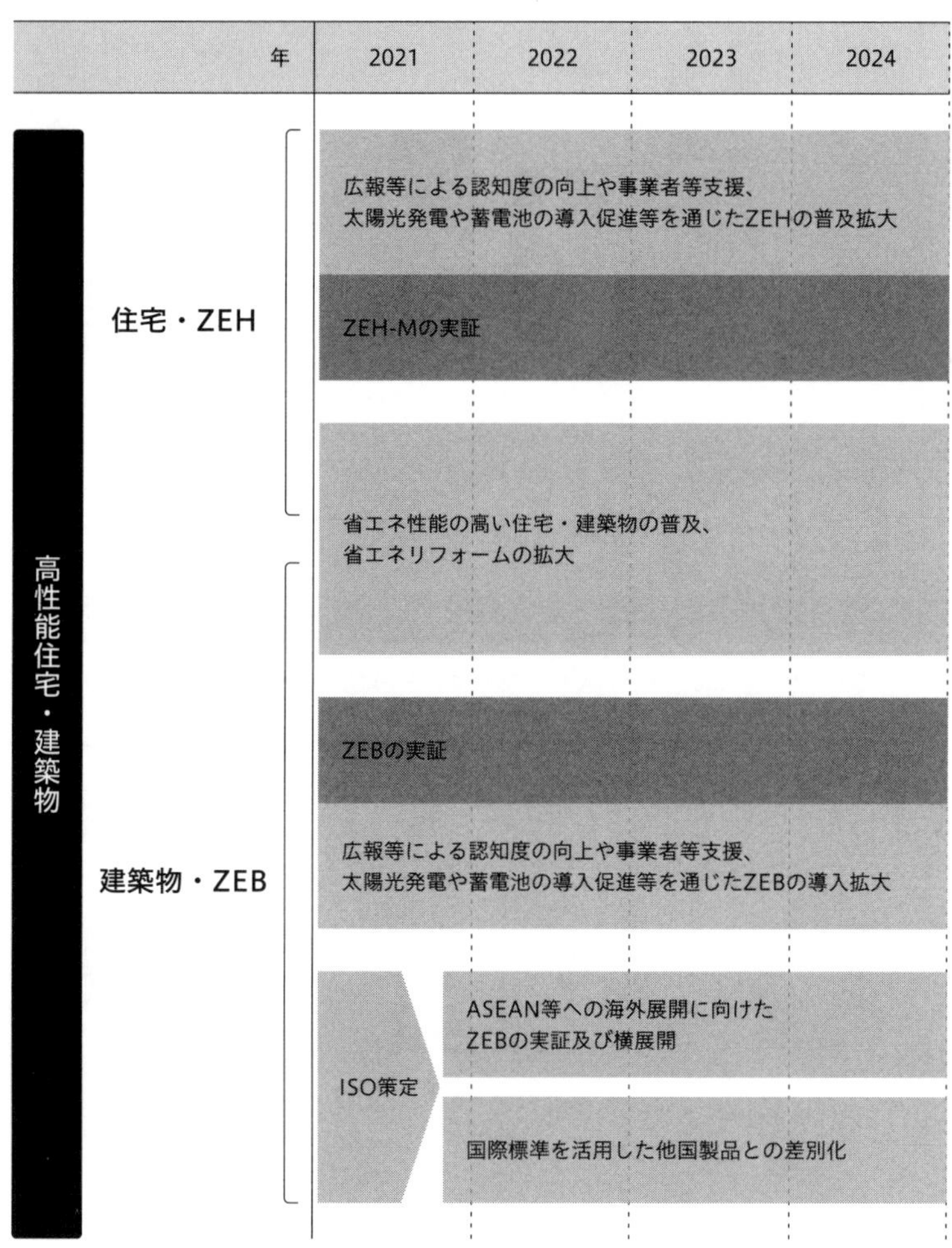

出典：「2050年カーボンニュートラルに伴うグリーン成長戦略」（2021年6月18日 内閣官房、経済産業省、内閣府、金融庁、総務省、外務省、文部科学省、農林水産省、国土交通省、環境省）

図表4-12：建築物：ZEB

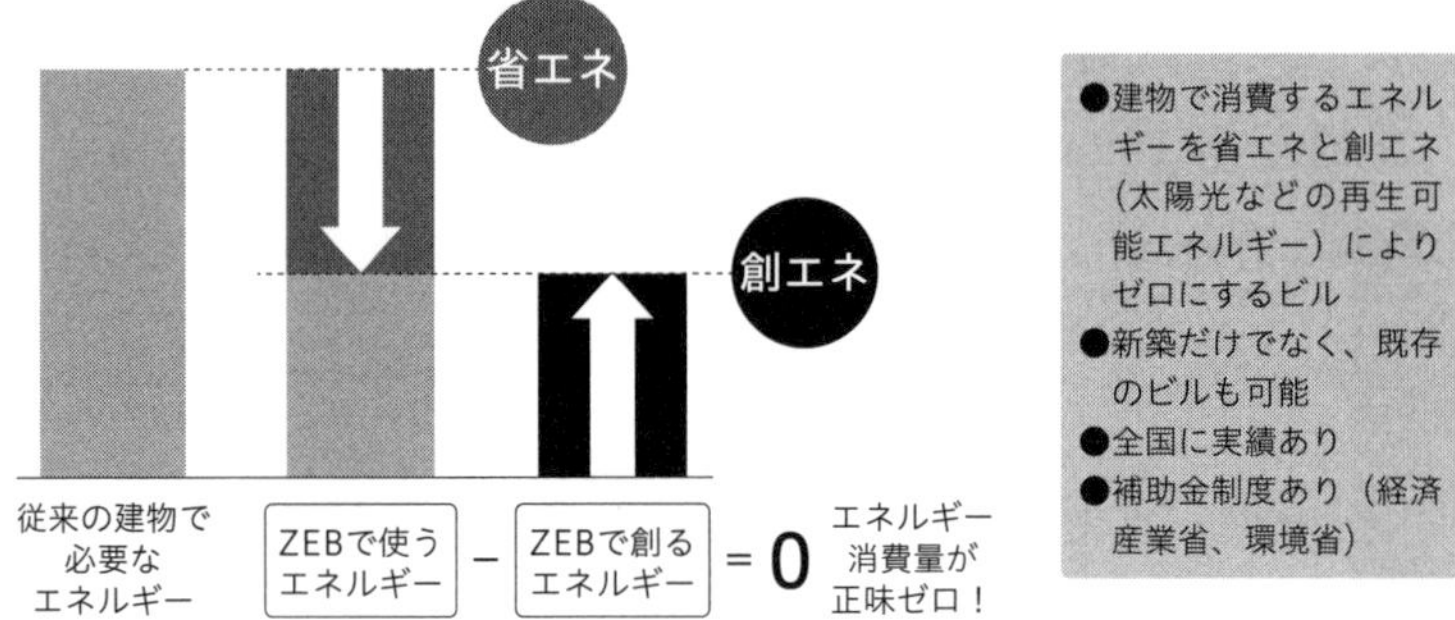

出典：環境省HP「ZEB PORTAL」を基にKPMG作成

図表4-13：住居：ZEH

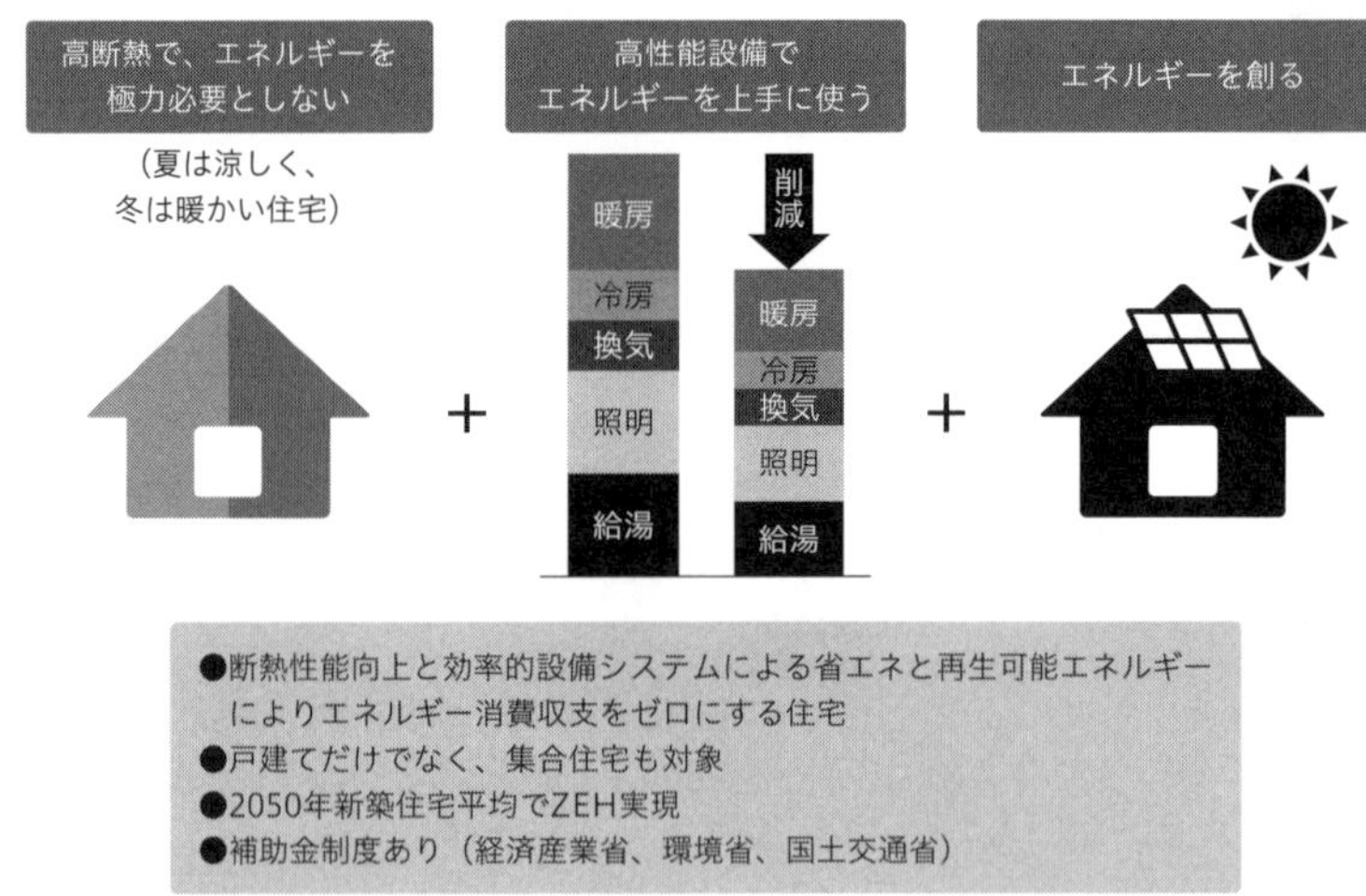

出典：経済産業省震源エネルギー庁HP「省エネポータルサイト」を基にKPMG作成

ＺＥＢは、炭素排出源となっているビルに対して、エネルギー消費自体を効率化する省エネと再生可能エネルギーの利用による創エネの合計によって建物自体のカーボンニュートラルを達成するものです。既存のビルでも、改修によってカーボンニュートラルを達成させることができると考えられています。

ＺＥＨは、炭素排出減となっている住居に対して、断熱性能の向上と省エネ及び創エネによってカーボンニュートラルを達成するものです。戸建て住宅だけでなく、マンション等の集合住宅も対象となります。

ＺＥＢ、ＺＥＨによって、新築建築物だけでなく、既存の建築物もカーボンニュートラルを達成できるのであれば、２０５０年までには建築物からの炭素排出量を実質ゼロに近づけることができそうです。

注

1　日本経済新聞「菅首相所信表明演説の全文」（２０２０年10月27日付朝刊）
2　「サステナブルで健康な食生活の提案」（環境省、２０２１年８月30日）
3　ただし、２０２５年までは１キロメートル走行あたり50グラムまでの排出量があったとしてもグリーンとして認められる。

5

新しい価値観とヒトの移動

MOBILITY
Re-DESIGN
2040

デジタルツールの進化と、新型コロナウイルスによるパンデミック下の新たな生活様式によって、リモートワーク、オンラインショッピング、バーチャル体験が急速に浸透し、人々の移動機会は減少しました。通勤はもとより、買い物なども各種のオンラインサービスを活用することで移動せずとも済ませられることが増えており、その利便性が広い範囲で受け入れられ、パンデミックが収束したのちも、こうした傾向は継続する見通しです。

また、環境問題への関心の高まりも、移動に伴うCO_2排出を減らすという点で、移動機会の減少に拍車をかける要因となっています。

今後は、バーチャルテクノロジーのさらなる進化が見込まれており、メタ（Meta）のマーク・ザッカーバーグCEO（最高経営責任者）が、「友人や家族との集まり、仕事、学習、遊び、買い物、創作――想像できることはほぼすべて可能だろう」と語っているように、あらゆる領域にわたって、バーチャルでの代替がますます進んでいくと考えられます。

しかし、移動機会は、回数は減ってもなくなることはありません。移動することは古来より人類が持っていた普遍的な欲求に結びつくことであり、食物を探したり、災害から逃れたり、より良い環境を求めて探索したりすることが我々に本能として組み込まれているもので、現代でも変わるものではありません。旅に出ればワクワクしたり、つらいことがあるとふらりとどこかに出かけたりという行動も普遍です。

また、米マイアミ大学のアーロン・ヘラー准教授チームの研究では、人間の脳は「多様性や新規性のある移動」を検知すると報酬系を作動させ、喜びや幸福感を生み出すということもいわれています[1]。

つまり、バーチャルで代替できない必要性や根本的な欲求によって移動機会自体はなくなることはなく、その回数が減ることにより、移動はより特別で価値のあるものになるといえます。そうなると、移動に関するニーズや、移動手段の選択肢、選択の考え方も大きく変わります。

ここでは、「仕事・就労」「レジャー」という2つの移動機会の観点から、新たな移動ニーズに影響を与える新しい価値観、要素を考察します。

1 仕事・就労に関する価値観の変化

パンデミック以前からも、世界経済の成長鈍化や、サステナビリティに対する関心・意識の高まりによって、「経済的成長」から「本来の豊かさ」への価値観の変換がいわれていました。そしてパンデミック後は、経済環境の不透明感が増すなかで、脱炭素・低炭素経済という新たな経済の枠組みの適用も進み、そうした価値観はより高まっています。

就労の観点からすると、仕事に金銭的報酬だけを求めるのではなく、左記の要素を重要視した就労機会の選択という側面がますます強まります。

●取り組む仕事や、所属する組織との価値観の共有
●自身の活動が社会貢献につながっているという実感
●ワークライフバランスの重視

❶ リモートワークによる働き方多様性の推進

リモートワークの浸透は、社会だけでなく我々の意識にも大きな変化を起こし、かつ、右記の新たな価値観の広まりを後押ししています。組織としての成果を上げていくうえでの課題はあるものの、個人の就労環境については、通勤にかかる時間と労力の削減や生産性の向上など、概ねポジティブな反応となっており、今後もより浸透していくと考えられます。

２０２１年11月にエンワールド・ジャパン株式会社が実施した「グローバル企業のリモートワーク実態調査２０２１」によると、「リモートワークを経て起きた良い変化」として、第1位の「社内システム・ワークフローのＩＴ化」に次いで、「従業員の私生活の充実度向上」が挙げられています。また、8割の企業がリモートワークを恒常的な制度として継続する、という結果も出ています。

また同調査における、「リモートワークを経て起きた課題」の項目では、「従業員の会社に対する帰属意識が下がった」という点が挙げられていますが、必ずしもリモートワークによって発生した課題というわけではありません。昨今の働き方の多様化のなかで、フリーランス志向の働き方が注目されていました。そうした傾向が、物理的にオフィスに集う機会が減少することによって加速されたということになります。

企業側からすると、従業員の帰属意識の低下は課題となりますが、就労者にとっては、より多様性のある、個々の価値観・ライフスタイルに合った働き方を推進することにつながり、ビジネス人材市場の観点でも、従来中心となっていた「就社」型の人材から、より多様性のある知識・才能を持った自律型人材が増えることで、ビジネスに新たな価値を創出する可能性が出てきます。

❷ ワークスタイルとライフスタイルの多様化

こうした仕事・就労に関する価値観の変化は、働くロケーションの多様化にもつながり、それぞれのワークスタイルやロケーションに対応する、新たなモビリティニーズが生まれます。

■リモートワーカーの普及による多様性の増大

リモートワークの普及により、移動しなくてもいいという選択肢がある一方、自由に好きなロケーションを選択して仕事ができるという選択肢も与えられます。それによって、就労スタイルについても、より自由度、自律性が高くなり、ワークロケーションが多様化します。

今日でもすでに、自然が身近な住宅環境を求めて地方に移住したり、それを検討したりする人もいます。2020年8月に転職サービス「doda（デューダ）」が実施した調査[2]によると、地方移住への興味について、「興味があり、すでに移住している」との回答者は2・6％、「興味があり、前向きに検討したいと思う」と「まあまあ興味がある」を合わせて29・2％となっており、「リモートで仕事ができるなら、都心の近くではなくもっと落ち着く場所を生活拠点にしたいと思うようになった」などが理由として挙げられています。また、20代の移住意向が高いことから、今後、より移住を考える人の比率が上がると考えられます。

仕事以外の生活環境についても、バーチャル化が進んでいけば、都市と地方における生活の利便性の面での差は小さくなります。一方で、それぞれの環境に「リアル」の特徴は残るので、個人の価値観に合った選択がなされます。例えば、海、山など自然の魅力を好む人は地方型のリモートワーカーを選択し、アートやエンターテインメント機会などの都市型インフラに依存する体験を好む人は都市型リモートワーカーを選択すると考えられます。

また、これからの価値観として、地方・都市とも、地域社会への貢献という側面が重要視されていくはずです。したがって、そうした観点から、より自分の共感できる、価値観を共有できる活動拠点の選択ということも出てきます。

さらには、複数の拠点を持った「マルチロケーションワーカー」という選択もされるでしょう。なるべくモノを持たない生活様式や、サステナビリティの観点からも重要となるシェアリングエコノミーが浸透すれば、より身軽になって、複数の生活拠点を行き来することも容易になり、複数拠点のよさを体験できる、これまでとは違う豊かな生活のひとつのモデルとなる可能性があります。

こうした需要に対応するため、最近はワーケーションに取り組む地方自治体が増加することで、マルチロケーションワーカーを検討する人には格好の体験機会を提供しており、今後の動向が注目されます。

■ノマドワーカーという選択も

マルチロケーションワーカーを極めたモデルが、「ノマドワーカー」といわれる、自宅＝本拠地を持たずに複数の拠点を転々としながら働き、生活するスタイルです。

先に移動がなくならない理由として挙げた、古来より人類が持っていた良い環境を求め探索したいという思いを実践するライフスタイルともいえ、さまざまな拠点を探索する、イノベーター資質に結びつくワークスタイルともいえます。現代でも、宿泊施設の提供する多拠点宿泊サブスクリプションサービスを利用したり、キャンピングカーなど居住可能な移動手段を活用したりするノマドワーカーが増加しています。

筆者の知人のご子息にも、〝半ノマド生活〟をしているミレニアム世代がいます。彼は、大学在学時にボランティアで訪れた中部地方の山村における特産品食材開発の取り組みに共感し、卒業後、その山村に住み込んで活動を支援しています。自治体から下宿のような支援（食・住）は受けているものの、無給であるため、ギグワーカーとしてプログラミングの仕事をして収入を得ています。休日に学生時代の友人と会ったりするときは、自分の車で名古屋に帰省し、その時々に都合のいい親類や友人の家に滞在しています。軽ワゴン車にミニマムの生活品を詰め込んで、時にはスーパー銭湯やコインランドリーを活用し、所有するものを最小限にした、合理的な生活を送りつつ、将来は特産品を扱うビジネスを本格展開することを目指しています。所有しているものは少なくても充実した生活を送っており、通勤と残業で疲弊していた筆者の20代とは大きく異なります。

このように、経済的な観点だけで仕事を選ぶのではなく、自分の価値観との共感を仕事の軸に置き、それを実現するために、スリム化した合理的な就労・生活を送るうえでは、定住にこだわらない、移動型の居住という選択も出てくると考えます。

■オンサイトワーカーにも変化の波

一方で、エッセンシャルワーカーを含む、リモートワークでは代替できない業種もあり、今後もオンサイトで仕事をするオンサイトワーカーは残ります。

株式会社パーソル総合研究所が実施した調査「第六回・新型コロナウイルス対策によるテレワークへの影響に関する緊急調査」によると（図表5-1）、業種別のテレワーク実施率について、全体の実施率は、正規雇用社員（以下、正社員）で28.5%となっているものの、業種別でみると、運輸業、郵便業、宿泊業・飲食サービス業、医療・介護・福祉業では、低い実施率となっています。

もちろんこれらの業種・業界でも、今後はバーチャル対応へのシフトや作業のデジタル化によってリモートワークが増加すると考えられますが、一定比率のオンサイトワーカーは残らざるをえません。

また、オンサイト業務が相対的に少なくなっていくことにより、求められるニーズ、就労機会の増減の波に応じて、就労者が柔軟にワークサイトを変更する必要性も出てくるかもしれません。

前述した、自分の意思で自由にワークロケーションを選ぶのとは別の意味での、ワークエニウエア（Work Anywhere）や、ノマド生活が生まれる可能性があります。現在はアメリカなどで「ワーキャンパー」と呼ばれるような、キャンピングカーで需要のある物流倉庫な

図表5-1：業種別テレワーク実施率

業種	調査 サンプル数	従業員の テレワーク実施率 (%)
建設業	1,320	25.3
製造業	5,882	31.0
電気・ガス・熱供給・水道業	425	31.8
情報通信業	1,727	63.0
運輸業、郵便業	1,557	13.1
卸売業、小売業	1,994	21.0
金融業、保険業	1,350	36.0
不動産業、物品賃貸業	386	25.3
学術研究、専門・技術サービス業 (法律、税理士、測量など)	204	43.8
宿泊業、飲食サービス業	428	10.2
生活関連サービス業、娯楽業	440	19.5
教育、学習支援業	361	19.8
医療、介護、福祉業	1,604	7.0
その他のサービス業	1,839	29.0
上記以外の業種	973	33.4

※調査実施期間2022年2月4日～7日、正社員のみ。サンプル数は性別・年代、職種の補正のためのウェイトバック後の数値。
四捨五入処理の関係で、合計数値が異なる場合がある。

出典：パーソル総合研究所「第六回・新型コロナウイルス対策によるテレワークへの影響に関する緊急調査」(https://rc.persol-group.co.jp/thinktank/data/telework-survey6.html)

どを渡り歩く低所得の高齢者層が中心になっていてネガティブなイメージがありますが、今後は、働き方や、豊かさに関する価値観が多様化してくるなかで、フリーランスをより実感できるライフスタイルとして積極的に選択される可能性もあります。

■ワークスタイルとモビリティライフの多様化

ワークスタイルが多様化し、それを選択する個人の価値観、ライフスタイルに基づき、移動手段の選択や、自家用車の所有、非所有（＝シェアリング活用）の判断など、モビリティライフも多様化します。

図表5-2（次ページ）に、こうした新しい動きをまとめてみました。

2 レジャーに対する価値観の変化

パンデミックの長期化を契機に、旅行やエンターテインメントなどのレジャー領域にも、バーチャルへの移行が始まりました。今のところライブの実体験に比べると臨場感に欠けるため、あくまでもリアルの体験の代替という位置づけですが、一部ではバーチャルならでは

図表5-2：ワークスタイルとモビリティライフの多様化

	ケース1	ケース2	ケース3	ケース4
ライフ／ワークスタイル	都市部ベースのリモートワーカー	地方ベースのリモートワーカー	都市部ベースのオンサイトワーカー	地方ベースのオンサイトワーカー
モビリティの選択	都心部に在住、自家用車は保有せず、必要な時に、その時々に最適なモビリティサービスを利用。	都心から約200キロ離れた地方部に在住、広い用途に使える自家用車を保有。	都心部に在住、自家用車は保有せず、必要な時に、その時々に最適なモビリティサービスを利用。	頻繁にワークロケーションが変わるため、サブスクリプションで複数の居住拠点間を移動、収納力のある自家用車を保有し、身軽な移動。
オンタイムの移動	●週のうち3–4日は自宅で仕事。仕事の合間にリフレッシュと軽い運動を兼ね、近所の遊歩道、自転車レーンを利用。 ●オフィスに行く際は、シェアリングの自律型マイクロモビリティと次世代地下鉄を利用して約20分で到着。 ●ビジネスディナーの時は、標準的な自動運転車のシェアリングサービスを活用。	●基本はリモートワークだが、車の中でも作業ができる自動運転自家用車を活用し、その日の仕事の内容・状況に合わせて、景色のよいモビリティパークなどで活動。行き帰りには、漁港の食堂や、温泉施設に立ち寄り、リフレッシュ。 ●新しいビジネスパートナーとの面談などで都心に行く場合は、次世代の高速移動システムを活用し約30分で到着。	●オンサイトワークで、ピーク時などのニーズに合わせて、勤務ロケーションが変わる。 ●通勤は公共交通機関を利用するが、場所によってはオンデマンドタクシーを利用。	●オンサイトワークで、ピーク時などのニーズに合わせて、自家用車で勤務ロケーションへ移動し、一定期間滞在する。
オフタイムの移動	●家族で両親の家を訪ねる際は、シェアリングサービスでリビング式の自動運転車を利用。 ●釣りに出かける際は、釣りに必要な装備をされた、自動運転車をカーシェアで利用。	●居住地域の中心で、自然環境を活かしたアクティビティを楽しむため、自家用車で移動。 ●会食などで都心に行く場合は、次世代高速システムを活用し約30分で到着。	●主に自宅でバーチャルでのエンターテインメントを楽しむ。	●自家用車で移動し、各ロケーションで時々の魅力を楽しむ。

出典：筆者作成

の魅力も見出され始めており、今後、バーチャル環境の進化や、移動に伴うCO_2排出の抑制の必要性との兼ね合いのなかで、リアルの代替ではなく、積極的にバーチャルが選択される機会も出てくると考えられます。

❶ エンターテインメント ——リアルとバーチャルの融合、環境意識も

ぴあ総研が行った「2020年ライブ・エンタテインメント市場規模」の調査によると、ライブ・エンターテイメントの市場規模は2019年に6295億円だったものが、2020年はその3割程度にまで落ち込みました。2022年に入っても、観客数の制限など、まだ本格的な回復には至っていない状態です。

一方で、オンライン配信など新しいエンターテインメントの提供形態、楽しみ方も出てきています。例えば、スポーツ観戦での応援メッセージ送信、パフォーマーに対する投げ銭など、インタラクティブなアクションによって参加意識を醸成することにつながっています。メタバースが進化すれば、より個人の嗜好にあった、かつ臨場感のある体験ができるようになるでしょう。

例えば、ソニーグループ株式会社はプロサッカーのイングランド・プレミアリーグ、マン

チェスター・シティ・フットボール・クラブとオフィシャル・バーチャル・ファンエンゲージメント・パートナーシップを締結し、次世代のオンライン・ファンコミュニティの実現に取り組んでいます。

計画では、マンチェスター・シティのホームスタジアムであるエティハド・スタジアム（英マンチェスター）を仮想空間上にリアルに再現し、選手やチームを身近に感じられるようにします。また、ファン同士が交流できる仮想空間ならではの体験価値を創出し、集まったファンは、自身のアバターを作成することでチームにかける想いや情熱を表現できるほか、エンゲージメントを高められるさまざまなサービスにアクセスすることが可能となる仕組みとなっています。

環境意識のさらなる高まりによって、移動を

仮想空間上にリアルに再現されたエティハド・スタジアム（イメージ）

出典：ソニーグループ株式会社ウェブサイト
（https://www.sony.com/ja/SonyInfo/News/Press/202111/21-055/）

伴うイベント参加は敬遠されることもあるかもしれません。また、イベントの出演者やアスリート側も、移動を敬遠する可能性があります。実際、イギリスの人気バンドが、環境対策ができるまでワールドツアーを中止すると発表したことがありました。今後も、環境に対する意識の高いパフォーマーやアスリートを中心に、同様なアクションも考えられます。

❷ 旅行――オンラインツアーの組み込み

旅行においてもパンデミックの影響は大きく、一方で、オンラインツアーなどの新しいサービスが登場しています。

ＪＴＢ総研が２０２０年9月に実施したアンケートによると、国内オンラインツアーの利用率は全体で11・３％、利用した人で今後も利用したいという意向を持つ人は42・０％でした。コロナ禍以前の国内旅行頻度が年３回以上の人に限ると、利用率は14・４％、今後も利用したいとする人は58・7％という、高い満足度を反映した数字になっています。また、良かった点としては、「現地にいるような気分が味わえた（20・5％）」が最も高く、「現地ガイドからの解説がよかった（16・０％）」、「双方向でコミュニケーションが取れることがよかった（16・０％）」などが上位に入っています。

オンラインツアーは旅行に行けないときの代替であり、リアルとは異なる楽しみ方もできる一方、あくまでもリアルな旅行のための下見という側面もあり、オンラインツアーによってリアルな旅行への思いを強くする、という側面もありそうです。2021年6月にONTABIが実施した、オンラインツアーに関するアンケートでも、オンラインツアーの目的としての回答のトップは「将来の旅行の情報収集として（旅の予習）」で、65・1%を占めています。

3 移動手段の選択に関する変化

テクノロジーの進化と環境負荷への考慮によって、パンデミックが収束した後も、仕事・就労目的、レジャー目的いずれにおいてもバーチャルでの活動が拡がり、移動機会が減少します。また、ロケーションの制約を受けないことは、生活様式の多様化にもつながります。

こうした環境・価値観の変化によって、移動手段の選択も変化します。これまでのモビリティ選択は、安全・安心を大前提とし、安（コスト）、早（時間）、楽（快適）の要素で選択されてきました。これに対し将来のモビリティ選択は、安全・安心に加えて、環境負荷が少ないことが大前提となり、そのうえで、コスト、時間、快適性で評価することになります。現在は移動の意向・計画に対して安全・安心が確保できる手段がない場合は移動を諦めることになりますが、将来においては、移動の意向・計画に対して、環境負荷が少ない手段の選択肢がないときは、移動をとりやめ、バーチャルでの対応を検討することになります。

1　環境負荷の少ない手段の選択
移動手段の選択においては、環境負荷が少ないことが、大前提となります。また、移動手段の所有についても、環境負荷への影響を考慮すると、必要な時にだけ利用するシェアード方式が選択されます。

2　より速い手段の選択
移動機会が減少し、移動がより特別なものになるぶん、より速く、より快適に移動したいというニーズが高まります。移動時間を短縮する、あるいは、移動時間を有効・快適に過ごせることが求められます。

3　より快適な移動手段の選択
移動機会が減少し、パーソナルモビリティの利用機会も減少します。特に、自転車などのマイクロモビリティ、公共交通機関との組み合わせが可能な都市部では、サステナビリティの観点でも、モビリティを所有する合理性がなくなります。

4　交通システム全体最適化

図表5-3：環境・価値観の変化に伴う移動手段の選択の変化

環境・価値観の変化

環境課題への関心高まり

就労・レジャーに対する価値観の変化

テクノロジーの進化

ワークスタイル、ライフスタイルの多様化

移動機会の減少

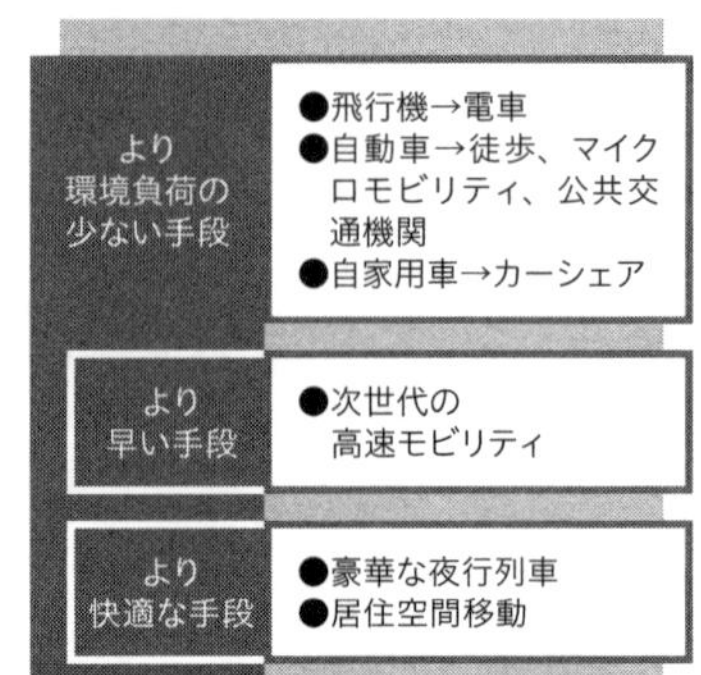

出典：筆者作成

1～3の仕組みを成り立たせるために、すべてのモビリティに、交通システム全体最適の視点で制御された、自律型＝自動運転機能が求められます。

❶ 環境負荷の少ない手段の選択

■飛行機・乗用車から鉄道へのシフト

２０４０年には、移動手段の選択において環境負荷が少ないことが大前提となります。現在でも、例えば、フランスの鉄道会社では、同一地点間の移動における、航空機と鉄道、鉄道と自動車の、それぞれの乗客１人当たりのCO_2排出量を提示することで鉄道の利用を促しており、利用者にも支持されています。実際に近距離の航空便は廃止される計画となっており、代替として一時廃止されていた夜行列車の運行が再開されています。

航空機については、国土交通省の発表（「運輸部門における二酸化炭素排出量」）でも、自家用乗用車に次ぐCO_2排出量（輸送量当たり）となっており、代替手段がある場合には航空機による移動が敬遠される傾向が出てきます。航空業界も、バイオジェット燃料を含む持続可能な航空燃料（Sustainable Aviation Fuel）の利用、電動航空機や水素航空機の開発に取り組んでいますが、その開発進捗状況によっては、国内線やEU域内の航空路線は、鉄道やハイパーチューブなどの次世代モビリティへのスイッチが進む可能性があります。

■マイクロモビリティへのシフト

環境対策や健康志向の高まりに加え、パンデミック禍の公共交通機関からのシフトもあり、自転車の利用が拡大しています。環境対策に取り組む欧州諸国では、自転車専用レーンやエリアを設置したり、自動車が自転車を追い越すときは減速したり、自転車との距離を最低1・5メートル確保することなどが法制化されたりなど、自動車から自転車へのシフトを促進する施策が進められています（第3章も参照のこと）。

電動キックボードなど、自転車以外のマイクロモビリティも進化しています。また、マイクロモビリティは、シェアサイクルの実績が示すとおり、機動性や配置スペースの点でシェアリングビジネスにおける大きな利点があり、シェアリングモビリティをけん引すると考えられます。

■シェアード・モビリティサービスの活用

移動機会が減少すれば、自動車を所有する必要性は低下します。現状でも都市部においては、徒歩、マイクロモビリティ、公共交通機関の選択肢があり、自家用車を利用する頻度は高くありません。ＫＰＭＧが２０２０年のコロナ前に実施した調査でも、距離別の移動手段選択について、車を選択した人は5キロメートル未満では29％、5～15キロメートルでも46％にとどまっています。

例えば、自動車移動が多く、車社会といわれている北米と比べると、日本の利用率は低く、その背景に、日本におけるマイクロモビリティ利用の環境や、公共交通機関の充実ぶりがあります。今後は、移動機会の減少、公共交通機関のオンデマンド化などによる利便性向上、自動運転などによるカーシェアの利便性の向上もあり、自動車保有の必要性は低くなります。また、サステナビリティ意識の高まりの観点からみても、所有からシェアへの移行の流れのもと、自動車は所有するものから必要時に利用するものになります。

現状、日本において自動車の保有意向が高いのは、車に対する愛着などの情緒的価値によるものだと考えられます。ＫＰＭＧジャパンが２０２２年に実施したカーシェア利用意向に関する調査でもそうした傾向が出ており、カーシェアを利用したい人の比率はまだ低い結果

図表5-4：移動距離帯別の車の選択割合

	日本	アメリカ
5km未満	29%	78%
5–15km	46%	90%
15–25km	64%	91%
25km超	47%	97%

出典：KPMG

図表5-5：自動車のシェアリングやMaaSに対する利用意向

自動車がインターネットにつながることにより、車内で利用できるサービスが拡充されるだけでなく、カーシェアリングやMaaSなどのサービスが拡充される可能性があります。あなたはカーシェアリングやMaaS（携帯などで予約できる配車サービス）を利用したいと思いますか。

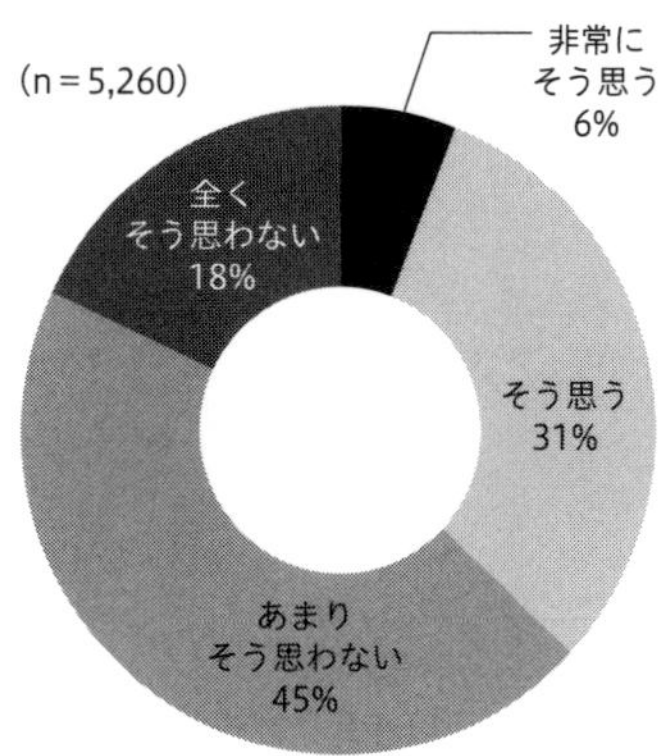

出典：「日本における消費者調査結果」
（KPMGジャパン「グローバル・オートモーティブ・エグゼクティブ・サーベイ2021」）

図表5-6：シェアリングやMaaSを利用したくない理由

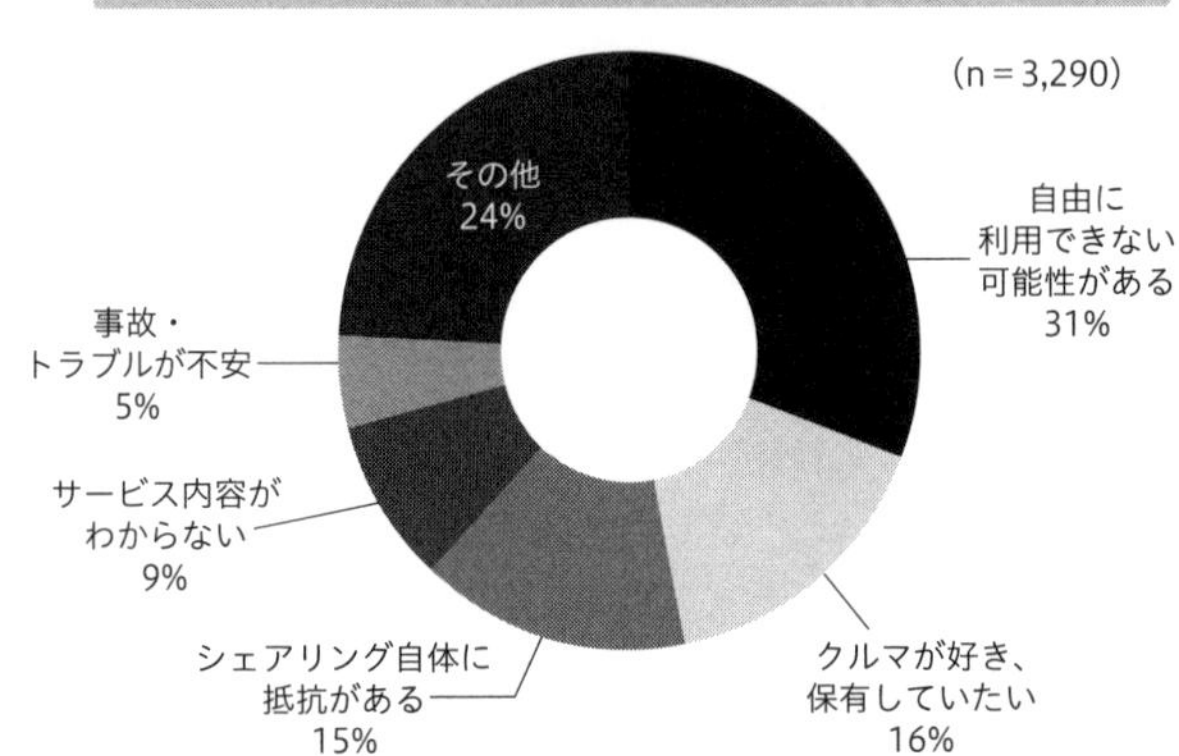

出典：「日本における消費者調査結果」
（KPMGジャパン「グローバル・オートモーティブ・エグゼクティブ・サーベイ2021」）

となっています。「カーシェアを利用したいか」との設問に「非常にそう思う」「そう思う」の合計は37％にとどまっています。「利用したくない理由」としては「自由に利用できない可能性がある」に次いで、「クルマが好き、保有していたい」が選択されています。

こうした従来からの価値観がある一方、サステナビリティに対する意識の高い若年層の受容度は相対的に高い結果となっており、今後は利用したいとする意向が向上すると考えます。

また、現在のサービスの利便性にも課題があります。例えば、借りるためにカーポートに出向き、それと同じカーポートに返却しないといけないなどです。しかし、今後の自動運転の実用化によって、利便性が飛躍的に高まる可能性があります。

❷ より速い手段の選択

移動がより特別な機会となることによって、移動するときはより速く、短い移動時間で済ませたいというニーズが高まります。この点、テクノロジーの進化もあり、今後移動の高速化、移動時間の短縮化が見込まれます。電動垂直離着陸機（ｅＶＴＯＬ）、ハイパーループなど、高速移動に対応する次世代モビリティの開発が進められており、２０４０年頃には実用化されていると考えられます。

■電動垂直離着陸機（eVTOL：electric Vertical Take-Off and Landing）

電動垂直離着陸機は、滑走路が不要で騒音が少ない点のほか、バッテリーやエンジン発電とのハイブリッドで駆動するため環境にもやさしい点などが評価され、「空飛ぶクルマ」の主流になるといわれています。空港から都市部への移動や、都市間の移動・観光、緊急搬送など、幅広い高速移動ニーズに対応しており、さらに物流サービスへの導入も検討されています。現在、世界各国で自動車メーカーとスタートアップ企業が積極的な投資を行い、開発に取り組んでいます。

「ハイパーループ」初の有人試験を実施

提供：Virgin Hyperloop／WENN／アフロ

ＫＰＭＧが２０２１年にグローバルの自動車業界エグゼクティブに対し実施した調査でも、83％が「２０４０年までに大半の大都市で利用可能になる」と回答しています。

■ハイパーループ（Hyperloop）

環境負荷が低く、より高速の移動手段として開発が進められているのが、真空状態のチューブをリニア駆動のポッドが移動する、ハイパーループといわれる移動システムです。

開発に取り組む企業のひとつであるヴァージン・ハイパーループでは、すでに２０２０年に有人走行試験を実施し、２０２９年までのインド・マハラシュトラ州における商業運用開始を目指していました。実現されれば、その速度は時速６７０マイル（約１０７８キロメートル）に達し、かつ環境負荷も低いということで期待されていたのですが、残念ながら２０２２年２

月、同社は旅客輸送への利用を断念するというニュースが入ってきました。(3)

❸ より快適な移動手段の選択

高速移動によって時間を短縮しようというニーズと合わせて、移動中を快適に、または有効に活用することができれば、移動時間が長くてもムダにはなりません。

コロナ禍以前から人気となっているキャンピングカーは、プライベートな空間を確保し、移動や宿泊、さらには仕事空間としても使うことができる利便性が、その人気の理由となっています。今後、キャンピングカーが自動運転機能を備えることによって、家族などとプライベートな空間を確保し、居住空間のような快適性、利便性を伴う移動を実現することができ、移動時間自体を有効に活用することができます。

■時間がかかっても快適に、そして環境にやさしく

フランスでは環境対策として、近距離の航空路線を廃止し、夜行列車の運行への移行が計画されています。スタートアップ企業のミッドナイト・トレインズ（Midnight Trains）社は、こうした夜行列車の旅をより快適に、かつ環境に配慮した「For Comfortable and Sustainable Journey」を掲げ、2024年以降、パリからヨーロッパの12都市への「hotels on rails」運

図表5-7：ミッドナイト・トレインズが運航を計画している「hotels on rails」

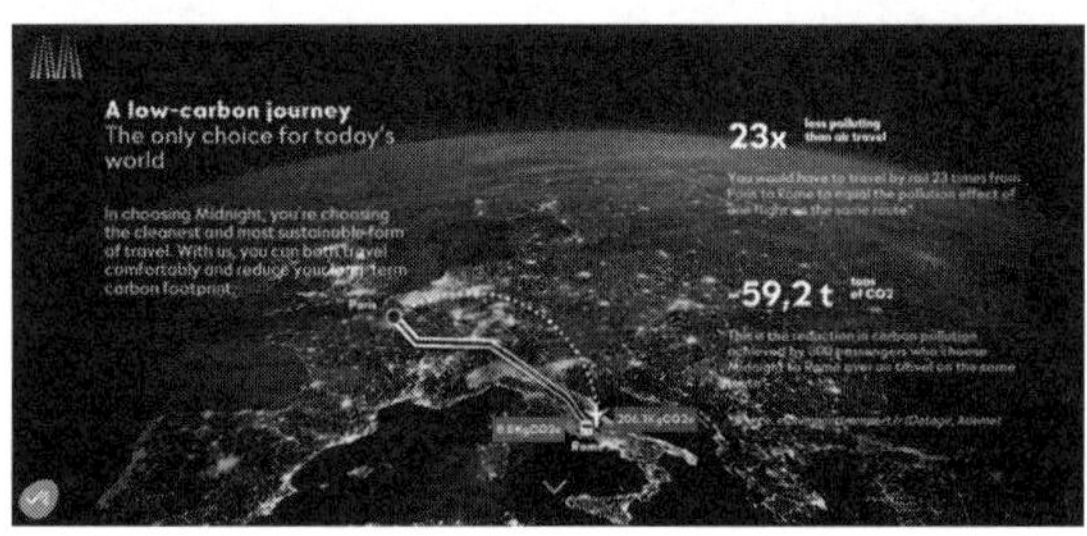

出典：Midnight Trains（https://www.midnight-trains.com/en/home）

行を計画しています。

車内の客室はホテルのようなプライバシーとセキュリティが確保され、レストラン・バーも備えており、移動時間が長くなっても、窮屈な時間を過ごすのではなく、ホテルに滞在するのと同じくらい快適な時間を過ごせることを、同社のホームページでも強調しています(4)。

また同サイトでは、飛行機を利用した場合との、1人当たりのカーボン排出量を比較しており、パリからローマへの移動の場合、飛行機だと206.1キログラム、夜行列車だと8.8キログラムと、23倍もの差があることを強調し、環境意識の高い顧客層への訴求をしています。

■移動時間を活用するための自動車車室デザイン

自動車についても、より快適で、移動時間も有効活用できることが求められます。先に述べたように、現在も居住空間を備えることによって、機動性の高さやプライベートな空間で移動を楽しめるキャンピングカーが人気となっています。本来のキャンプ用途だけでなく、リモートワークのスペースとして活用したり、災害時に備えたりなど、用途が広がっています。

今後、自動運転が実用化されてくることで、より移動行程を楽しみ、移動時間を有効に活用できるよう、新たな車室空間の開発が進められています。

例えば、韓国のＬＧエレクトロニクスは、２０２２年のＣＥＳ（コンシューマー・エレクトロニクス・ショー）で自動運転による新しい移動空間のコンセプトモデル、LG OMNIPODを公開しました（図表5-8）。車内空間のディスプレーを活用したメタバースのエンターテインメントや映画鑑賞、オフィスやジムとしての活用など、自動運転による移動時間を快適に有効に活用することを目指しています。

❹ 交通システム全体最適化

環境負荷が少なく、早く、快適に移動できるようにするには、すべてのモビリティが全体

図表5-8：LGエレクトロニクスが公開したLG OMNIPOD

出典：LG Electronics
（https://www.lgnewsroom.com/2022/04/
expanding-the-personal-living-space-to-the-road/）

最適を可能とする高度なコントロールのもとに機能する必要があります。それに向けて、現在各所で取り組まれているMaaSが大きく進化することが求められます。

現在実用化されているのは複数の移動手段の統合提供のレベルですが、図表5-9にまとめたレベル定義にあるように、MaaSレベルの5、6に相当する、利用者の移動パターンに基づいて移動の選択肢を提示し、移動中の急な変更や遅延・キャンセルに対応し、かつスマートワークスペース、スマートホーム、スマートビルディング、スマートシティとのインターフェースによって、すべての環境でシームレスなインターフェースとサービスが提供されることが目標となります。

そのためには、そうした全体最適を実現するサービスを提供するMaaSコントローラー、あるいは、都市OSなどと呼ばれる存在が重要になります。各モビリティサービス、交通システムからのデータやユーザーの行動に関するデータを収集して分析し、分析データを各モビリティサービスにフィードして、モビリティの最適な動きをコントロールするものです。

また、技術的なデータ連携・分析だけでなく、各サービスプロバイダーとのエコシステムとしてデータが流通できるよう、データ形式の標準化や、共通ルールの設定などの仕組みづくりが求められます。

さらに、こうした交通システムの全体最適を実現するにあたっては、社会システムとしてユーザーに受容されることが必須となります。利用者から収集するデータの取り扱いに対す

図表5-9：MaaS実現レベル

レベル	実現される内容
Level 0	個々の交通手段においてオンラインのアプリケーションを通して、利用者に必要な情報が提供されている。利用者は複数のアプリを閲覧して、複数の手段を利用する移動ルートを組み立てる。
Level 1	複数のサービスを統合して提案する"デュエットサービス"が提供される（例：通行料+駐車場、自家用車+フェリー、駐車場+バスが一対一で統合される）。
Level 2	（限定的ではあるが）エンドトゥエンドでのサービス統合が増加する。一部の公共交通機関と民間交通機関の間で支払い、チケット発行の統合が生じる可能性がある。
Level 3	「メタオペレータ」が複数の移動手段にわたる統合サービスを利用者に提供する。メタ・オペレーターは、各サービスオペレーターとのフォーカル・ポイント、マネージャーとなり、関係者間で合意されたデータ交換に基づく、オプション提示などを通して、利用者にマルチモーダルトリップを提供する。
Level 4	レベル3が拡張され、すべての移動手段の経路、発券、支払いが統合される。すべての交通機関によってオープンデータと標準の構築が必要となる。この段階では、市場には複数のMaaSメタオペレーターがサービスを提供し、メタオペレーター間の競争が発生する。
Level 5	利用者のプロフィール、好み、移動パターンに基づいて移動の選択肢を提示する。ほぼリアルタイムのデータが、移動中の急な変更を行ったり、提案し、遅延やキャンセルに対応する。
Level 6	上記のすべてを含み、スマートワークスペース、スマートホーム、スマートビルディング、スマートシティとのインターフェースによって、すべての環境でシームレスなインターフェースとサービスを利用者に提供する。

出典：Route One Publishingウェブサイトをもとに著者作成

る合意や、提供したデータに見合うユーザーのベネフィット、社会貢献への賛同が重要となります。

4 運転と自動車の未来

■自動車のもうひとつの未来

未来の社会では、移動のための自動車は、交通インフラの全体最適の下に制御されるため、すべて自動運転になります。そうなると、現在のような人が自分で自動車を運転することは移動手段ではなく、趣味になり、手動運転可能区域に限定されたエリアでのみ、自動車の運転を「楽しむ」ことが可能になるでしょう。つまり、移動手段としての自動車は自動運転に特化されることになります。しかし、趣味というかたちでの運転行為は残ります。また、自動車の持つ芸術的な文化財としての価値は変わらず、むしろそれは今よりも高まるということになります。

そうした未来につながる世界観を現代で実現しているのが、ワクイミュージアムです。ワクイミュージアムは、埼玉県加須市の広大な敷地で、ロールスロイス、ベントレーといったクラッシックカーの名車の展示（MUSEUM）、整備（FACTORY）、販売（HERITAGE）を手掛けています。そのミッションは、「20世紀の名車は、そのデザイン、エンジニアリングともに機械遺産、文化遺産ととらえ、そのリストア、販売によって、顧客に乗り継がれることを支援することで、希少な名車の未来への継承を担う」というものです。今回、ワクイミュージアム・涌井清春館長からメッセージをいただきました。次のコラムでご紹介します。

column ワクイミュージアム・涌井清春館長のメッセージ

これからの自動車はＣＡＳＥ（Ｃ〈Connected：コネクテッド〉、Ａ〈Autonomous：自動運転〉、Ｓ〈Shared & Service：シェアリング&サービス〉、Ｅ〈Electric：電動化〉という4つの課題を克服しながら急速に進化していくといわれています。4つの課題はそれぞれデジタル技術の進化によって推進され、それによってドライバーの負荷と事故と渋滞などが減り、環境汚染が減少します。

自動車というものが生まれて以来、宿命的に付随してきたネガティブな要素が劇的に解消

図表5-10：ワクイミュージアム（外観、上）と、涌井清春館長（下）

出典：ワクイミュージアム（https://www.wakuimuseum.com/index.html）

されるわけですから、この流れに反対する自動車メーカーはありません。私も大賛成です。移動手段としての自動車が大きく進化するのですから反対する理由がありません。

ひとりのクラシックカーを愛するものとしても大歓迎です。これからの自動車が、純粋に移動のためのものと、趣味の対象とに明確に分かれるのはとても好ましいからです。

２０２０年に、ベントレーが往年の名車１９２９年式『ブロワー』の12台限定復刻生産を発表しました。「継続」の意を込めた「コンティニュエーションシリーズ」として、ベントレーのビスポークとコーチワークを担う部門の職人が、レーザースキャンや３Ｄプリンタなど現代の技術を活用し、一台一台ハンドクラフトします。

機械遺産、産業遺産としての自動車の価値を次世代に継承していくために、伝統的な技術とデジタル技術を併せて用いて復刻を行うのは意義深いことです。

CASEの時代となっても、140年近くを誇る自動車の歴史と伝統を継承することを大切にしようとしています。

ベントレーをはじめとする自動車メーカーが過去の製品を復刻する意図も、まさにそこにあるのだと考えることができます。

今後は、デジタル関連企業がCASEを足掛かりにしてクルマを造るようになるかもしれません。そうなった時を見越して、「クルマはクルマ屋に任せろ！」といわんばかりに気概を示しているように私には見えます。

注

1 2020年、科学誌「ネイチャーニューロサイエンス」で発表。
2 転職サービス「doda」、「コロナで高まる地方への移住転職ニーズ！Uターン・Iターン転職を望む理由とは？」(https://doda.jp/guide/ranking/096.html)
3 参考：https://www.thedrive.com/tech/44466/virgin-hyperloop-wont-provide-passenger-travel-heres-why-that-matters
4 参考：https://www.midnight-trains.com

6

未来の街づくりとファイナンスモデル

MOBILITY
Re-DESIGN
2040

1 20XX年の都心と地方の暮らし

■臨海部のタワーマンションにて…

明るい陽ざしとピーピーピーという音。「〇〇（コンピュータ）、目覚まし停めて」と言って起きあがると、寝室の南向きのカーテンが自動的に開き、湾岸部の超高層マンション群の景色が眼下に広がる。

リビングに入ると、挽きたてのコーヒーの香りが立ち昇り、トーストもちょうど焼けたところだ。妻と娘に「おはよう」と声をかけ、朝食をさっとすませる。

9時からのオンライン会議の準備のために、寝室横の書斎スペースに移動し、VR用メガネをかける。今日も夕方までずっと会議だが、メタバース内でアバターが活躍してくれるので、夕方の会食への外出までは、くつろいだままの部屋着で構わない……

■富士山の裾野のログハウスにて…

明るい陽ざしと鳥の鳴き声で目覚めると、寝室のカーテンが開き、雄大な富士山が目に入ってくる。春が近づいてくるので、鶯の鳴き声も時折聞こえる。ベランダに出てすがすがしい空気を大きく吸いこんだ後は、クロワッサンを温め、たっぷりの豆乳をいれたソイラテといっしょに朝のひと時を満喫する。

先週は赤坂でのクライアントミーティングのため、エアタクシーで東京まで片道30分かけて移動したが、今週はクライアントとの会食もないため、1週間ずっと田舎暮らしだ。

リアルの観劇とか三ツ星レストランでの食事ができないなど東京都心の利便性はないものの、食べ物や雑貨などの日用品はドローン宅配で届くのでまったく不自由を感じない。すこし具合が悪くなったときも、3Dオンライン診察でほぼ事足りる。

まさに自然を満喫しながら、都心と変わらない仕事ができるのがここで暮らすメリットだ……

日本の社会インフラの現状

❶ 都市機能の維持には、これから際限なくお金がかかる

前述の2つの生活シーンは、2050~2060年ころのビジネスパーソンの生活をイメージしたものですが、このような生活を送るための都市空間を構築・維持するためには、これから多大な投資が必要になります。

未来においても、東京都心や東京近郊自治体のような都市部、大都市圏の近郊都市、地方の中核都市、山間部の町村など、街の立地特性や規模により、その生活様式も異なります。

一方で、いずれの街でも、上下水道や電気、ガス、道路、橋梁、トンネル、通信ケーブルや基地局といった都市を支えるインフラの維持管理については、大きな課題を抱えており、今後、際限なくお金がかかってくることが予想されます。

都市部での便利な暮らしがこれからも維持されるかについて心配している人は、現状ではそれほど多くはないと思います。しかし実際は、現状の都市機能は徐々にグレードダウンしていくかもしれません。

日本の都市化率は約70%ですが、鉄道駅のない自治体やタクシー会社のない自治体も増加

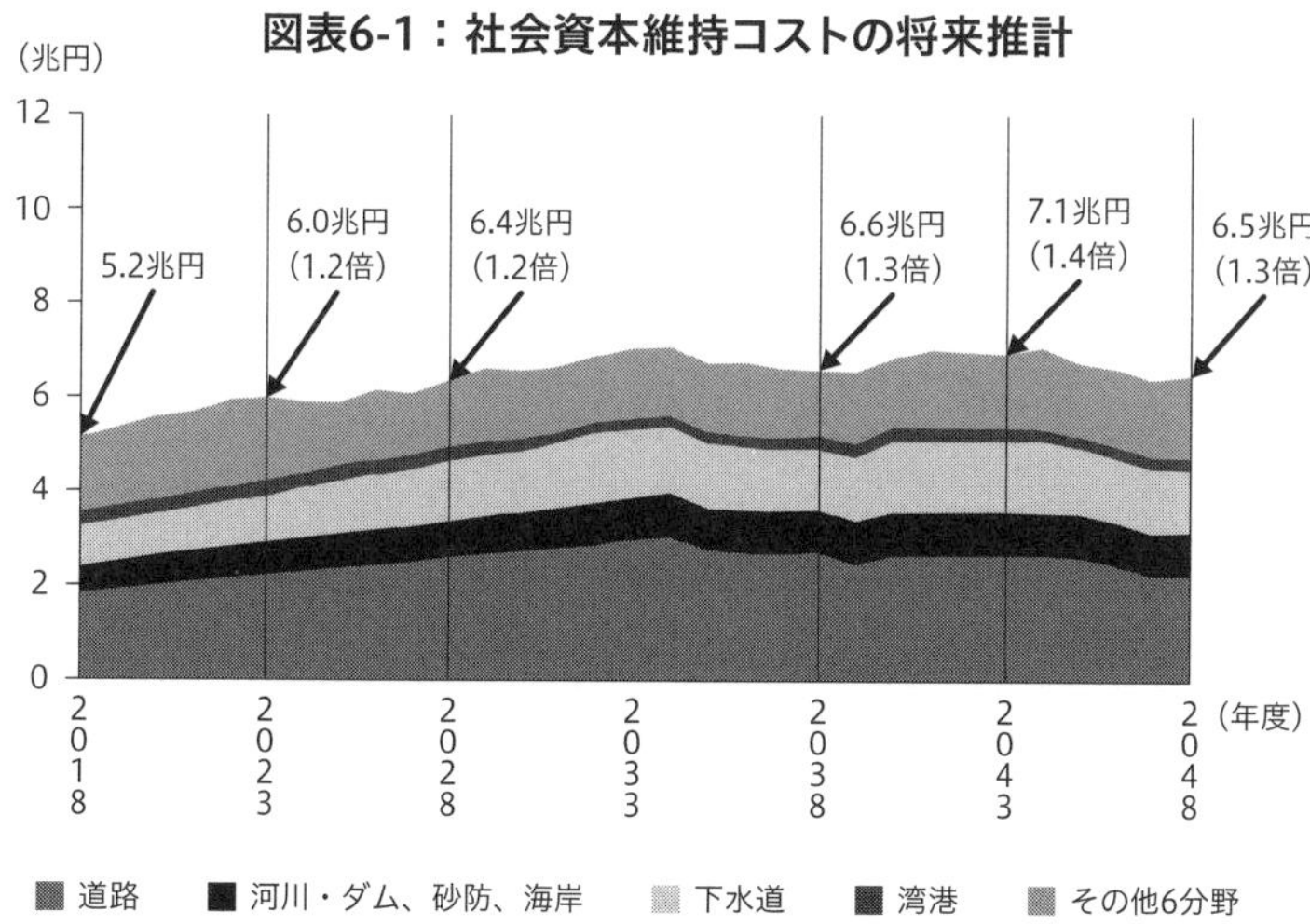

出典：国土交通省 国土交通省所管分野における社会資本の将来の維持管理・更新費の推計
https://www.mlit.go.jp/sogoseisaku/maintenance/_pdf/research01_02_pdf02.pdf

しているなど、都心部以外での公共交通の利便性にも大きな課題があります。現時点では、自家用車を使うことでそれほど不便を感じない人も多いかもしれませんが、今後10年先、20年先を考えた場合はどうでしょうか。自動運転の普及次第ではありますが、高齢者を中心とする交通難民も増加してきます。そのための公共交通網の維持にも多大なコストがかかってきます。

　高度医療が受けられる病院についても、地方部での医療体制の維持が、コスト面と人材面からますます難しくなってきていて、その結果、都市部と地方部の格差が拡大しつつあります。

　このような都市を支えるインフラ、上下水道・道路・橋梁・トンネル・エネルギー網・通信網といったハード、医療サービスや公共交通といったサービス、いずれもこのままの暮らし方・都市経営が続くと、際限なくコストが膨らみ、持続可能とはいいがたく、現在の日本のまちは、いわゆる〝ゆでがえる〟状態にあるのです。

❷ 維持更新に必要な人材も不足する可能性がある

上下水道や道路・橋梁などの社会インフラの維持・管理には、前述のように多大なお金が必要となりますが、同時に、多くの人手も必要です。

例えば、我々が日々利用している電気を考えてみましょう。現在の日本でも多様な方法で電力が供給されています。しかしその多くは、比較的人口密度が低い地方部に集中する大規模発電所でつくられ、それが高圧の送電線網で人口が密集する都市近郊まで送られ、変電所を経て電圧が下げられ、各事業所や家庭へ供給されています。発電施設、送電線、それを支える鉄塔・支柱など、いずれも定期的な点検、設備更新、部品・部材の交換、補修が絶え間なく、それも多くは人手によって行われています。電力設備の維持・更新には特別な知識・技能が必要で、人材の教育・育成を続けながら、これらの業務が実行されています。しかし、いわゆる団塊の世代の退職にともない熟練工が急激に減少し、新卒・中途採用でもその不足を補えない状況が続いているといわれています。

ある電気系設備会社幹部によると、最近は新卒採用において定員割れが生じたり、採用しても数年で退職されてしまったりするなど、若い技術者の確保が難しくなっているといいま

図表6-2：電気系工事の社員数の推移（第1種電気工事士の需給バランス）

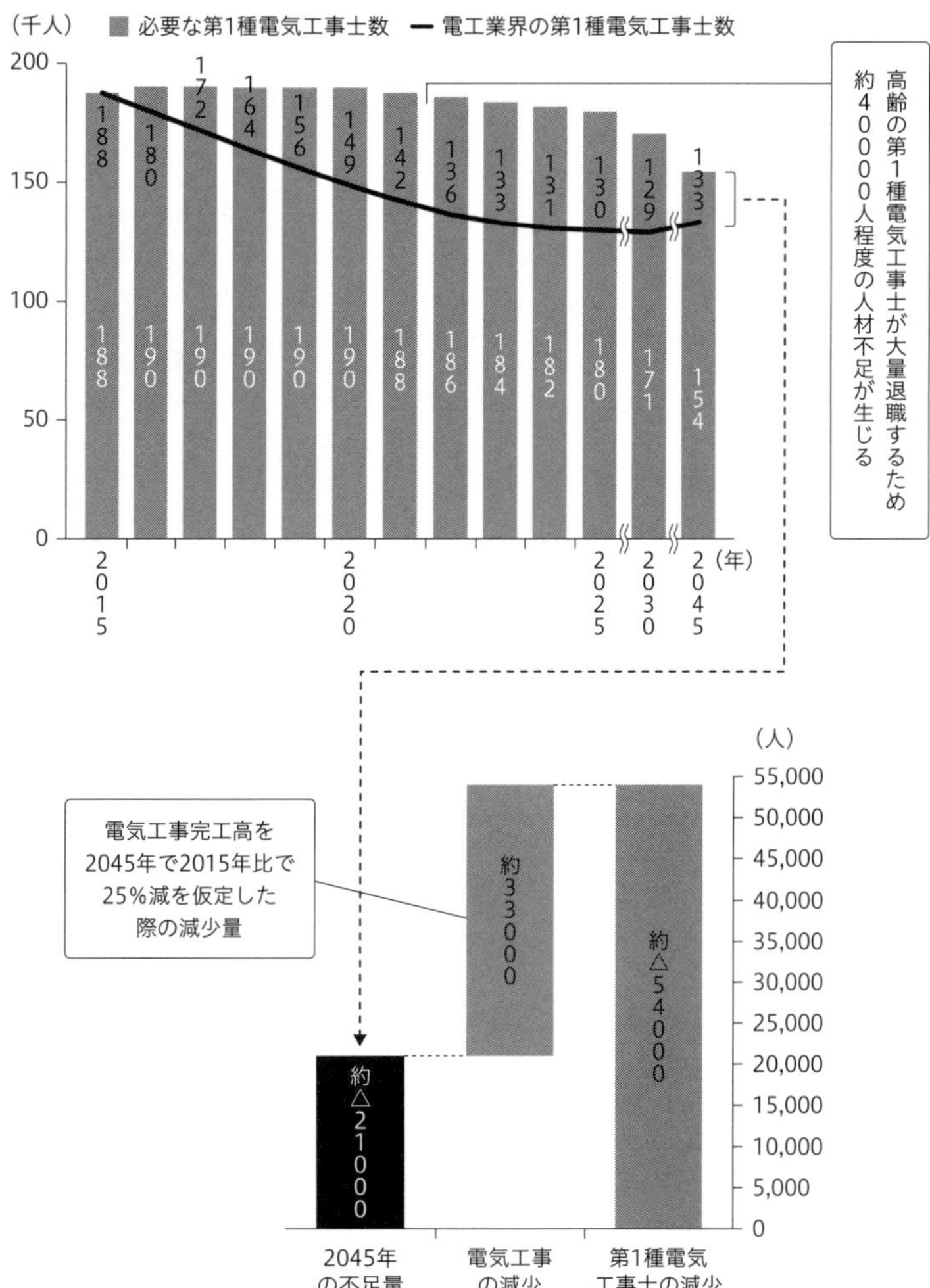

出典：経済産業省　電気保安人材の将来的な確保に向けた検討について
平成29年3月21日、https://www.meti.go.jp/shingikai/sankoshin/hoan_shohi/denryoku_anzen/pdf/015_09_00.pdf

す。そして、このままでいくと新設は論外、既存施設の更新・維持管理にも支障が生じることが懸念されるとのことでした。

電力会社や設備系ゼネコンなどを中心に、ドローンやセンサーを使っての管理、ドローンやロボットを使っての設備更新などの技術開発が行われているものの、規制やコスト面から、まだまだ実用化には時間がかかります。

鉄道についても同様です。北海道や東北の降雪（豪雪）地帯では、冬季の線路の保守・維持管理、災害時の復旧などには、依然として人手が必要ですが、これらの地域では、厳しい気候条件も相俟って離職者も多く、現在でも人員不足に陥りつつあるといわれています。

人の面からも、これまでどおりに社会インフラを維持更新していくことの難しさを再認識せざるを得ません。

市民の価値観の多様化がさらに進展する

ここで、未来の街で暮らす市民の視点を考えるために、あらためて市民の価値観の多様化についても整理してみます。

キーワードは、ダイバーシティ&インクルージョンです。

❶ 地球規模・世界全体での価値観の変化

SNSによる地理的空間を越えた〃つながり〃により、これまで地域ごとに分断されていた情報の共有や、コミュニティのネットワークが、地球規模になり、その結果、価値観の多様化が加速しました。

例えば、温暖化などの地球規模での環境問題、性や人種の多様性についての考え方の変化などが、その最たるものでしょう。

私たちコンサルタントの間では、数年前から地球温暖化対応を意識したESGファンドなどの新たな資金調達手法や、火力発電所への融資

図表6-3：2050年までのカーボンニュートラルを表明した国

出典：経済産業省 資源エネルギー庁 令和2年度エネルギーに関する年次報告
エネルギー白書2021、https://www.enecho.meti.go.jp/about/whitepaper/2021/html/1-2-2.html

の厳格化・停止・引き上げなどのダイベストメント（投資撤退）が注目されていましたが、2021年半ばごろから、脱炭素への動きが急拡大・急加速し、もはや地球全体・産業界全体・市民生活全般でこれに対応することは必須のものとなりました。スウェーデンの環境活動家であり、16歳（当時）の少女であるグレタ・トゥンベリさんの気候行動サミットでの発言がSNSにより一気に拡散し、大人の社会をも大きく動かしたともいえます。

またLGBTQ（性的マイノリティ）についても、正確な情報と認知が世界中に広がり、生活様式だけでなく法律も変わりつつあります。

これらの地球規模・世界全体での価値観の変化は、街のあり方、街の機能をも変えていくと考えられます。

❷ 国内での暮らし・ライフスタイルの変化

SNSの普及・デジタル技術の急速な進展を背景にした世界規模での情報拡散・共有、コミュニティ拡大に加え、2019年末から全世界規模に広がった新型コロナ感染症のパンデミックは、日本だけではなく、世界各国の暮らし・ライフスタイルをも大きく変えました。ここ数年の国内での暮らし・ライフスタイルの変化を、4つの生活シーンから整理してみます。

■働く——働き方（雇用形態）の多様化、働く場の多様化（本社が都市部でも働く場所が多様化）

コロナ禍による日本全国での人流抑制の影響、感染予防のための行動変容により、大都市・地方を問わず、可能な職種・職場での〝リモートワーク〟が実践されました。リモートワークについては、コロナ前から一部の業種・企業においては実践されていましたが、コロナ禍において、多くの企業・従業員がそれを体験・体感したことは、今後の働き方を変化させる大きな要因となったと思われます。

例えば、東京などの大都市都心部のホワイトカラー中心の職場では、すでにリモートワークの恒久化、さらには就業地選択の自由化が図られている企業もあります。転職市場においても、リモートワークの可否が転職条件のひとつと

図表6-4：企業規模別テレワーク実施率の推移（正社員ベース）

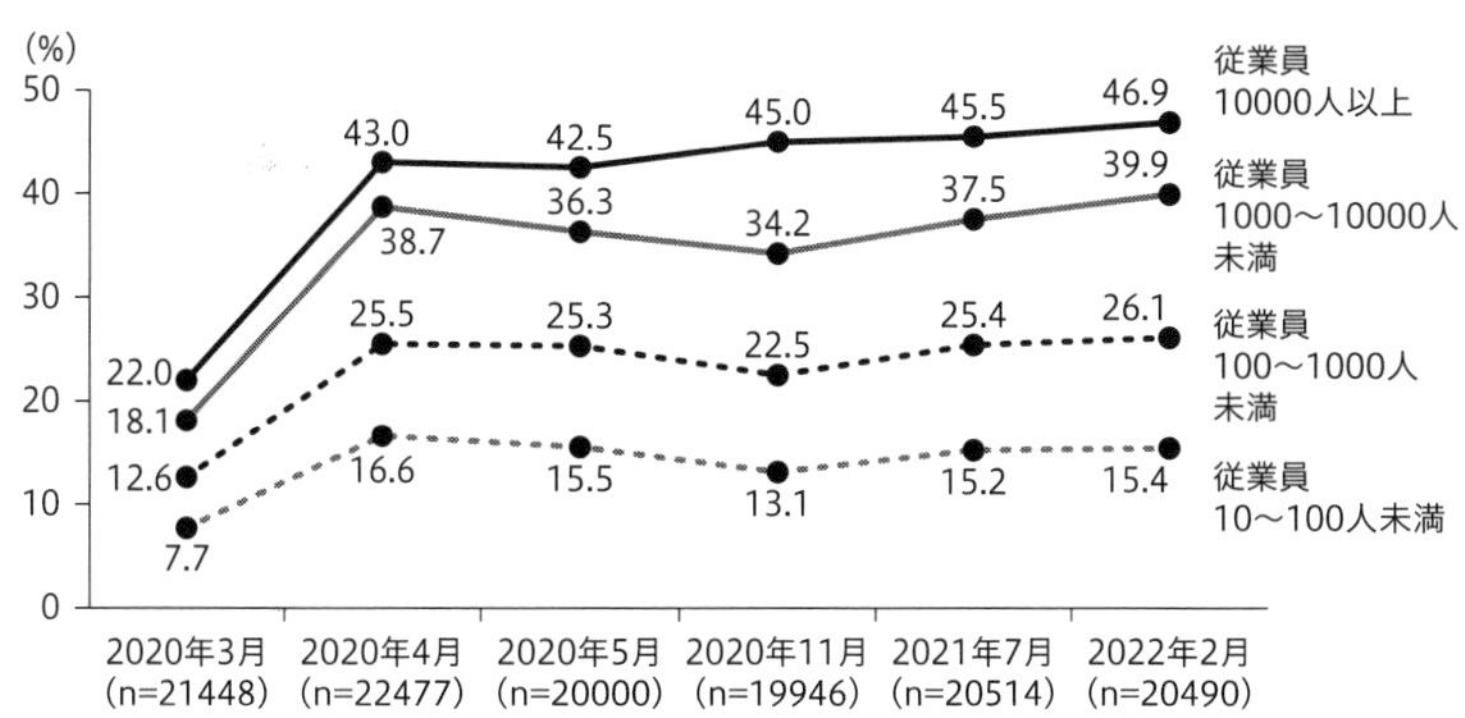

出典：パーソル総合研究所
（https://rc.persol-group.co.jp/thinktank/data/teleworksurvey6.html）

なっているともいわれます。

今後は、それぞれの企業・職場ごとに最適な就業形態が模索され、従来型の画一的な働き方から、多様化が進んでいくことはほぼ間違いありません。

■暮らす——個々人のライフスタイルがいっそう多様化

働き方だけでなく、ライフスタイル全般についても多様化が進みました。例えば、コロナ禍により大規模な人流抑制が行われた結果、2021年に東京23区では1996年以来の転出超過となりました。不動産業界の見立てとしては、在宅ワークの定着により、住戸規模をふくむ住環境の改善を求め、東京都心から郊外への移転が進んだものと考えられています。

さらに、2拠点生活の実践者も増加しています。東京一極集中が社会問題化した1980年代には、「マルチハビテーション」と称する多拠点生活のイメージが国から発信されたものの、実際にはそのような働き方は容易でなく、その後も東京への企業と人の集中が進みました。

しかし、コロナ禍がその状況を一変させました。1980年代よりはるかに進展した通信ネットワークインフラやデジタル技術、生活者のデジタルリテラシーの向上もベースにあったと思われますが、いずれにしても、多くの人が否応なしに在宅勤務・テレワークを実践することになるなかで、そうした暮らし方を望む生活者が大きく増加したといえます。

図表6-5：東京23区の転入者数、転出者数及び転入超過数の推移

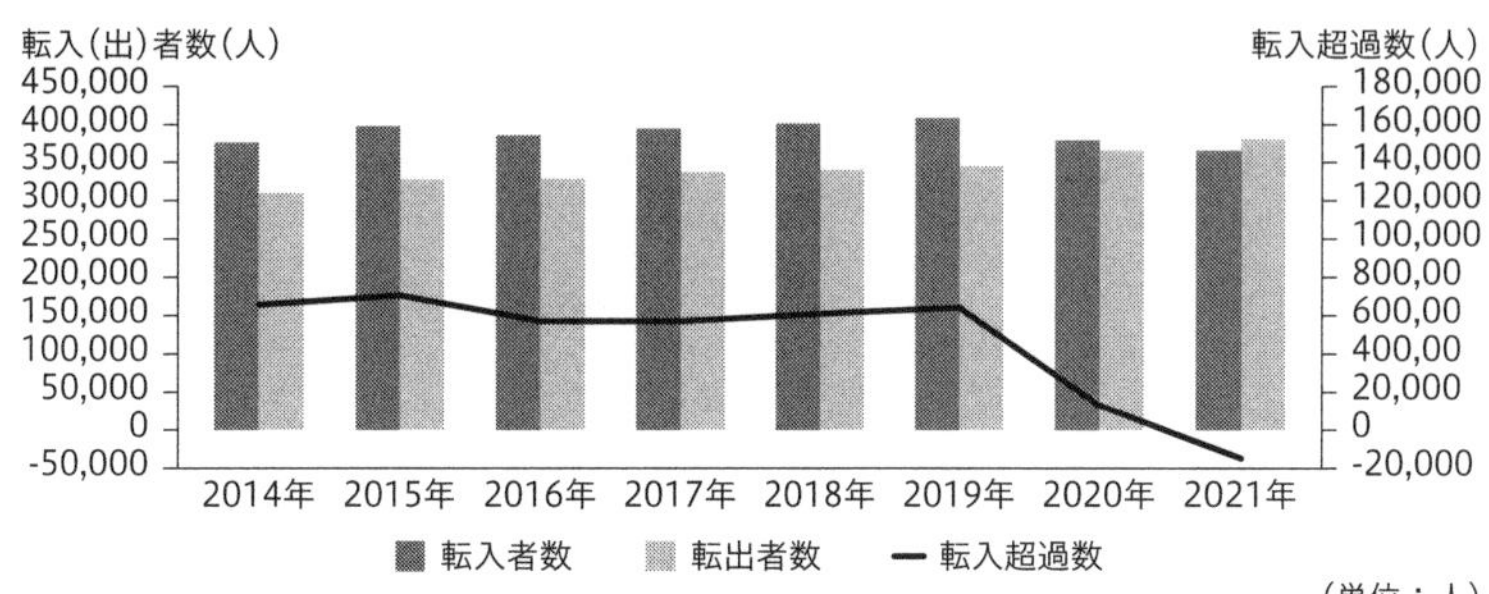

（単位：人）

	2014年	2015年	2016年	2017年	2018年	2019年	2020年	2021年
転入者数	375,570	397,935	385,150	394,756	401,402	408,595	378,541	365,174
転出者数	309,916	327,445	328,068	337,746	340,493	344,419	365,507	380,002
転入超過数	65,654	70,490	57,082	57,010	60,909	64,176	13,034	-14,828

出典：総務省統計局　住民基本台帳人口移動報告　2021年（令和3年）結果をもとにKPMG作成
（https://www.stat.go.jp/data/idou/2021np/jissu/youyaku/index.html）

今後は、大都市近郊ではなく、より地方部、自然環境豊かな中山間地やリゾート地との多拠点生活、場所を選ばないノマド型の就業・生活スタイルなど、ライフスタイルの多様化がより進展すると思われます。

■遊ぶ――リアルとバーチャルの融合が進展、リアルの希少価値向上

コロナ禍により、余暇の使い方も一変しつつあります。

これまでもデジタル技術の進展によるゲームをはじめとするバーチャル空間での遊び・余暇時間の使い方は拡大していたものの、〝オンライン飲み会〟など、多くの人が新たな体験をしました。文化・芸術面でも、演劇等のオンライン化など、エンターテインメントの選択肢として定着しました。

図表6-6：GIGAスクール構想

	「一人一台端末」ではない環境		「一人一台端末」の環境
一斉学習	●教師が大型提示装置等を用いて説明し、子どもたちの興味関心意欲を高めることはできる	学びの深化	●教師は授業中でも一人一人の反応を把握できる →子どもたち一人一人の反応を踏まえた、双方向型の一斉授業が可能に
個別学習	●全員が同時に同じ内容を学習する（一人一人の理解度等に応じた学びは困難）	学びの転換	●各人が同時に別々の内容を学習 ●個々人の学習履歴を記録 →一人一人の教育的ニーズや、学習状況に応じた個別学習が可能
協働学習	●意見を発表する子どもが限られる		●一人一人の考えをお互いにリアルタイムで共有 ●子ども同士で双方向の意見交換が可能に →各自の考えを即時に共有し、多様な意見にも即時に触れられる

出典：文部科学省 GIGAスクール構想の実現へ
（https://www.mext.go.jp/content/20200625-mxt_syoto01-000003278_1.pdf）

コロナ禍で大きな打撃を受けた観光・旅行業界では、オンライン観光のコンテンツが充実されました。これは、オンラインでの疑似体験により、リアルな観光への欲求を高めることも目的としているとされています。

今後は、オンラインだけ、バーチャルな世界だけで完結できる〝こと〟も〝遊び〟も増加するとは思われますが、〝バーチャル観光〟からリアルな旅行への展開など、〝遊び〟の領域において、これまで以上にバーチャルとリアルの融合が進んでいくのではないかと考えられています。

■学ぶ――学びに関する空間の制約がなくなる一方、リアルでの学びの場の希少価値向上

２０１０年代から、日本でも進学塾を中心にオンラインでの教育が拡大していましたが、コ

ロナ禍による義務教育のオンライン化、人流抑制のための専門教育（高校・大学）の授業のオンライン化により、教師も親も子どもも、ともにオンラインでの教育を実体験することになりました。依然、個々人の嗜好、教師側のリテラシー向上、教育効果面でのメリット・デメリットなどの課題はあるものの、ほとんどの学生がオンライン学習を体験したことで、アフターコロナにおいて学びの手段としてのオンラインが定着し、多くの「学び」に関する空間的な制約がなくなってくるものと思われます。

また、現在の学校ではＩＣＴ環境の整備がまだまだ進んでいないこと、授業におけるデジタル機器の使用時間がＯＥＣＤ加盟国中最下位と世界の後塵を拝していることなどから、文部科学省は、児童・生徒１人１台の端末と高速大容量の通信ネットワークを一体的に整備することで、学習活動の一層の充実を目指したＧＩＧＡ（Global and Innovation Gateway for All）スクール構想を推進しています。

テクノロジーを活用した新たな都市

これらの社会環境の激変、ライフスタイルの多様化に合わせ、国や自治体、民間ディベロッパーによる街づくりの在り方が変わってきています。

❶ 都市の維持管理・運営の効率化

高度成長期以降の国・自治体の努力もあり、現在の日本は、大都市であれ、地方であれ、あるいは中山間地であれ、おしなべて良好な社会的な生活が可能な、すばらしい都市・地域といえます。

しかし、今後の社会環境、国・自治体の財政状況や労働力の先行きを見通すと、既存インフラの維持管理を継続することすら困難になってくることは前述のとおりです。

繰り返しになりますが、これまでと同水準の暮らしを維持していくため、つまり現状の社会・都市インフラの水準を維持していくためにも、その更新・維持管理の投資やコストの効率化、例えばテクノロジーを活用した維持管理・運営の効率化が必須です。すでに多くの自治体や社会・都市インフラ関連企業においては、この点を認識した取り組みを始めています。

一方で、これらの取り組みは、技術面、投資・コスト面、法規制、社会慣習面など、解決すべき課題もまだまだ多くあります。

特に、人口が減少している地方、過疎化が進展している地方においては、まず維持管理すべき都市インフラの明確化・絞り込み（逆にいえば、廃棄すべき都市インフラの明確化）を

図表6-7：高松市 水位・潮位センサー設置例

出典：高松市
http://www.city.takamatsu.kagawa.jp/kurashi/shinotorikumi/machidukuri/smartcity/supercity.files/takamatsusupercity2.pdf

図表6-8：データ収集・見える化

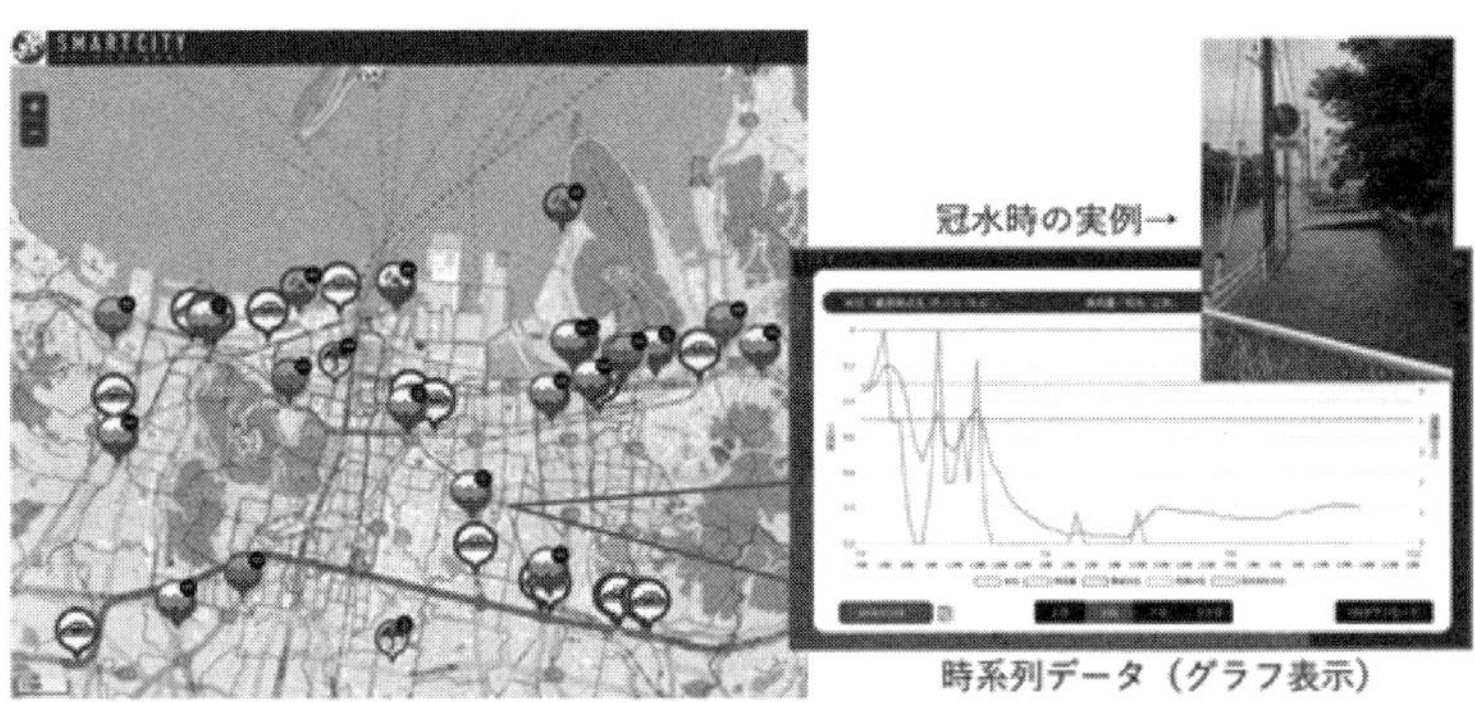

出典：高松市
http://www.city.takamatsu.kagawa.jp/kurashi/shinotorikumi/machidukuri/smartcity/supercity.files/takamatsusupercity2.pdf

行い、そのうえで維持そのものの効率化を進めていく必要があります。

例えば、橋梁は全国で約72万橋ありますが、２０１９年時点で27％が建設後50年以上を経過しており、２０２９年にはそれが52％に増加します。これらの多くは、耐用年数・償却年数を大きく超え、一部は通行禁止となり、その近隣の住民生活に支障をきたしています。道路、トンネルについても同様です。公共側も、１人でも住民がいれば社会インフラを提供するという考え方を変える必要があるのかもしれません。

人口減少が続く地方部においては、既存インフラが放置される一方で、現時点でも土地区画整理事業による新規宅地造成など、新たな都市・社会インフラの構築も行われるなど、ちぐはぐな税金の投入も続いています。

今後は、これらの公共事業についても、定量的

図表6-9：地方公共団体管理橋梁の通行規制等の推移（2m以上）

（橋）

	H20 4.1	H21 4.1	H22 4.1	H23 4.1	H24 4.1	H25 4.1	H26 4.1	H27 4.1	H28 4.1	H29 4.1	H30 4.1
	115	117	172	194	191	187	203	224	231	258	256
	862	1196	1592	1680	1821	1917	1981	2133	2328	2618	2645

3.0倍

出典：国土交通省（https://www.mlit.go.jp/road/sisaku/yobohozen/torikumi.pdf）

な事業効果のシミュレーションをより精緻に実施することに加え、事業実施後の効果についてもデータによる定量的評価を実施するなど、いわゆるＥＢＰＭ（エビデンス・ベースト・ポリシー・メイキング：証拠に基づく政策立案）を適用し、より効率的な公的資金の活用に転換することが急務です。

さらには、維持管理すべき社会インフラを絞り込むことによるインフラ管理・運営の効率化を実施することに加えて、テクノロジーを活用した管理・運営プロセスそのものの効率化も進める必要があります。

インフラの管理については、ほぼ人に依存せずに、カメラやセンサー類を活用したデジタル化による省人化を進めるべきでしょう。これにより、インフラ更新時期の正確な見極め、優先順位付けが可能となり、結果として維持管理コストの低減が可能となります。

❷ 社会的要請に対応した都市のアップデート

また、従来の都市機能の維持だけではなく、脱炭素化のような新たな世界的要請への対応、感染症だけでなく今後増加することが予想される自然災害への対応（防災）、市民ニーズの多様化への対応など、社会的要請に対応した都市のアップデートも必要です。

■脱炭素化への対応

脱炭素化については、エネルギー供給側での対応、エネルギー消費側での対応、いずれにおいても都市機能のアップデートが必要です。

エネルギー供給側では、化石燃料を使った火力発電を徐々に縮小し、再生可能エネルギー（再エネ）による発電比率を高めること、データ・ＡＩを活用して再エネの安定性を図ることに加え、次世代型の発電施設（小型原子力発電、水素発電、核融合発電など）も徐々に利用されるようになると考えられます。

エネルギー消費側では、企業や生活者が意識しなくても自動的にエネルギー利用量の最適化を図るようなしくみが全事業所・全世帯に行き渡り、社会全体での省エネ化も進んでいくことが期待されます。

■感染症や自然災害への対応

感染症や自然災害への対応については、都市インフラ面での対応ももちろん重要ですが、データ利活用・情報利活用による都市機能のアップデートが必要と考えられます。

例えば、都市全体、都市機能や人の動きをデジタルツインとデータの掛け合わせによりマネジメントすることで、平時は感染症や災害に対する教育や、実際に起こりうる事態のシミュレーションが可能となります。なお、都市全体のデジタルデータは、感染症や自然災害だけでなく、通常の交通マネジメントやエネルギーマネジメント、さらには医療・観光などにも活用可能でしょう。

災害時には、迅速な避難誘導、避難後の支援がアップグレードされます。避難指示や誘導については、個々人・世帯レベルで、適切なタイミングでの実施が可能となるでしょう。また避難後、例えば避難所においては個々人の健康状態に合わせた救難物資や薬剤の提供が迅速に行われることになります。また、残念ながら被災してしまった場合も、行政側がドローンや衛星画像などを使って被災状況のデータを取得することで、被災者は避難所にいる間に、役所に行ったり書類を提出したりすることなく必要な支援が受けられるようになることが期待されます。

■市民ニーズの多様化

市民ニーズの多様化に関しては、近年注目度が高まっている〝ウェルビーイング（Well Being）〟に対応した都市機能の整備が重要と思われます。国土交通省では、ウェルビーイング指標の整備を進めていますが、そこで示されている歩行者空間の整備などのハード面だけでなく、多様な価値観に基づく「豊かな暮らし」に対応していくことが求められます。

❸ 未来都市の出現──住民からみたサービスのレベルアップ

すでに社会や生活関連領域において、デジタル技術を活用した変化が起こっていますが、2050年代ころには、個々の技術やサービスが都市・街レベルで統合され、より生活者視点での利便性が向上しているものと思われます。

■働く（人）

①企業活動・事業活動の大変革

企業活動・事業活動の大変革により、すでに大企業で副業が認められたり、大学生が就職せずに起業を選んだりと多様化が進んでいますが、今後はそれが一層進展すると思われます。

1次産業では、これまではほとんど在宅ワークは難しかったのですが、ロボティクス技術を活用した農林水産業の省人化・無人化、農業・漁業の工業化（植物工場・養殖工場など）により、在宅ワーク的な、場所を選ばない働き方も出現、一部で定着すると思われます。

製造業や建設業などの2次産業でも、ロボティクス技術の一層の進化・普及による工場の省人化・無人化、3Dプリンタの普及がもたらす消費地生産の定着による〝工場の小規模・多拠点化〟などにより、在宅ワーク的な、場所を選ばない働き方が増加していくと考えられます。

また、3次産業の多くはAIやロボティクス技術により職種そのものが変わっていくといわれていますが、そのうち、飲食・医療福祉・観光などの領域では、ヒューマンタッチ、すなわち人がサービスを提供することそのものが高付加価値になっていくという、1次産業や2次産業とは異なる未来になるかもしれません。

一方で、サービス業、特に人と接する業種においても、コモディティ化するサービス領域ではオンライン形式やロボットによる提供が増加し、在宅ワーク的な、場所を選ばない働き方が増えることも予想されます。

こうしたことから、企業の立地も変わってくる可能性があります。企業間取引の効率化が重要だった従来の企業立地では、集積が集積を呼ぶスパイラルにより都市部への企業集中が起こっていました。しかし、デジタル化により場所の制約がなくなってくれば、企業立地は、これまでとは異なってくると考えられます。特に、これまで企業がなかなか進出してこなかった地方部においても、例えば豊かな自然環境に引き寄せられるかたちで企業の立地が進むかもしれません。

②働き方の多様化の定着

個々人の働き方については、全体としては多拠点に居住しながら就業するというスタイルが主流になると想像できます。いわゆる在宅勤務・オンライン勤務が普通で、通勤という行為を必要とする職種が少数派になるのではないでしょうか。さらに前述のように、いわゆるエッセンシャルワーカーもＡＩやロボティクス技術の定着により、在宅化が進んでいると思われます。

通勤先、すなわち働く場については、自宅だけでなく、これまで同様、企業や役所の事務所、工場、店舗などの施設も多く存在していると思われますが、近未来には、それぞれの立地、機能、規模が大きく変わる可能性があります。

〈都市部での働き方〉

都市部ではこれまで同様、オフィスや店舗などで働く必要がある企業・職種を中心に多くの人が働き続けます。ただし、地方へのオフィス移転や従業員の移住により人口密度が減少し、交通機関の混雑なども緩和され、都心で働くことのデメリットは減少します。一方で、芸術・文化・エンターテインメントなどは依然都市部に集中するため、いまよりも豊かな暮らしが実現するのでは、と期待できます。

〈地方での働き方〉

地方部においては、都市部からの企業・事業所の移転、場所を選ばない就業形態の人々の移住により人口減少が緩和され、エリアによってはこれまで都市部でしか選択できなかった企業等に所属しながら働くことが可能となります。また、人口増により地域が活性化することが期待されます。地方で働く人にとっては、都会の喧騒から離れた豊かな自然環境の中での生活を継続できる、あるいは新たに手に入れると同時に、より多様な働き方・より多様な企業への就業が可能になると思われます。

■暮らす（人、物流、決済、サービス）

暮らしを支える都市基盤も大きく変わります。

まず暮らし方を全体としてみると、居住地選択の条件・優先順位が変わり、社会流動・人口分布も変わる可能性が高いと思われます。その結果、マルチハビテーション的な生活スタイル（複数の居住空間を行き来しながら生活するライフスタイル）が増え、住宅そのものに求められる機能要件も変わってきます。

暮らしに密接に関わるヘルスケア領域では、都市・地方ともに、大きく利便性が向上することが期待されます。例えば、個人情報・プライバシーの問題が解決され、個人の健康に関する情報が一元管理されることにより、まさに〝ゆりかごから墓場まで〟、ひとつのＩＤで、どこの病院・施設でも健康情報が共有され、的確なヘルスケアサービスを享受できるようになると思われます。ＩＣＴ技術・ロボット技術・ドローン技術等の飛躍的な進歩により、物理的な空間の制約を超えて、基本的には在宅で最適なヘルスケアサービスを享受できるようにもなるでしょう。

モノの流れも大きく変わると推測されます。すでに実証・実装段階にあるドローン（空・陸）を使った技術の進化により、現在の宅配がより高度化され、へき地や離島などにおいても物流が適時化・即時化されるでしょう。一方で、３Ｄプリンティング技術に代表される生産技術の分散化により、食料をふくむ多くのモノが、自宅で〝生産〟可能になっているかもしれません。

カネの流れについても大きな変化が期待されます。日本も他の先進諸国に追いつき、ほぼすべての決済がデジタルにより行われ、コインや紙幣といった現金がほとんど使われなくなると思われます。これにより、〝現金〟に関連する社会的コスト、現金保管・輸送・交換などのコストが低減され、公的財政の効率化にも貢献します。また、そこから取得されるデータにより、より利便性の高い新たなサービスが生まれてくるかもしれません。

教育に代表されるサービスについてはどうでしょうか。特定のサービスを享受するためにどこかに移動する必要性はかなり縮減されます。デジタルやロボティクスなどのテクノロジーにより、自宅に居ながらさまざまなサービスを享受できるようになるのです。

以上のように、30～40年後を想像すると、デジタル化をはじめとするテクノロジーの進化により、さまざまな生活シーンでの都市と地方の格差が縮小し、まさに個人の嗜好に基づき暮らしたい場所で生活できることになると思われます。

■遊ぶ（人、サービス）

都市に求められる機能のひとつである「遊び」、文化や芸術面でも、大きな変化があると思われます。

２０００年代以降のＩＣＴ技術の進展をベースに、これまでもエンターテインメントやスポーツなどのオンライン視聴は可能でしたが、近年の技術進展に加え、コロナ禍により、文化・エンターテインメント領域のネットワークによる観戦・観覧が普及しました。ＶＲ技術の発達は、視覚・聴覚に加え、触覚についても仮想体験が実現されていますが、さらにこれらがよりパーソナライズ化され、自宅に居ながら気軽に臨場感をもって楽しむことができるようになりつつあります。さらには嗅覚や味覚についてもパーソナライズ技術が普及し、自宅に居ながら、あるいは近隣の施設で、より臨場感あふれる体験が可能となると思われます。そして、こうした流れは逆に、〝本物〟〝リアル〟の価値を一層高めることにもなるでしょう。

ともかく、都市ではこれまで同様、リアルな芸術・文化・エンターテインメントに触れることができます。一方で、地方においても、五感を再現したネットワーク経由での芸術・文化・エンターテインメント経験が可能となるでしょう。

劇場やスタジアムなどの集客施設があるエリアでは、リアルな体験に加え、大人数が同時に観劇・観戦するといった〝バーチャル〟×〝体験〟の共有により、よりリアルに近い体験も可能となります。

あるいは逆に、地方でリアルな体験ができ、それを都市でバーチャルに体験するようなことも出てきます。地方にはリアルな自然があるなど、より人間らしい暮らしができる分だけ、都市よりも魅力が高くなることになるかもしれません。

■学ぶ（人、サービス）

義務教育や高等教育だけでなく、その補完的な機能も大きく変わります。さらには、人生100年時代、社会環境の変化スピードの加速にともない必要となるリカレント教育（生涯教育）、リスキリング（職業能力の再開発、再教育）についても、場所と時間を選ばないオンライン型が当たり前になると思われます。

その結果、基本的には、都市部であれ地方部であれ、享受できる〝学び〟には大きな差はなくなります。ただ、リアルが必要となる学びについては、やはり都市部と地方部の差は残るでしょう。

社会の成熟に対応した持続可能な街づくりと経営（都市経営）

これまで整理してきたように、日本社会全体が成熟していくなか、現状の都市機能を維持しつつ、これをアップグレードしていくためには、これまで以上にサステナブルな都市経営が必要となります。

❶ 社会の成熟にともなう都市経営・ファイナンス面のあるべき姿

日本の場合、国や自治体による都市整備だけでなく、公益企業と呼ばれる民間による社会インフラの整備・維持管理・運営が行われてきています。しかしどこが主体になろうが、これまで整理してきたような近未来の街を構築し、維持管理していくためには、相応の投資・費用が必要です。

この点、２０２０年前後からのグローバルなＥＳＧ、ＳＤＧｓの潮流も相俟って、ＳＩＢ（Social Impact Bond）、ＰＦＳ（Pay For Success：成果連動型民間委託契約方式）、グリーンボンド、ＥＳＧ債など公共・民間企業のいずれでも多様な資金調達が可能となり、市民・

住民視点でのファイナンスも多様化しました。今後、さらにこれらの資金調達手法が多様化・進化していくと思われます。

資金の支出面はどうでしょうか。特に公共部門においては、各省庁→自治体の各担当部課→事業／事業者への補助、という縦割りのなかで資金が使われてきていますが、事業の重複、リソースの非有効活用などのデメリットも多くみられます。本書で繰り返し述べているように、今後は国も地方も財政がより厳しくなることを考慮すると、これらの〝無駄〟を極限まで小さくすることは欠かせません。また資金の使い手についても、公共が直接実施したほうがいいものから、完全に民間企業や団体に任せたほうがいいものまで、サービス供給者をしっかり選定することで、効率的な社会インフラ整備・都市経営を進めていく必要があります。

❷ 都市と地方、それぞれの街づくり・維持管理・経営のあるべき姿

以上を踏まえ、都市部と地方、それぞれの街づくり・維持管理・経営のあるべき姿について整理します。

■都市部 ── 民間資金も活用

都市部においては、特に再開発などの物理的な都市開発事業を含むケースや、企業本社や事業者が集積するなど、民間企業も比較的資金投下しやすい場合が多くなっています。したがって、都心のエリアによっては、公共は規制緩和の実施など民間企業の事業活動をサポートすることによりその資金を圧縮し、民間資金を活用した街づくり・街の経営、すなわち民間企業の収益事業の一環としての街づくり・街の経営も可能です。現在の都市部での特区制度などがこれにあたります。

■地方 ── 公共部門中心は変わらず

一方で、地方部における街づくり・街の経営は、今後とも公共部門が中心的役割を担い続ける必要があります。ただし、前述のように公共部門の分野別縦割りの財源支出、硬直的なサービス提供にメスを入れ、必要コストとサービスレベルを最適に再編成したうえで最適な民間企業に業務を委託することなどにより、公共事業や補助金などの公的資金の投入を一定程度削減することが可能と考えられます。その削減分を、スマートシティなどの新しい付加価値サービス分野への投資に振り向けたり、民間企業へのインセンティブに使ったりすることにより、よりよい街をつくることも可能となるでしょう。

❸ デジタルＰＰＰによる都市経営（インフラ維持とサービス提供）

これまで整理してきたように、将来においても、都市部と地方部では都市（街）の維持管理・マネジメントの課題、その解決方向も異なります。

ＫＰＭＧでは、これらを解決するためのひとつのアイデアとして〝デジタルＰＰＰ（Public Private Partnership：公民連携）〟を提唱しています。これは、都市経営に関わる〝お金〟、〝人〟、〝情報を含むノウハウ〟を共有することにより、効率的に都市を維持管理し、発展させていくというコンセプトです。これまでの都市経営における官と民の役割分担を再構築したものともいえます。

では、デジタルＰＰＰとはどのようなものでしょうか。

図表6-10にあるような多分野を連携・包含した例はまだまだ始まったばかりというところですが、ひとつの例として挙げられるのが、東京都下のある自治体のケースです。ここでは、エネルギーに関する機能について、官民連携による新しい組織を立ち上げ、それによってエネルギー支出を削減し、削減分を新たなサービスに投入するということを実践しています。

現状では、デジタル社会への対応、デジタル技術の活用は少なく、従来からの官民連携に近い形態ですが、今後、デジタルを活用した街づくり、例えばデジタル地域通貨の活用への展

図表6-10：デジタルPPPのコンセプト

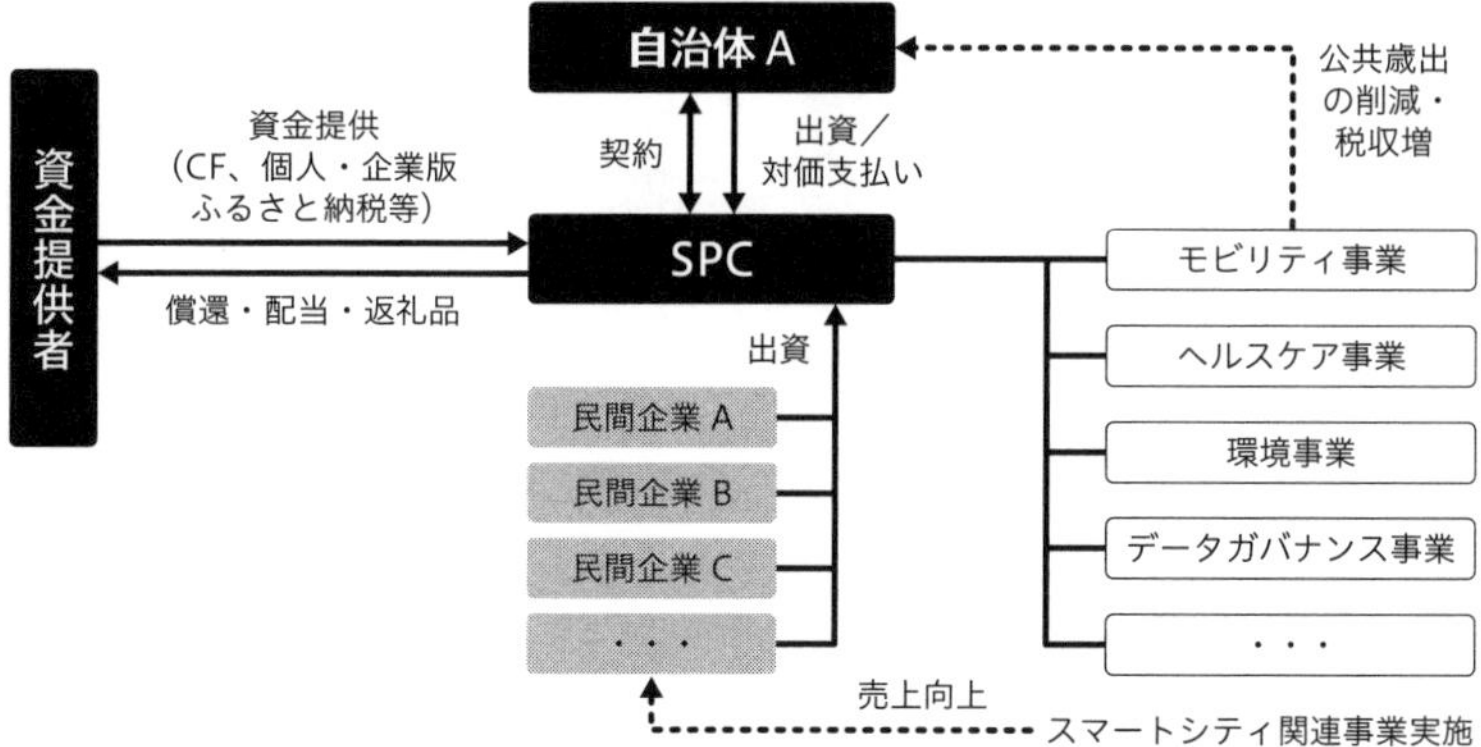

出典：KPMG

図表6-11：デジタルPPPの類似事例（地域新電力を活用したPPP）

概要

- 電力会社等が出資し、タウンマネジメント会社を設立
- 同社は市庁舎、学校、ごみ焼却場など元々施設ごとに入札で調達していた電力を、 新電力会社から一括購入することで、電気料金を削減
- 契約先を一括にすることで電気料金を年間約700万円削減、また事務コストの削減を合わせると年間約1,000万円のコストメリットが得られる想定
- それらのお金をまちづくりに投資していく想定

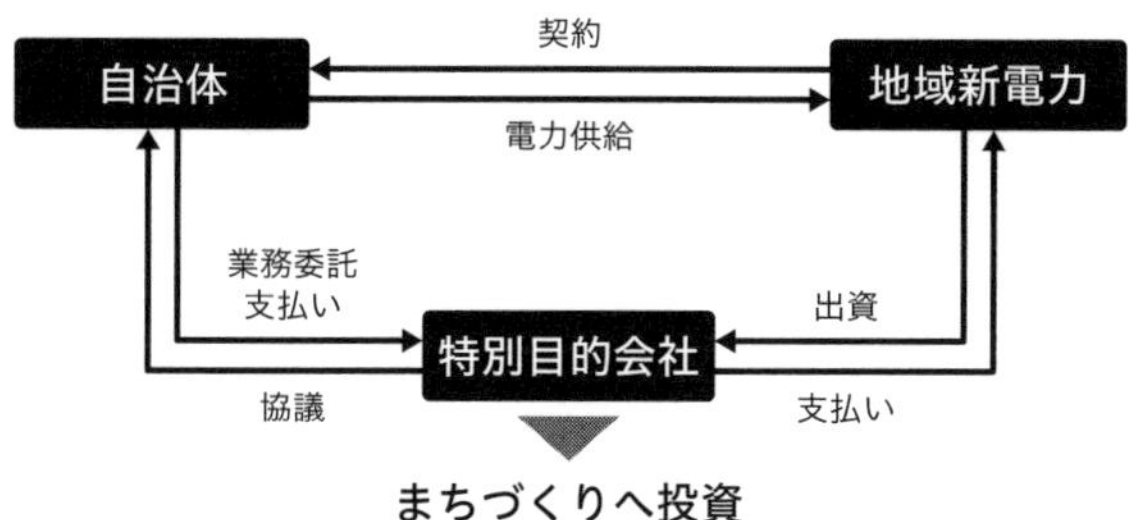

出典：KPMG

開なども検討されており、デジタルＰＰＰの初期段階のかたちと考えられます。

❹ 30～40年後を見据えて、今とるべきアクション

では、次の世代のために暮らしやすい街を残していくためには、今、どのような行動を始めればいいのでしょうか。

■データ利活用の開始

まずは、デジタル技術をフルに活用して、街の現状、社会インフラの現状、事業活動や生活のさまざまな状態を、デジタルデータとして取得・蓄積・分析・活用する試みを加速することが必要です。

これまで、２０００年代「スマートシティー１・０」（再生可能エネルギーなど環境との共生を志向）、２０１０年代「スマートシティー２・０」（ビッグデータ解析によるエネルギー分野以外の社会課題解決志向）と全国のモデルとなる都市の概念が示されてきました。そして、２０２０年代では分野横断のデータ利活用による都市機能の最適化を試行する「スマートシティ３・０」ブームのなかで、いくつもの自治体においてデジタルデータの取得が開始され、それがデータ連携基盤に保管され、利活用も始まっています。しかし、まだまだデータの蓄

積が少なく、それを実際の公共コストの削減、市民サービスの向上に活用するには至っておらず、結果、データ利活用が広がらないという状況になっています。

一定程度のデータの質と量が蓄積されるまでは、成果に結びつけることは困難であるということを、関係主体が認識し、地道にデータ取得・蓄積を進めるとともに、そのなかでも効果を検証しやすい政策分野を抽出し、データ利活用の効用を早急にみせることも必要です。

■自治体のリーダーシップ強化

いくつもの自治体で都市のスマート化の取り組みが進んでいますが、そのなかには、国の方針に依存、国の補助金頼みの動きも散見されます。一方で、首長や自治体幹部の強いリーダーシップにより、一定の成果を享受できているエリアもあります。

ＫＰＭＧのグローバルネットワークを通じて世界各国のスマートシティへの取り組みを比較したところ、国・政府の強力なリーダーシップ、あるいは地方自治体のリーダーシップが発揮されている国・エリアで、スマートシティ化が進展しているようです。一部の自治体でみられる、〝体のいい〟民間企業任せでは、特に地方部のスマートシティ化は難しいと考えます。

■自治体ＤＸの推進加速

社会インフラを適切に維持し、機能を更新し続け、企業や住民が適切なサービスを享受し続けるためには、社会全体のデジタル化が必要ですが、なかでも、公共サービスの主たる担い手である自治体のデジタル化はさらに重要です。コロナ禍により露呈した自治体業務のスピードや効率の問題を解決するだけでなく、行政サービスのコスト削減のためにもデジタル化は有効な方法ですし、社会インフラの高度化に必要な原資を確保するためにも、自治体業務・自治体職員のデジタル化による効率化が急務です。

まずは、自治体業務を、アウトカム的な視点から棚卸し、前例にとらわれない業務改革をデジタルの力によって加速すること、それにより市民が享受できるサービスの質を高めるとともに、自治体業務効率化によるコスト削減（投資余力の確保）に着手することが必要です。

これを推進するためには、その主体である自治体職員のデジタルリテラシーの向上も必須です。新しい技術に関する教育は一朝一夕にできるものではありませんが、デジタルネイティブであるZ世代以降が自治体の中核になるまでは、現在の自治体職員のデジタルリテラシーの向上は欠かせません。第一歩としての自治体職員のデジタル教育・研修にも取り掛かる必要があります。

■官民の多様な資金調達スキームの導入

前述したデジタルＰＰＰのコンセプトでも触れましたが、既存社会インフラの維持にしろ、デジタルを活用した社会インフラのアップデートにしろ、一定の投資を継続していく必要が

図表6-12：SIBを活用した街づくり

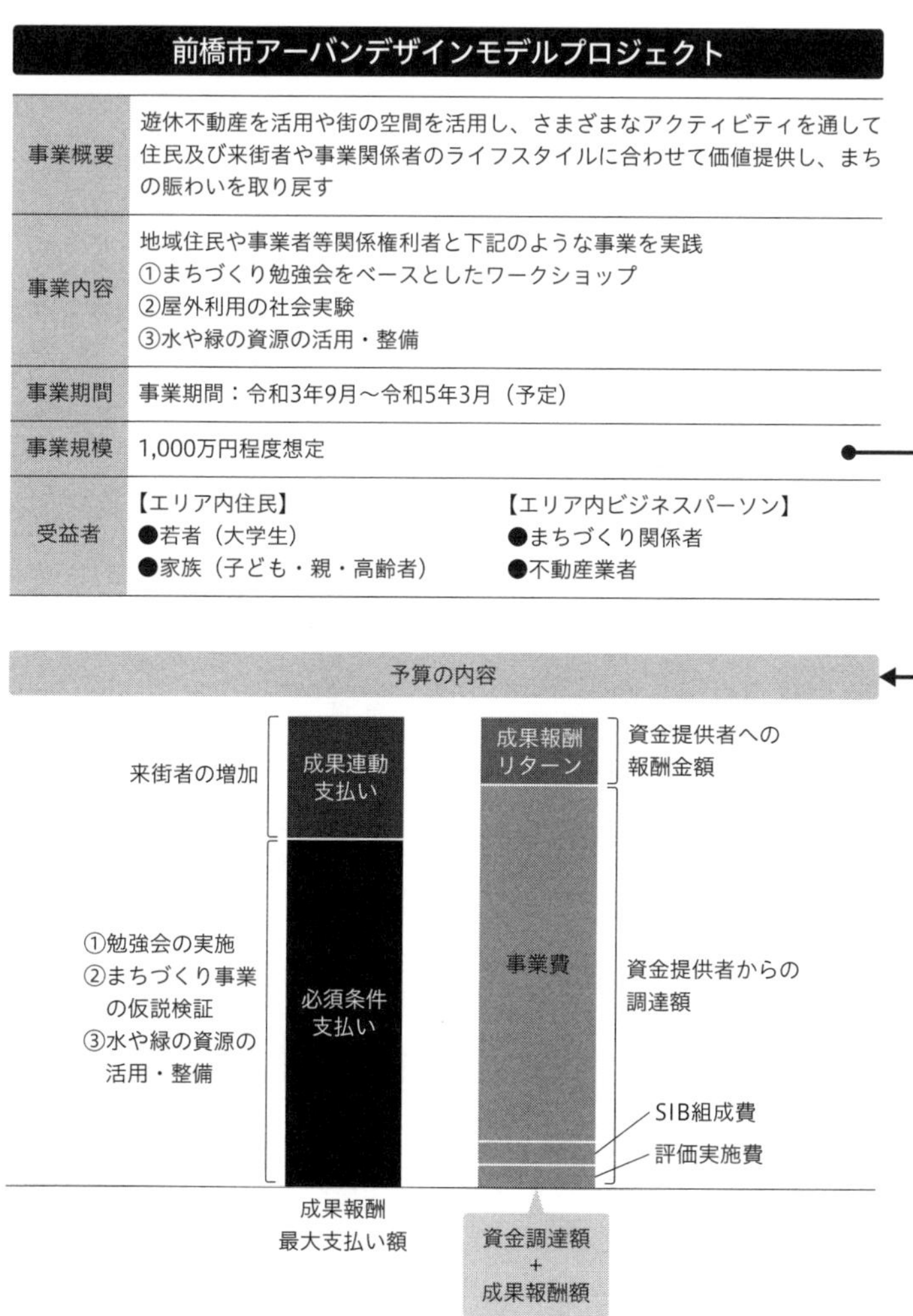

前橋市アーバンデザインモデルプロジェクト

事業概要	遊休不動産を活用や街の空間を活用し、さまざまなアクティビティを通して住民及び来街者や事業関係者のライフスタイルに合わせて価値提供し、まちの賑わいを取り戻す
事業内容	地域住民や事業者等関係権利者と下記のような事業を実践 ①まちづくり勉強会をベースとしたワークショップ ②屋外利用の社会実験 ③水や緑の資源の活用・整備
事業期間	事業期間：令和3年9月～令和5年3月（予定）
事業規模	1,000万円程度想定
受益者	【エリア内住民】 ●若者（大学生） ●家族（子ども・親・高齢者） 【エリア内ビジネスパーソン】 ●まちづくり関係者 ●不動産業者

出典：各種資料よりKPMG作成

あります。これまでも公共部門の資金調達手法は多様化・高度化してきました。特に近年は、SIB、PFSなど成果連動型の効果を判断しやすい調達手法や、ふるさと納税やクラウドファンディングなどの多くの法人・個人からの資金調達手法など、その多様性が広がっています。手法ではありませんが、ESGやSDGsなど社会課題解決を意図した資金も増加しています。

本章の主題のひとつである、都市・社会インフラの維持管理のためには、そもそも既存の公的支出の効率化が必要であり、効果の計測が容易な資金調達手法や、一般企業や市民が意思を反映しやすいふるさと納税・クラウドファンディング、ESGやSDGsは、これからの街づくり・社会資本の維持管理に適した資金調達手法といえます。

■多様な人材による推進

最後に、これまで整理してきた都市経営の新たな取り組みについて、その推進をリードする人材の多様化について触れたいと思います。残念ながら、日本社会の中核を担う人材は、相当数が男性、それも比較的年齢の高い男性が多いようです。

例えば、都道府県知事を例にしてみると、本書執筆時点でその平均年齢は60・7歳であり、47の知事のうち女性は、山形県と東京都の2名しかいません。また、東京商工リサーチの調べによれば、2020年の社長の年齢分布は、70代以上が31・8％であり、平均年齢は62・49

歳となっています。

今から30～40年後の街づくり・街の経営は、現在のZ世代やその次のアルファ（α）世代が中核となっていきます。

ＫＰＭＧでは２０２１年10月、Ｚ世代の考える将来の街についてのワークショップを実施しました。コロナ禍の真っただ中、オンラインでの開催でしたが、全国各地の高校生から大学院生まで、外国人を含む26人が、８つのグループに分かれて激論を交わしました。各グループの議論の過程から最後のプレゼンテーションまでを観覧していた筆者らは、以下に例を挙げるとおり、まったく想像しなかった共通のコンセプトがその中核的な部分にあったことに、ある種の衝撃を受けました。さまざまな自治体との対話の内容や学会活動等での街づくりの議論が年齢の比較的高い男性に偏った考えであったことを再認識させられ、Ｚ世代はある意味、これまでとあまり変わらない部分もあるものの、全く次元の異なる考え方もしていることがはっきりと認識できた瞬間でした。

例えば、Ｚ世代の価値観・考え方の特徴は、多様な情報へのアクセスが極めて容易になったことで、「情報感度の高さ」「興味の持続力の短さ」が際立っていることがわかりました。さらに、〝井の外〟で起こっていることを知ることができるようになったことで、自身だけではない多様な人の経験を知ることを通じて各人の経験がアップデートされることになり、個人の経験や価値観の変化の速度と、現実の世の中や教育・働く場の変化の速度との違いにもど

ビジョン3

豊かな自然からひらめきを得るのがフツウのまち

次世代の地球のためという社会的意義だけでなく、自身のインスピレーションを創発しコミュニティを豊かにする自然を保護する。
決して経済発展を止めること、人間の手付かずの自然を守ることではなく、
テクノロジーも活用した環境保全を実現する。

ビジョン4

救急医療・健康テックでご機嫌に生きるのがフツウのまち

新しいモビリティ・小さなデバイスで誰もがどこからでも医療にアクセスでき、安心して生活の場を自由に選択できる。
そして、日々自身の健康観察ができるヘルスケアテクノロジーが生活に取り入れられ、
毎日元気に生活することができる。

図表6-13：Z世代が考える将来の街のビジョン

ビジョン1

ビジョン2

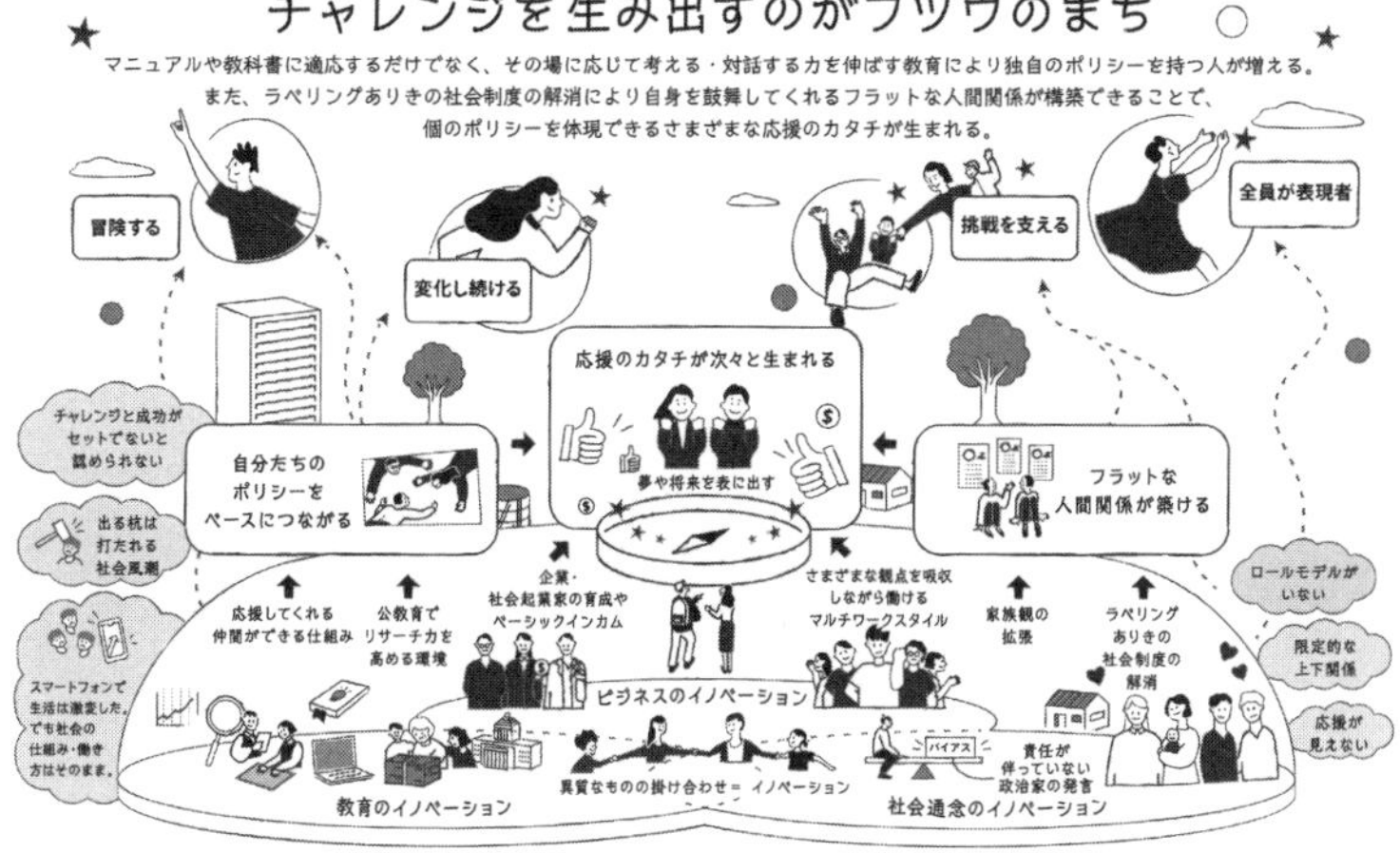

出典：KPMG

かしさを感じているようでした。とはいえ、ワークショップの結論では、表面的には結局、平凡な意見に落ち着いてしまいました。

彼らが求める世界観を、ソフト、ハード、インフラの観点を踏まえて整理したものが前頁図表6-13に示す4つのビジョンです。

これらのビジョンを踏まえて、どのような街づくりをしなければいけないのか、と考察・整理すると、次のような仮説となりました。

●「人生を通して今までの世代よりも価値観が移り変わりやすい」+「情報過多なZ世代がメインになってくる」+「移動のコストが下がる」時代において、

●何でもある平凡なまちではなく、何か特定のことだけに秀でている（ニッチトップな）まちにならないと、そもそも生活の場としての選択肢の候補にすらあがってこないのではないか？（＝情報過多の世の中で目に留まらない）

●また、空間・移動の概念が変わることで、今まで居住地を選ぶ主な理由になっていた「働く」「介護をする」などに縛られて住む場所を選ぶという概念もなくなるのではないか。

●そして、今まで以上にトレンドの移り変わりも速いなかで、あまり作りこんだまちの構造物は必要ないのではないか。それよりも、使う人の解釈で用途が代わるような融通の利くもののほうが、長年の変化のなかでも利用され得るのではないか。

このワークショップでの経験を踏まえると、未来へ向けて、これからすぐにとるべき最も重要なアクションは、都市のあり方を考え、将来像を整理し、デジタルＰＰＰを組成して、効率的な都市経営を行う中核のチームに、Ｚ世代・アルファ世代をはじめとする多様な人材を巻き込んでいくことかもしれません。

執筆者紹介

小見門 恵（こみかど・めぐむ）：はじめに

KPMGモビリティ研究所 所長／KPMGジャパンリスクコンサルティング及び自動車セクター統轄パートナー。KPMGコンサルティング株式会社 執行役員 パートナー。公認会計士。
慶應義塾大学経済学部卒。1988年、KPMG港監査法人（現あずさ監査法人）入所。ロンドン事務所赴任等を経て、2001年、KPMGジャパンのリスクマネジメント関連サービス発足に関与。2018年9月より現職。『CSR経営と内部統制（別冊商事法務 No.278）』（商事法務、2004年）、『内部統制の実践的マネジメント―構築・運用・評価の実際』（東洋経済新報社、2005年）、『経営に活かす内部統制評価プロジェクトの進め方』（中央経済社、2006年）、『早わかりリスクマネジメント&内部統制：知っておきたい61のキーワード』（日科技連出版社、2006年）ほか多数書籍の監修に携わる。

倉田 剛（くらた・たけし）：第1章

KPMGモビリティ研究所／KPMGジャパン 運輸・物流・ホテル・観光セクターリーダー。KPMGコンサルティング株式会社 ビジネス・イノベーション・ユニット プリンシパル。公認会計士。

大阪大学経済学部卒。米国マサチューセッツ大学MBA修了。

1992年、朝日新和会計社（現あずさ監査法人）入所後、法定監査ならびに上場支援、アドバイザリー業務などを経験のうえ、2021年7月より現職。著書に『詳説 四半期開示のための連結マネジメント』（共著、税務経理協会、2004年）、『なるほど図解 内部統制のしくみ』（共著、中央経済社、2006年）、『中国子会社の内部統制実務―日本版SOX対応のノウハウと作成文書例』（共著、中央経済社、2007年）。

井口 耕一（いぐち・こういち）**：第2章**

ＫＰＭＧモビリティ研究所／ＫＰＭＧジャパン グローバルストラテジーグループ統括パートナー。株式会社ＫＰＭＧ ＦＡＳ 執行役員 パートナー／自動車セクターリーダー。早稲田大学卒。同大学院経営学修士。コンサルティングファーム、投資会社を経て、２００７年ＫＰＭＧ ＦＡＳ入社以来、事業戦略立案、新規事業開発、Ｍ&Ａ推進、事業再生業務などに携わる。著書に『ＣＦＯの実務―企業価値向上のための役割と実践』（共著、東洋経済新報社、２００８年）、『合併・買収の統合実務ハンドブック』（共著、中央経済社、２０１０年）、『業種別アカウンティングシリーズⅡ ４ 自動車・電機産業の会計実務』（共著、中央経済社、２０１２年）、『紛争鉱物で変わるサプライチェーンリスクマネジメント』（共著、東洋経済新報社、２０１３年）ほか。

伊藤 慎介（いとう・しんすけ）**：第3章**

ＫＰＭＧモビリティ研究所 アドバイザー。株式会社rimOnO 代表取締役社長（執筆当時）。１９９９年、京都大学大学院工学研究科修了。２００５年、ワシントン大学ＭＢＡ修了。１９９９年、通商産業省（現経済産業省）入省。自動車業界、ＩＴ業界、航空機業界などを担当したのち２０１４年に退官し、超小型ＥＶのベンチャー企業、株式会社rimOnOを起業。２０１８年９月、ＫＰＭＧモビリティ研究所アドバイザー就任（～２０２２年６月）。

加藤 俊治（かとう・しゅんじ）**：第4章**

ＫＰＭＧモビリティ研究所。有限責任 あずさ監査法人 金融統轄事業部 兼 サステナブルバリュー本部 テクニカル・ディレクター。TCFD／Taxonomyシニアエキスパート。公認会計士。早稲田大学政治経済学部政治学科卒。都市銀行を経て、1999年、朝日監査法人（現あずさ監査法人）に入所。気候変動、人権、EUタクソノミーなどサステナビリティを専門とする。著書に『TCFD開示の実務ガイドブック：気候変動リスクをどう伝えるか』（共著、中央経済社、2022年）。

犬飼 仁（いぬかい・ひとし）：第5章

KPMGモビリティ研究所。KPMGコンサルティング株式会社 自動車セクター統轄パートナー。早稲田大学第一文学部卒。2001年、英国レスター大学MBA修了。監査法人系コンサルティングファーム、ITコンサルティングファームを経て、2020年2月より現職。

馬場 功一（ばば・こういち）：第6章

KPMGモビリティ研究所。KPMGコンサルティング株式会社 ソーシャル・バリュー・クリエーションスマートシティチーム リードパートナー。早稲田大学理工学研究科機械工学専攻修了。シンクタンク系コンサルティングファーム、韓国財閥系企業常務（グローバル企業のマネジメント）などを経て、2020年2月、KPMGコンサルティング入社。2022年7月より現職。著書に『経営用語の基礎知識―第3版』（共著、ダイヤモンド社、2008年）、『2015年の建設・不動産業―新たな業界再構築に向けて』（共著、東洋経済新報社、2008年）、『日経MOOK スマートシティ3・0』（共著、日本経済新聞出版、2022年）など。

編者紹介

ＫＰＭＧモビリティ研究所

自動車業界が大変革期を迎えているなか、『モビリティエコシステムの将来像を研究する取組み』をグローバルに展開するＫＰＭＧジャパンにおいて、国内外のモビリティにかかわる研究・調査を行う機関として２０１８年９月に設立。

グローバルに広がるネットワークを活用し、複数の産業分野をまたがる課題について、大企業やスタートアップ、行政、教育機関と連携し、持続可能な解決策を検討するためのオーケストレイターとして機能し、モビリティを中心とした新産業分野における新たな価値の創造、より多くの人が幸せに暮らせる社会の実現に貢献することを目指している。

モビリティ リ・デザイン 2040

「移動」が変える職住遊学の未来

2022年9月22日　1版1刷

編　者　KPMGモビリティ研究所

発行者　國分 正哉

発　行　株式会社日経BP
日本経済新聞出版

発　売　株式会社日経BPマーケティング
〒105-8308 東京都港区虎ノ門4-3-12

装　幀　夏来 怜
本文DTP　夏来 怜
印刷・製本　シナノ印刷

ISBN978-4-296-11514-3